福建省社科规划重点项目"传统儒家文化背景下企业善行及其对消费者购买意愿影响机制研究"（FJ2021A016）基金资助

儒商善行论

吕庆华◎著

九州出版社
JIUZHOUPRESS

图书在版编目（CIP）数据

儒商善行论 / 吕庆华著 . -- 北京 ：九州出版社，
2024. 6. -- ISBN 978-7-5225-3117-5

Ⅰ . F729

中国国家版本馆 CIP 数据核字第 2024AZ4481 号

儒商善行论

作　　者　吕庆华　著

责任编辑　周弘博

出版发行　九州出版社

地　　址　北京市西城区阜外大街甲 35 号（100037）

发行电话　（010）68992190/3/5/6

网　　址　www.jiuzhoupress.com

印　　刷　三河市龙大印装有限公司

开　　本　710 毫米 ×1000 毫米　16 开

印　　张　15

字　　数　253 千字

版　　次　2024 年 6 月第 1 版

印　　次　2024 年 6 月第 1 次印刷

书　　号　ISBN 978-7-5225-3117-5

定　　价　78.00 元

目　录

第一章　绪　论

　　"六经"经过孔子的整理，加入儒家思想，成为儒家经典。孔子"尊德性而道问学"之学，后世孟子、荀子已不能兼而有之，各得"尊德性"（约之以礼）和"道问学"（博学于文）的一个方面，形成孟子"尊德性"与荀子"道问学"两派。后世承继孟子学说者，多以维护道统自任，成为义理之学；承继荀子学说者，多以传授经学自任，成为考据之学。两千多年以来的儒学，都可追溯到战国时期的孟子和荀子。儒商，泛指具有儒家精神气质的商人。本书中的儒商，特指宗师孔子、具有君子风范、信仰性善论、履行推恩说、崇尚"以义为上"义利观的工商从业者。儒商善行自古就有，如秦汉时期货殖家善行，明清时期十大商帮善行，以及现代新儒商善行，皆有可观者。儒商善行是重要的文化资本，本书旨在阐发儒家性善论、推恩说及义利观思想，探讨儒商善行范畴，开发儒商善行构念维度及其测量量表，实证分析善行文化认同及其对消费者购买意愿影响机理，发掘儒商善行思想的现代企业管理价值和现实意义。

第一节　儒家及其宗师

一、儒家及其宗师

（一）儒

　　春秋以前，学在王官，知识为贵族掌握，无所谓私家学术。《诗》《书》

《礼》《乐》《易》《春秋》等"六经",成为先王的政典,是贵族教育子弟的教材。春秋周时期,由于周王室的衰弱,礼崩乐坏,学术传入民间。中国轴心时代出现,孔子、老子、墨子等诸子百家,奠定了中国的文化传统。春秋末年,孔子创立儒家学派。自汉代以后,儒家学派成为中国文化的主流。

"六经"经过孔子整理,加入儒家思想,成为儒家经典。司马迁指出,"孔子闵王路费而邪道兴,于是论次《诗》《书》,修起礼乐"(《史记·儒林列传》);还说"孔子以诗书礼乐教,弟子盖三千焉,身通六艺者七十有二人"(《史记·孔子世家》)。①

《庄子·天道》篇指出,孔子"翻六经以说"。《天下》篇认为:"《诗》《书》《礼》《乐》者,邹鲁之士、搢绅先生多能明之。"② 可见,孔子是儒家经典"六经"的最早汇集人。

在汉以前,儒为术士通称。所以秦始皇"坑儒",《史记·儒林传》称之为"坑术士"。《周礼·天官冢宰》"大宰"说:"以九两系邦国之民……四曰儒,以道得民。"③ 郑玄注:"儒,有六艺以教民。"凡是拥有道术而为民众所推崇的人,皆称之为儒。汉代开始,儒是指师承孔子、专门研习"六经"的人。④《淮南子·俶真训》指出:"儒墨乃始列道而议。"高秀注曰:"儒,孔子道也。"总之,儒学是术士的通称,孔子成为儒家的宗师。汉代以后,以孔子为师承、诵习"六艺"者才称之为儒。

(二)儒家

班固《汉书·艺文志》一文,论述儒家及其学说,明确指出:

> 儒家者流,盖出于司徒之官,助人君顺阴阳明教化者也。游
> 文于六经之中,留意于仁义之际,祖述尧、舜,宪章文、武,宗

---

① 司马迁:《史记》,李全华点校,岳麓书社,1998,第869页。
② 曹础基:《庄子浅注》(修订重排版),中华书局,2007,第157、419页。
③ 《周礼·仪礼·礼记》,陈戌国点校,岳麓书社,1989,第6页。
④ 张舜徽:《爱晚庐随笔·学林脞录》卷三,华中师范大学出版社,2005,第73—74页。

师仲尼，以重其言，于道最为高。①

就是说，儒家是孔子继承二帝（唐尧、虞舜）、三王（夏禹、商汤、周武王）的优秀传统和文化典籍，而创立的有经典、有纲领、有徒众的学派。儒家的功能是帮助人君顺应天地之道，宣明人伦道德。儒家研习"六经"，宣扬"仁义"理论和纲领；推崇唐尧和虞舜的禅让精神，效法周文王和武王的礼乐文化，努力传承古老的历史文化；尊奉孔子为其创派祖师。孔子思想代表儒家昌明时代最正统、最普遍的主流意识，是国家统治和政治教化的重要学说。

儒家所诵习"游文"的"六经"，是指"孔子论次《诗》《书》，修起《礼》《乐》"，"赞《易》，作《春秋》"而形成的。"六经"是儒家首选的经典文献，《诗经》是商、周及春秋早期的诗歌总集，《书经》是尧、舜及夏、商、周三代文诰教令汇编，《礼经》是行为规范及制度设施的记录，《乐经》是音乐资料，《易经》是讲述阴阳观念及其应用的文献，《春秋》记载鲁国从公元前722年到公元前481年的历史。"六经"经过孔子整理，广泛地应用于教学，便具有历史教科书的性质，起到潜移默化的积极的教育感化作用。②

故《庄子·天下》评价说："《诗》以道志，《书》以道事，《礼》以道行，《乐》以道和，《易》以道阴阳，《春秋》以道名分。"③ 春秋战国时期，"六经"是催生诸子百家的智慧源泉。汉武帝"罢黜百家，表彰六经"后，"六经"成为中国人启蒙益智的教材，著书立说和安身立命的经典。

总之，孔子创立的儒家学派，以圣贤为导师、仁义为宗旨、"六经"

---

① 班固：《汉书》（上册），陈焕良、曾宪礼标点，岳麓书社，1993，第768页。
② 参见《礼记·经解》。孔子曰："入其国，其教可知也。其为人也温柔敦厚，《诗》教也；疏通知远，《书》教也；广博易良，《乐》教也；洁静精微，《易》教也；恭俭庄敬，《礼》教也；属辞比事，《春秋》教也。故《诗》之失愚；《书》之失诬；《乐》之失奢；《易》之失贼；《礼》之失烦；《春秋》之失乱。其为人也，温柔敦厚而不愚，则深于《诗》者也；疏通知远而不诬，则深于《书》者也；广博易良而不奢，则深于《乐》者也；洁静精微而不贼，则深于《易》者也；恭俭庄敬而不烦，则深于《礼》者也；属辞比事而不乱，则深于《春秋》者也。"《周礼·仪礼·礼记》，陈戍国点校，岳麓书社，1989，第478页。
③ 曹础基：《庄子浅注》（修订重排版），中华书局，2007，第387页。

为经典，"明教化"以"利天下"，树立"教育为先、人文化成"优秀传统，对后世中国文化产生重大而深远的影响。从此往后，历代号称儒家学派的，有汉代的经师、魏晋的玄学、唐代的诗文、宋明的理学、元明的词曲、清代的考证等等，源远流长，代不乏人。① 儒学维系中华民族的团结和国家的统一，形塑中国人特有的世界观、价值观和思维方式，至今仍然是数千万海外华侨华人共同的文化心理和道德准则，是从事中国式现代化建设、促进国际和平发展的重要思想资源和文化软实力。

（三）儒家宗师：孔子

孔子（前551—前479），名丘，字仲尼，鲁国陬邑人，春秋时期思想家、教育家。他曾任鲁国司寇，后与弟子周游列国，晚年返回鲁国，修订"六经"。孔子所创立的儒家学派，因汉武帝"罢黜百家，独尊儒术"，在此后两千多年，孔子独享尊荣。孔子生前命运坎坷，"斥乎齐，逐乎宋卫，困于陈蔡之间，于是反鲁"（《史记·孔子世家》）。他虽然短暂代理鲁相而任大司寇之职，并周游列国，但终未被诸侯真正信任和重用。后世，随着儒学地位的提高，历朝屡次加封，高至"圣先王""文宣王"等，堪称"素王"。

《庄子·渔父》借子贡之口说："孔氏者，性服忠信，身行仁义，饰礼乐，选人伦。上以忠于世主，下以化于齐民，将以利天下。此孔氏之所治也。"② 可见，孔子是有修养、有道德（"性服忠信"），有行为风范（"身行仁义"），有文化追求（"饰礼乐"），有人文关怀和学术归趋（"选人伦"），有特定社会功能（"上忠世主""下化齐民"），有大众化价值取向（"化齐民""利天下"）的一代圣哲。③ 庄子是道家代表人物，其书《庄子》涉及孔子的评价，应该是中肯、可信的。

---

① 陈冬冬编：《文献翼儒：张舜徽说儒》，孔学堂书局，2015，第10—16页。
② 曹础基：《庄子浅注》（修订重排版），中华书局，2007，第368页。
③ 春秋战国时期，社会动荡，思想战线上，出现诸子百家争鸣局面，孔子首创独立的哲学体系。其高徒子贡说："夫子之言性与天道，不可得而闻也。"《论语》记载："子不语怪、力、乱、神。"孔子自言"敬鬼神而远之"。可见，孔子一生少谈天道、鬼神之事，重点发挥以"仁"为中心的政治伦理哲学。张舜徽：《中华人民通史》，华中师范大学出版社，2008，第1062页。

二、儒家的分流：孟子和荀子

（一）战国后儒学分二途

战国以后儒学分为二途，张舜徽《爱晚庐随笔》指出：

> 《中庸》曰："君子尊德性而道问学。"此孔子设教之大纲也。其意在于为人与读书并重，用一"而"字，而明兼有之义。孔子自道已云："博学于文，约之以礼。"（《论语·颜渊》）而其高第弟子颜回，亦言"夫子循循然善诱人，博我以文，约我以礼"（《论语·子罕》）。可知孔子平日自勉及教人，皆归于博文、约礼二者。博文即道问学之事，约礼则尊德性之事。孔子之学，包斯二事。

孔子之学"尊德性而道问学"，后世孟子、荀子已不能兼而有之，各得"尊德性"（约之以礼）和"道问学"（博学于文）的一个方面，形成孟子"尊德性"与荀子"道问学"两派。张舜徽分述如下：

> 孟子之学，主于尊德性，故但言"尽心、知性"，不俟旁求，可以止于至善。荀子之学，主于道问学。故但言"劝学""诵经"，循序渐进，可以积微末以致高大。两家皆尊孔子，而途辙不同。孟子卫道之言为多，荀子传经之功不小，影响于后世均大。
>
> 二千余年间，儒学分为二途，大有能分不能复合之势。即以宋代诸儒而言，二程并称，则大程兼重尊德性，小程兼重道问学，程朱并称，程偏于尊德性，朱重在道问学。朱陆并称，陆固偏于尊德性。下逮清代，有所谓汉学、宋学之争，汉学固偏于道问学，宋学固重在尊德性也。①

总之，大抵从战国以来，后世儒学，承继孟子学说者，多以维护道统

---

① 张舜徽：《爱晚庐随笔·学林脞录》卷四，华中师范大学出版社，2005，第80—81页。

自任，成为义理之学；承继荀子学说者，多以传授经学自任，成为考据之学。二千多年以来的儒学，都可追溯到战国时期孟子和荀子。

（二）孟子和荀子简介及比较

孟子（前372—前289），名轲，字子舆，鲁国邹邑人，战国时期思想家、教育家。受业于子思门人，曾周游列国，游说齐魏，因不被重用，退而与弟子万章、公孙丑合著《孟子》七篇。孟子言性善，主张"尊德性"，提出"法先王"，重视仁义。

《孟子》一书名言警句甚多，如"行有不得者，皆反求诸己"等，论道德内修思想；"一日曝之，十日寒之，未有能生者也"等，谈治学贵恒理念；"生于忧患，死于安乐"等，说处世忧患意识；"穷则独善其身，达则兼济天下"等，言君子人格理想。

荀子（约前313—前238），战国末期赵国人，名况，著名思想家，时人尊称"荀卿"。西汉时期，避汉宣帝刘询讳，因"荀""孙"二字古音相通，故又称孙卿。他曾三度出任齐国稷下学宫祭酒，后为楚兰陵令。荀子倡"性恶善伪"论，主张"道问学"，提出"法后王"，相信时代进步；重视礼法，下启李斯、韩非等法家。①

总之，孟子和荀子，一主性善，一主性恶；一主"尊德性"，一主"道问学"。二者都是战国时期儒家重要代表人物。孔子除了删定"六经"，还留下弟子门人编撰的《论语》；孟子既传《诗》《书》，又与万章、公孙丑等弟子撰述《孟子》七篇；荀子既传承《礼》《乐》，又创作《荀子》一书。从此，形成先秦儒家孔、孟、荀三子的私家经典著作，为后世研究儒家学说打下坚实的文献依据和理论基础。

---

① 孟子言性善，荀子则言性恶，谓人性本恶，可赖教化使之善也，即所谓"性恶善伪"论。孟子言法先王，荀子言法后王，认为时代进步，不应追慕远古。荀子所言的礼，实指法度。如《荀子·礼论篇》云："绳墨诚陈矣，则不可欺以曲直；衡诚县矣，则不可欺以轻重；规矩诚设矣，则不可欺以方圆；君子审于礼，则不可欺以诈伪。"此论至为简要，与《管子》所言："依法治国，则举错而已。是故有法度之制者，不可巧以诈伪。"（《明法》篇）荀子多处阐发礼的效用，如《不苟》篇云："礼，法之大分也"；《效儒》篇云："礼者，人主之所以为群臣寸尺寻丈检式也。"皆近法家言，故一传而有韩非、李斯，夫岂偶然。礼，时为大。故荀卿力主法后王，而不贵复古。张舜徽：《爱晚庐随笔·学林脞录》卷四，华中师范大学出版社，2005，第81页。

第二节　儒商善行

一、儒商含义

所谓儒商，就是具有儒家精神气质的商人。儒商自古有之。孔子弟子三千中，子贡就是一位成功商人。子贡货殖致富，"富而好礼"，[①] 被称为儒商，名副其实。同时代的范蠡，先从政后经商，也是司马迁赞赏的富而"好行其德"[②] 重要货殖家。范蠡虽非孔门弟子，但其富而"好行其德"商道，与子贡"富而好礼"精神相通，二者都充满君子气质，符合儒商精神风范。因此，后世称颂二者为古代儒商"双璧"。

实际上，儒商的称谓是后起的。儒商、儒贾等词，宋代以前文献尚未出现。明朝耿定向，于嘉庆、万历年间撰写的《儒贾传》一书，最早出现儒贾称谓；康熙年间，杜俊撰写《汪时甫家传》一书，始现儒商称谓，该书大约在 1671—1687 年间撰写。

基于此，周春生认为，"传统儒商是具有以儒家为核心的中华文化底蕴，关爱亲友、孤弱，热心乡里和社会公益之事，能做到儒行与商业的统一和良性互动，具有厚重文化底蕴的工商业者"。[③] 基于新儒商发展现状，黎红雷认为，所谓当代儒商，是对传统儒商精神的创造性转化和创新性发展，专指践行儒家商道的当代企业家。这里的企业家是一种泛称，包括个体工商户、私营企业主及社会企业家等在内的企业领导者。儒家商道内容包括：尊敬儒家先师孔子，承当儒家历史使命，践行儒家管理理念，秉承儒家经营哲学，弘扬儒家伦理哲学，以及履行儒家社会责任。

具体来说，儒商之道的核心精神就是"道创财富，德济天下"；儒

[①] 参见《论语·学而》。子贡曰："贫而无谄，富而无骄，何如？"子曰："可也。未若贫而乐，富而好礼者也。"

[②] 参见《史记·货殖列传》。故曰："仓廪实而知礼节，衣食足而知荣辱。"礼生于有而废于无。故君子富，好行其德，小人富，以适其力。渊深而鱼生之，山深而兽往之，人富而仁义附焉。

[③] 周春生、杨缨：《历史上的儒商与儒商精神》，《中国经济史研究》，2021 年第 4 期。

商就是商界君子，讲求"君子爱财，取之有道"；儒商职责就是运用儒商之道为社会创造更多的财富，主张"穷则独善其身，达则兼善天下"；作为商界儒者，儒商平时修养品德立身于世，经营企业兼顾利益相关者，包括客户、员工、股东、政府、社区、社会大众乃至自然环境等社会责任。①

综上，根据"儒商善行论"研究目标，本书定义儒商如下：儒商是指宗师孔子、具有君子风范、信仰性善论、履行推恩说、崇尚"以义为上"义利观的工商从业者。

二、秦汉货殖家及其善行

（一）《货殖列传》人物标准

《货殖列传》列叙人物，历时四百年（前 5 世纪初—前 2 世纪末），分前后两个部分叙述，前部列述秦以前，后部列述汉兴以后，都是先概述各地经济物产和风土人情，然后列叙人物。前部历时二百数十年，为成长阶段，比较简略；后部历时百年，为成熟阶段，比较详细。成长阶段，商贾人数不多，按标准入传的人物也较少，包括范蠡、子贡等七人，参见表1-1。成熟阶段，商贾人数众多，按标准入传二十余人（有的只记名姓），其中最重要的九人，参见表1-2。还有一些概括性叙述，例如，"汉兴，……富商大贾周流天下"；又如，"至力农畜，工虞商贾，为权利以成富……者，不可胜数"。（《史记·货殖列传》）②

司马迁撰著《史记》的目的在于"通古今之变"，以如下标准选取人物。

> 布衣匹夫之人，不害于政，不妨百姓，取与以时而息财富，智者有采焉。作《货殖列传》第六十九。（《史记·太史公自序》）

---

① 黎红雷：《儒家商道智慧》，人民出版社，2017，第 301 页。
② 司马迁：《史记》，李全华点校，岳麓书社，1998，第 931—940 页。

立传商人有讲究，"武断乡曲、欺压百姓"之奸商不入选，"害于政、妨百姓"之官商也不入选。汉代货殖家列叙之前，写道"请略道当世千里之中，贤人所以富者，令后世得以观择焉"，即入传的人物要求既富且贤；汉代货殖家列叙之后，又写道"此其章章尤异者也，皆非有爵邑奉禄、弄法犯奸而富"，即入选者不仅要求富且贤，还必须"章章尤异"。

总之，司马迁《货殖列传》立传人物的标准很高，只立传那些"不害于政，不妨百姓"，又能"取与以时而息财富"的良贾、贤人、章章尤异者，其宗旨在于激励商贾的智者，让后世观择效法。

（二）《货殖列传》人物列举

《货殖列传》所列叙的货殖家，属于秦以前的有范蠡等七人，属于汉兴以后的主要有蜀卓氏等九人，涉及的行业包括商业、工业（矿冶业）、农业（畜牧业）、借贷业等，参见表1-1和表1-2。

表1-1　秦以前的人物（7人）

人　名	行　业	简　介
范蠡	商业	十九年之中三致千金，人称陶朱公
子贡	商业	所至与国君分庭抗礼，使孔子扬名天下
白圭	商业	乐观时变，天下言治生皆祖白圭
猗顿	工业	以盐业致富
郭纵	工业	邯郸郭纵、冶铁成业，与王者埒富
乌氏倮	农业	畜至用谷量马牛，秦始皇帝以比封君
清	工业	巴（蜀）寡妇清传丹穴，擅利数世，秦始皇为筑女怀清台

表1-2　汉兴以后的人物（9人）

人　名	行　业	简　介
蜀卓氏	工业	其先赵人，冶铁致富。秦破赵，迁至临邛。即铁山鼓铸，富至僮千人。田池射猎之乐拟于人君
程郑	工业、商业	山东迁虏，冶铸，富埒卓氏

人　名	行　业	简　　介
宛孔氏	工业、商业	梁人，用铁冶为业。秦伐魏，迁孔氏南阳，大鼓铸。因通商贾之利，家致富数千金
曹邴氏	工业、商业	先以冶铁起，富至巨万。其后贳贷行贾遍郡国
刀闲	商业	逐渔盐商贾之利，连车骑，交守相，起富数千万
师史	商业	转毂以百数，贾郡国，无所不至。致七千万
宣曲任氏	商业	独窖仓粟。豪杰金玉尽归任氏
桥姚	农业	塞外致马千匹，牛倍之，羊万头。粟以万钟计
无盐氏	借贷业	景帝时，吴楚七国反。出征将领贷子钱，诸子钱家莫敢贷，唯无盐氏贷出，三月吴楚平，无盐氏息什倍。富埒关中

（三）秦汉货殖家善行

秦及汉前期，货殖家经商致富之后，大多通过散财方式，热心社会公益事业。《史记·货殖列传》讨论散财的艰难，阐明散财是一种境界（参见本书附录一）。司马迁说："农工商贾畜长，固求富益货也。此有知尽能索耳，终不余力而让财矣。"意谓农工商牧等行业，全力追求财富，一个人尚存一口气（有知），就努力追求资财，至死不愿舍弃。

货殖家范蠡一生聚财无数，《史记·越王句践世家》记载"范蠡三徙，成名于天下"，"三迁皆有荣名，名垂后世"。① 范蠡淡泊名利，精通货殖"治生之术"，知天时，懂人事，出奇制胜，功成名遂而身退，治国、全生与发家三不误（参见本章附录及本书附录一）。

《吕氏春秋》卷十六《先识览·察微》篇记述了子贡善举，② 子贡斥巨资赎回流落他国为奴的鲁国人，不向鲁国官府领取赎金，这既为子贡获得"博施于民而能济众"的美名，又为子贡带来良好的口碑和更多的商机。

---

① 司马迁将范蠡在越地、齐地、陶地生活空间的转换，统称为"三徙""三迁"。救国抗吴，施展其军政谋略；去越辞官，显示其人生智慧；治产致富，体现其经营才华。
② 杨坚点校：《吕氏春秋 淮南子》，岳麓书社，1989，第134页。

《货殖列传》记载，我国最早的女企业家——巴（蜀）寡妇清，她的祖上擅长"丹穴之利"，家业基础雄厚。她接手家业，经营管理有方，进一步发展到"僮仆千人"。家大业大，不忘报效国家，她慷慨捐赠巨资，用于长城修筑。去世后，秦始皇在其葬地修筑"女怀清台"，表彰其功绩，以资后世效仿。

司马迁《史记》还记载三则商人爱国的义举。

一是郑国商人弦高。《郑世家》记载："穆公元年春，秦穆公使三将将兵欲袭郑，至滑，逢郑贾人弦高诈以十二牛劳军，故秦兵不至而还。"弦高诈称犒劳秦军，倾其所有，用十二头牛的代价，急中生智，竟使秦军生疑，兵却步不前，避免了一场国家战争灾难。

二是鲁国巨商子贡。《仲尼弟子列传》记载："田常欲作乱于齐……故移其兵欲以伐鲁……子贡请行，孔子许之。"子贡不顾个人安危，舍生取义，周游列国，"存鲁，乱齐，破吴，强晋而霸越"。致使各诸侯国，相互攻伐，无暇侵犯鲁国，因而保全了鲁国。

三是西汉商人卜式。《平准书》记载，为抗拒北方匈奴骚扰，商人卜式贡献一半家产给国家做防务费用，他说："天子诛匈奴，愚以为贤者宜死节于边，有财者宜输委，如此匈奴可灭也。"

三、明清商帮及其善行

（一）明清商帮概况

清人徐珂著作《清稗类钞》指出："客商之携货远行者，咸以同乡或同业关系，结成团体，俗称客帮。"① 这里的客帮，即今日所谓商帮。20世纪30年代，卫聚贤等学者领先研究晋商，日本学者也涉足晋、徽商研究。张海鹏等认为，商帮是以地域为中心、血缘乡谊为纽带、相亲相助为宗旨，而联织、计议所成的商人群体。②

商帮是明清两代以地域为纽带的封建商业联盟。③ 我国明清两代，出

---

① 徐珂编撰：《清稗类钞》第五册，中华书局，1984，第2286页。
② 张海鹏、张海瀛：《中国十大商帮》，黄山书社，1993，第1—2页。
③ 梁小民：《走马看商帮》，上海书店出版社，2011，第1—7页。

现了公认的十大商帮，分别是晋商、徽商、粤商、闽商、宁波商、龙游商、洞庭商、江右商、陕商和鲁商。商帮以地域为中心，以乡谊为纽带，是某地商人群体。其核心价值体现于"帮"字，即相互帮助。商帮的组织形成，本地称为行会，如粤商的十三行行会；外地叫会馆或公所，如山西会馆。

十大商帮各具特色，各显神通。如冯梦龙《醒世恒言》卷七"钱秀才错占凤凰俦"，就描述了洞庭商帮的盛况。小说开篇说：话说两山（洞庭东山镇和西山镇）之人，善于货殖，八方四路，去为商为贾。所以江湖上有个口号，叫作"钻天洞庭"。①

又如，《醒世恒言》卷十八"施润泽滩阙遇友"，讲述施复从事家庭手工纺织，不到十年，从一张机织小户，扩展到三四十张织机的大户。施复经商所在地盛泽镇，俗称"东方第一绸都"，小说对其工商业繁荣景象，作如下描述。

> 说这苏州府吴江县离城七十里，有个乡镇，地名盛泽。镇上居民稠广，土俗淳朴，俱以蚕桑为业。男女勤谨，络纬机杼之声，通宵彻夜。那市上两岸绸丝牙行，约有千百余家，远近村坊织成绸匹，俱到此上市。四方商贾来收买的，蜂攒蚁集，挨挤不开，路途无伫足之隙。乃出产锦绣之乡，积聚绫罗之地。江南养蚕所在甚多，惟此镇处最盛。②

《清稗类钞·农商类》"潮人经商篇"中，记载了潮州商群（属于粤商）海外经商的发家过程。"潮人善经商，窭空之子，只身出洋，皮枕毡衾以外无长物。受雇数年，稍稍谋独立之业，再越数年，几无一不作海外巨商矣。"潮州人具有商业冒险精神，一旦捕获商机，"辄悉投其资于其

---

① 冯梦龙编：《三言·醒世恒言》，龙华标点，岳麓书社，1989，第76页。
② 冯梦龙录古风盛赞盛泽镇，亦有研究明清商帮的史料价值。抄录如下："东风二月暖洋洋，江南处处蚕桑忙。蚕欲温和桑欲干，明如良玉发奇光。缲成万缕千丝长，大筐小筐随络床。美人抽绎沾唾香，一经一纬机杼张。咿咿轧轧谐宫商，花开锦簇成匹量。莫忧入口无餐粮，朝来镇上添远商。"冯梦龙：《三言·醒世恒言》，岳麓书社，1989，第212—213页。

中"，败"尤足自立"，胜则"倍蓰其赢，而商业上之挥斥乃益"[①]。

明清商帮实质是封建商人群体，体现如下时代特征。其一，从事商品交易，尚未进入加工制造业。其二，官商结合，经营模式与封建制度相关。其三，遵循儒家文化与地域文化，经营模式体现儒家文化特色。

商帮是商品经济发展到一定阶段的产物，仅存在于明清两代。明代之前，我国商人经商，大多单个、分散，人自为战，有"商"而无"帮"。清代灭亡之后，中国封建社会结束，原来意义上的商帮不复存在。

（二）明清商帮成功秘诀

诚信经营，是明清商帮的成功秘诀。在频繁的商业交易中，诚信是经商致富的成功之本，也是商帮成功的基石。[②] 明清商帮把传统诚信文化作为基本的商业伦理道德。比如，晋商诚信分内外。外诚信，针对贸易伙伴与客户，秉持"宁可人欠我，决不我欠人"的信条。内诚信，东家授权掌柜，"疑人不用，用人不疑"；掌柜对东家"执事以忠"，遵循"受人之托，忠人之事"处事原则；员工亦然。这些内外诚信，保证了晋商的成功。

明清商帮的诚信建设，一般是道德诚信教化与制度建设并重，双管齐下。从道德诚信教化看，神祇信仰和儒家思想居功甚伟。一是确立商业神祇，树立诚信美德偶像，如晋商的商业神为关公，闽商的商业神为妈祖，晋商、闽商分别祭拜关公和妈祖，并将之树立为众人学习的榜样。二是传统道德文化教育，各商帮都十分重视修习儒家经典，用儒家思想教育和感化人。

道德，具有弥补制度缺陷的功能。例如，《大清律》缺乏银行票号立法，银票兑现不能依靠法律保证，客户愿意把白银交给山西票号，完全出于对票号的信任，因为山西票号的"见票即付"道德自律，保证了商号信誉。1900年八国联军进入北京，不少达官贵人随慈禧西逃，要把银票换为银子，面对疯狂挤兑，山西票号坚持理赔，客户十分感念其诚信精神。

---

① 徐珂编撰：《清稗类钞》第五册，中华书局，1984，第2333页。
② 吕庆华：《商业交易发展的"信任"基础》，《光明日报》（理论版），2004年9月15日，C3版。

又比如，晋商的两权分离制度设计，存在"大掌柜权责利不一致的制度漏洞"，就是说，大掌柜拥有经营管理大权、薪金和身股最高、分红份额巨大，但没有任何责任，而东家却承担经营亏损的"无限责任"。从委托代理理论看，该制度漏洞必然引起职业经理人的败德行为。但在票号经营的一百年中，从未出现晋商职业经理人的败德行为，靠的就是东家与大掌柜之间的诚信，这是一个道德弥补制度不足的经典案例。

从制度建设角度，明清商帮生存发展的时代，基于法律的高层次信任（无限信任）尚未建立，而低层次信任（有限信任）只在有限范围内的熟人之间发挥作用。在当时的条件下，有限信任就是商帮诚信建立的制度基础，而这种有限信任却起到重大作用。在有限交易范围的熟人社会，除了订立文字契约，以及行会、会馆的公约法律"有形制度"硬约束，诚信习俗的"无形制度"软约束，[①] 虽不立文字，但人人遵守，其功效及价值也很大。

此外，企业内部也存在有形或无形制度，以保证诚信的具体落实。家庭或家族以儒家家庭伦理为核心，信任度很高。徽商、闽商等商帮，充分利用家族或同宗之间的信任纽带，以及家族或同宗之间的家规和族规，建立信任关系的基础。

（三）明清商帮善行

晋商乔家大院，经历近代多次战争和动乱，至今保存完好，归根结底，其原因在于乔家人的宽厚和善良，为富而仁，[②] 其"低调、谦和"做人的家风历久弥新。其他晋商富户和商帮的成功商人，概莫能外。

儒家传统文化认为，从商先做人，不善无以为商。如晋商奉行"义、信、利"原则，把"义"放在首位，讲求先义后利。乔家大德通票号，先

① R・科斯、A・阿尔钦：《财产权利与制度变迁：产权学派与新制度学派译文集》，刘守英等译，上海人民出版社，2004，第145—162页。

② 光绪年间，曾有土匪计划抢劫乔家，想找个内应。乔家尊重和善待佣工，佣工不肯做内应；乔家善待乡亲，乡亲也不当内应。找不到内应，土匪只能放弃抢劫，乔家躲过一劫。抗战期间，乔家人都逃往天津、北京，而佣工仍然保护乔家大院；1949年后，乔家大院重新分配，群众感念乔家，不肯入住，最后大院由祁县政府管理，后由晋中地区党校使用；直到"文革"，也没遭受破坏，至今完好。梁小民：《走马看商帮》，上海书店出版社，2011，第159—160页。

期客户存币时，晋币与法币比价为 1:1，后来遇蒋冯阎大战，阎锡山失败，晋币与法币比价跌至 25:1，大德通承担巨额亏损，一律支付法币。

"耕读传家"是我国传统理想的治家模式，既通过"耕"维持家庭生活，又通过"读"提高家庭文化水平。文化传承是商人家族长盛不衰的秘诀，文化传承的基本途径有二。一是坚持读书学习，以儒家伦理道德规范自己和家人，各商帮都有众多商人是文化人，以藏书、读书为乐，其中徽商"亦儒亦商"最为典型。二是重视教育，或为了"学而优则仕"改换门庭，或为了提高个人和家庭成员的文化修养。

成功商人除了"独善其身"，还"兼济天下"，行善积德，承担社会责任。例如，清初，康熙皇帝出兵讨伐噶尔丹叛军，晋商范家承运军粮，不以营利为目的，政府运粮每石 120 两银子，而范家只收 40 两，为政府节省 600 余万两。又如，在鸦片战争前，清政府加固广州海防，粤商伍秉鉴牵头，粤商"十三行"共捐资 10 万两白银；后续还出资修建堡垒，建造战船，制造大炮。①

"兼济天下"不只是爱国，还包括关心公众利益，如扶贫、办学、修路、搭桥②、建庙、慈善。泉州是海上丝绸之路重要起点，闽商之泉州商群，航行海外经商历史悠久，素有"海丝商人"的美称，历史上曾出现"八大商人"，他们分别是唐朝的林銮、南宋的黄护、明中期的李五、明末的郑芝龙与郑成功、清末的伍秉鉴、清末民初的黄秀烺，以及民国的陈清机。他们的公益善举不胜枚举，如李五出巨资重修"中国第一座海湾大石桥"——洛阳桥。③

---

① 许谋清：《被忽视的海丝商人》，《光明日报》2016 年 09 月 09 日，第 13 版。
② 素有"海内第一桥"美誉的洛阳桥（原名万安桥），是古代著名跨海梁式石构桥，始造于北宋。明代商人李五捐巨资，重修洛阳桥。
③ 泉州晋江安海（安平），曾出"安平商人"群体，安平商人早在唐朝就航行海外经商贸易，一度与徽商齐名。随着泉州海外交通的发展，安海成为贸易重镇，许多安海商人出海经商。何乔远的《镜山全集》和李光缙的《景璧集》二书，都写到明朝安平商人。2000 年《华尔街报》评出 1001—2000 年世界 50 巨富，伍秉鉴（广州十三行之首，世界首富）在列。明末郑芝龙"富可敌国，泽及八闽"，他开辟从安海到日本长崎的航线。郑成功逐荷夷收复和开发台湾，之后施琅平台留台。清政府控制台湾海峡，拥有初步的海权意识。民国陈清机发起建设福建第一条公路——泉安公路，拉近安海港和泉州港的距离。

清朝光绪元年至四年（1875—1878）"丁戊奇荒"，北方特大旱灾，晋商共捐白银 12 万两。乔家施粥救济难民，粥锅上百口；常家以修戏楼为名，为灾民提供就业机会。另外，常家从九世到十四世，公益、救灾等支出高达百万两白银，体现了晋商急公好义、关心百姓疾苦的精神，无愧于儒商称号。

近代洋务派代表人物张之洞（1837—1909），创作《劝学篇》，提出"中学为体、西学为用"重要思想，总结洋务派和早期改良派的基本纲领。该书"农工商学第九"章，系统阐述农、工、商三学及其重要性，商学部分涉及翻译外国商法、商人自治和游历考察增长见识等内容，这在 19 世纪末的中国具有前瞻性。①

总之，商人重视教育与公益事业，商帮发达的地方，教育与公益事业都很发达。

第三节　儒商善行：重要的文化资本

一、文化资本理论的由来②

布迪厄在《资本的形式》③ 这篇著名论文中，首次提出文化资本理论。他认为社会界是一个积累的世界，引入完整的资本概念有助于理解社会界的积累性。他说："资本是积累的劳动……是一种镶嵌在客体或主体的结

---

① 张之洞认为农、工、商三项事业互为表里，相互联系。否则，"农瘠则病工，工钝则病商，工、商耗蹙则病农"，这三项事业同时出现问题，国家就无法维持。茶、棉、丝、麻等传统农业大宗货物，可以仿效西方模式，与西方争利。张之洞建立湖北纺织四局：织布局、纺纱局、缫丝局、制麻局，采取官商合办经营方式。对于商业，张之洞除了关注商业地位及其对农、工业的作用，还提到翻译外国商法、游历增长见识及商人自治等，眼光独特，具有前瞻性。张之洞：《劝学篇》，冯天瑜、张海龙译注，中华书局，2016，第 255—269 页。
② 本节引自吕庆华：《文化资源的产业开发》，经济日报出版社，2006，第 55—59 页。
③ Bourdieu Pierre. The Forms of Capital, in A. H. Halsey, H. Lauder, P. Brown, A. Stuart-Wells (eds.), *Education: Culture, Economy and Society*, New York: Oxford University Press, 1986: 44—58.

构当中的力量，也是一种强调社会界内的规律的原则。"① 布迪厄认为，资本的基本类型有三种。一是经济资本，包含物质、自然、金融资本等，可直接转换成金钱；二是文化资本，又分三种：精神或肉体基本形式、文化产品客观化形式与体制化形式；三是社会资本，由社会义务（"联系"）所构成，在某种高贵身份被制度化的条件下，也可以转化成经济资本。

布迪厄认为具体化的文化资本，是其他两种形式文化资本的基础。他说："可以从以下这一事实中推演出文化资本的大多数特征，即文化资本的基本形式是与身体有关的，并预先假定了某种实体性和具体性。"客观化的文化资本如文学、绘画等文化产品，与经济资本一样是可以传承的。

体制化的文化资本超越了具体化的文化资本的生物局限，能够迫使他人接受"社会公认性的权力"——拥有文化资本的合法化，并能够使学术资格拥有者之间的互相比较或替代成为可能。总之，布迪厄认为，文化本身具有价值并能转化成经济价值。

继布迪厄之后，文化资本这个术语被许多学者所使用。戴维·思罗斯比认为，文化资本是继物质资本、人力资本、自然资本之后的第四种资本。② 经典文献的生活场景呈现、古建筑遗产的民间习俗呈现、共同语言的传统文化展示等，都体现了"文化载体"的文化价值蕴涵。③ 如果文化的经济价值能够用货币单位衡量，具体物品的社会文化价值可以通过市场确定，那么个人或团体就可以给产品赋予文化价值。美国当代著名社会思想家弗朗西斯·福山提出"人的资本"④ 概念，强调社会信任的文化资本蕴含，信任可以资本化、商品化并进入实际的流通。⑤ 有形文化资本，通常以建筑、遗址、工艺品等文化遗产形式，进入产品流通领域，或形成私人消费等；而无形文化资本，通常以想法、信念、传统等公共品的形式，

---

① 弗朗西斯·福山：《信任——社会美德与创造经济繁荣》，郭华译，广西师范大学出版社，2021。

② 戴维·思罗斯比：《什么是文化资本?》，《马克思主义与现实》，2004年第2期。

③ Bourdieu Pierre. *The Field of Cultural Production*, Columbia University Press, 1993, pp. 311—356.

④ 弗朗西斯·福山：《信任——社会美德与创造经济繁荣》，郭华译，广西师范大学出版社，2021。

⑤ 王巍、李青原：《品味资本》，中国时代经济出版社，2002，第201页。

存在于公共领域，例如文学、音乐、戏剧等口头和非物质遗产，如我国的昆曲、古琴被世界教科文组织确定为口头和非物质遗产，同样进入服务流通，或形成私人消费等。

文化资本的经济学内涵大体包含如下四个方面。

首先，文化资本是一种经济现象，文化价值能够产生经济价值。有形文化资本如古建筑物，其经济价值源于古建筑物本身的文化价值，即文化价值能够产生经济价值。换句话说，一栋古建筑物早期设定的价值，可能只是一般物品价值，但作为一种文化资本，它具有来源于其外观和文化内容的经济价值。人们愿意为物品的文化内涵支付更高的价格，油画等艺术品的经济价值主要来源于其文化内涵，其物理价值常可忽略。

另一方面，无形文化资本的文化价值和经济价值的关系比较复杂。例如，具有广泛文化价值的遗存音乐、文学、语言、风俗、信仰等，由于不是现成商品而不能直接进入市场交易，一时不能体现为经济价值。但是，这些无形文化资本一旦通过产业开发形成某种产品或服务并进入市场，其文化价值就会转化为经济价值并产生实际的经济效益。无形文化资本产业开发、市场交易的经济价值，常常附着于现实物品的外观或构造上从而增大被附着品的价值，比如语言功能的功利化运用、休息室或电梯的背景音乐播放等。被附着品价值的增大，从根本上说，来源于所开发利用的无形文化资本的价值。

其次，文化资本对国民经济增长发挥重要作用。戴维·思罗斯比认为，引入文化资本内生变量的经济增长模型，更具描述性和解释力。假设在 t 时间内，文化资本积累 K，或贬值折旧为 d，它需要维护（保证）投资 I，那么，如果加上新的投资 I，资本积累就进一步扩大。公式表示如下：

$$K_{t+1}^c = K_t^c + (I_{mt}^c - d_t K_t^c) + I_m^c$$

在这个模型中，文化资本与其他形式资本共同发挥生产和流通作用，竞合发展。

最后，文化资本的成本—收益分析。文化资本或文化资源具有资本的共性特征，可以运用投资分析技术进行量化研究。比如，文化遗产的维护和市场收益的评估，可以运用成本—收益分析法评估。首先，对文化资源的可认知价值做出投资决策计划；其次，针对可供选择的投资决策计划，测评文化资源的价值。文化资源具有精神和物质的双重属性，从统计评价的角度，可划分为可度量和不可度量两类，因此文化资源价值的评价和度量也具有双重意义，比如，文化资源的时间价值，就可以通过朝代的历时性、资源的稀缺性以及传承能力，分别设计权重进行量化评价。①

二、儒商善行是重要的文化资本

历史上，儒家文化通过"大传统""小传统"两种方式传承。首先，官、私学"大传统"传承。一是儒家"王官之学"，以"六经"为典，以"圣人言"的形式传承，后续又通过科举制强化，获得社会的普遍认可；二是诸子私学，以"百家言"形式传承，孔子私学培养"弟子三千、贤人七十"，规模宏大，成为私学典范，其言论总集《论语》源远流长，此后的《孟子》和《荀子》也相继成为儒家私学经典。其次，家庭教育"小传统"传承。通过祖传家风、家教、家训等方式，言传身教，润物无声，代代绵延，持续影响着中国人的价值观、思维方式和行为方式。

中国已有三千年经商传统，经商历史悠久，并总结留存丰厚的商道智慧。比如，经商智慧格言：

> 陶朱事业，端木生涯。
>
> 经商不损陶朱义，货殖何妨子贡贤。

司马迁《史记·货殖列传》介绍子贡（名赐，复姓端木，子贡为字）、范蠡（尊称陶朱公）等先秦和西汉前期商家的经商故事及智慧。② 其中，陶朱公经商"十九年之间三致千金"的经商智慧（参见本书附录二），深受"计倪之策"启迪。《越绝书·内经第五·越绝计倪》，记述越王句践与

---

① 焦斌龙：《文化资源的产权属性演变及其对文化体制改革的启示》，叶取源、王永章、陈昕等编：《中国文化产业评论》（第二卷），上海人民出版社，2004，第244—257页。

② 古代商朝原名殷朝，改名的原因在于殷朝遗民多以经商为业，故称之为商人。

计倪关于备战与粮食关系的对话，内容涉及粮食生产、储备及流通等，具有战略决策性。计倪从备战备荒出发，根据自己的经商理财经验，向越王句践提出"生聚教训"建议。一是"省赋敛，劝农桑"，发展农业生产；二是"利源流"，选择通习源流的人才，进行商贸活动；三是"平粜齐物"，使"农末俱利"，其"农末俱利"富民强国思想，尤其具有深远的历史价值。[①]

儒家文化经过"大传统""小传统"的传承，积累了深厚的社会文化资本。改革开放初期，民营企业的创业者，虽然没接受过正规工商管理硕士（MBA）或高级工商管理硕士（EMBA）教育，其成功的秘诀，就在于儒家社会文化资本，[②] 即儒家商业伦理，如儒家善行，二千多年来一直影响着中国人的价值观、思维方式和行为方式。

李泽厚认为，孔子创立的儒家思想文化，"已无孔不入地渗透在人们的观念、行为、习俗、信仰、思维方式、情感状态……之中，自觉或不自觉地成为处理各种事物、关系和生活的心理状态和性格特征"。[③] 就是说，儒家思想及其商道、善行，历经两千多年，已成为中国人源远流长的文化基因，是重要的文化资源和资本。

20世纪初始，废科举考试制度，"大传统"被现代教育制度取代，但"小传统"历久弥新，依然影响着当代中国人的价值观、思维方式和行为方式。近百年以来，虽然"大传统"中断了，但"小传统"以"老人言"和"前人言"（前辈儒商商道格言等）的方式，[④] 代代流传、绵绵不绝，而成为一种文化基因。

改革开放以来，企业家看出"老人言"和"前人言"的门道，创造性转化为经商智慧，在企业日常经营管理中，自觉不自觉地践行儒家善行思想，如古代商人经商讲求"和气生财"，试列举数则如下。

---

① 《越绝书》，张仲清译注，中华书局，2020，第77—92页。
② 黎红雷：《儒家商道智慧》，人民出版社，2017，第1—5页，第362—363页。
③ 李泽厚：《中国古代思想史论》，人民出版社，1985，第34页。
④ 这些"老人言""前人言"的内涵，几乎都源于儒家经典"四书五经"。

《洪范》五福①先言富，《大学》十章半理财。

人无笑脸休开店，说话和气招财多。

诚招天下客，誉从信中来。

人弃我取，人取我与。

人无远虑，必有近忧。

小传统连着大传统，"三人行必有我师焉"（《论语·述而》）。实际上，现代民营企业家接受的儒学教导，都来自这些"老人言"之家风家教、"前人言"之商道格言的启迪，以及"圣人言"之"四书五经"、诸子百家等国学经典的培训。②

第四节　本书研究特色与内容

改革开放以来，中国营销学经历学习引进、消化吸收到模仿创新三个阶段，目前已走到理论创新的十字路口，迫切要求创建"古为今用、中为外用"创新型营销理论。③ 建立健全善的社会，是儒家追求的理想，也是构建人类命运共同体的需要。发掘儒家性善论及推恩说等思想，经过现代转化，有望为现代企业实施善行营销、切实履行社会责任提供思想养分。

一、本书研究特色与创新

传统儒家文化尤其是孟子性善论，经过二千多年演进，早已深入人心。运用现代管理学扎根理论定性研究方法，以及统计学定量分析方法，

---

① 中国传统文化的"五福"，以"德"为因，其他是果。人伦教化，培养德才兼备的栋梁之才。五福包括：长寿、富贵、康宁、好德、善终，是中国人人生圆满的最高追求。其中，最重要的是"好德"，孟子性善"四端"派生的"四德"（含仁、义、礼、智）看来，"德行"是因，"长寿、富贵、康宁、善终"等都是果，有因才有果。

② 黎红雷：《儒家商道智慧》，人民出版社，2017，第1—5页。

③ 张闯、庄贵军、周南：《如何从中国情境中创新营销理论？——本土营销理论的建构路径、方法及其挑战》，《管理世界》，2013年第12期。

系统阐发孟子性善论，探讨儒商企业善行范畴，界定儒商企业善行含义，开发儒商企业善行构念维度及其测量量表，研究消费者善行文化认同及其对购买意愿的影响机理，发掘传统儒家善行思想的现代企业营销管理价值，古为今用、中为洋用，对实现"研究问题、构念和理论源于本土，而知识发现还能贡献于世界"[1] 的本土化研究，具有重要的理论价值和现实意义。

本书的研究特色和创新，从学术思想看，发掘实施孟子性善论、推恩说，以及"以义为上"儒家义利观思想，经过创造性转化，为现代企业开展善行营销提供理论依据。经过深度访谈和先秦儒家《论语》《孟子》和《荀子》有关善行例句摘录，采用扎根理论方法分析相关资料，提出儒商企业善行四个维度：仁民爱物（思想内涵）、以义制利（根本任务）、循礼守约（行为准则）和明智无欺（理性原则）。

从学术观点看，揭示遵循性善价值观的行善企业，能有效激发消费者的善行文化认同，从而惠顾购买行善企业的产品和服务机理；验证儒商企业善行对消费者购买意愿影响机理，消费者—企业认同的中介作用，以及文化认同的调节作用。

从研究方法看，使用扎根理论、统计分析等方法，研究儒商企业善行构念、测量量表及其对消费者购买意愿的影响机理，具有独特性和可行性。

二、本书研究目标与内容

（一）研究目标

本书研究目标在于，阐释儒家性善论、推恩说及"以义为上"义利观等儒商善行理论基础，采用深度访谈方法，了解企业员工对儒家善行思想和企业善行的理解；运用扎根理论方法，系统分析儒家善行思想文献资料，以及访谈所获得的第一手资料，揭示儒商企业善行内涵，构建儒商企

---

[1] 张闯、庄贵军、周南：《如何从中国情境中创新营销理论？——本土营销理论的建构路径、方法及其挑战》，《管理世界》，2013年第12期。

业善行维度，开发儒商企业善行测量量表；应用消费者—企业认同、文化认同等理论，采用统计分析方法，构建并检验儒商企业善行对消费者购买意愿影响理论模型，并根据实证分析获得的研究结论，提出儒商企业善行营销策略建议。

（二）基本内容

第一，理论基础与模型构建。系统阐述儒家性善论、推恩说及"以义为上"义利观理论基础，结合认同理论及消费者购买行为理论，建构本书理论模型，明晰儒商企业善行（前因变量）、消费者—企业认同（中介变量）、文化认同（调节变量）与消费者购买意愿（结果变量）之间的关系，如图1-1所示。

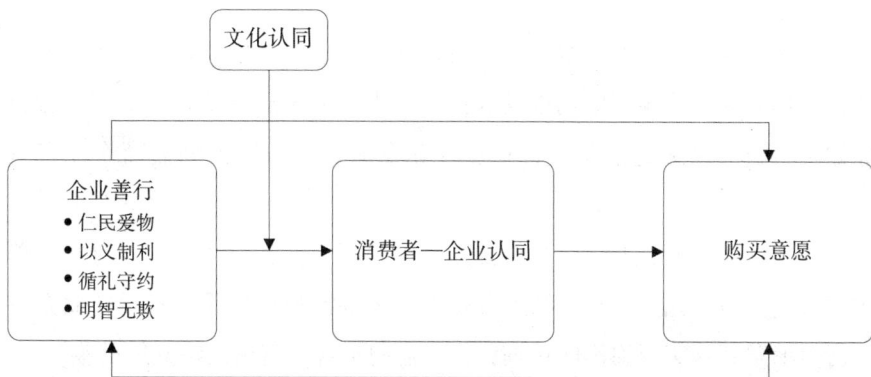

图1-1　本书理论模型

第二，儒商企业善行维度建构。采用扎根理论方法，以《论语》《孟子》《荀子》等先秦儒家善行例句，以及企业家深度访谈结果为原始资料，进行筛选、编码与分析，获得儒商企业善行构念及蕴含；再经两位编码人员讨论、相关专家论证、修正，最终得到儒商企业善行构念模型，并对模型进行阐释和理论饱和度检验。

第三，儒商企业善行量表开发。通过扎根理论及专家甄别等定性研究方法，构建初始测量题库；通过大样本调研，运用探索性因子分析法和验证性因子分析法探究儒商企业善行量表的建构效度；通过分析量表的收敛效度和区分效度，确定量表各题项能够代表潜在理论建构的程度；通过量表的信度分析，进一步提高量表的可靠性。儒商企业善行量表的有效开发，为后续实证研究，奠定了坚实基础。

其四，儒商企业善行对消费者购买意愿影响机理分析。基于理论模型及假设，通过层次回归分析及 Bootstrap 检验，探讨儒商企业善行对消费者购买意愿影响机理。验证儒商企业善行对消费者购买意愿影响的主效应，消费者—企业认同在儒商企业善行与消费者购买意愿之间的中介效应，以及文化认同的调节效应。

第五，研究结果与营销策略分析。分析实证研究结果，并以实证研究结果为依据，提出企业实施善行营销的策略建议。

三、研究方法

首先，深度访谈及扎根理论等质性研究方法。深度访谈了解被试者想法，发掘儒商企业善行的构成维度；扎根理论方法通过筛选、编码和分析原始资料，形成儒商企业善行构念，开发测量量表，提炼儒商企业善行维度。

其次，问卷调查及统计分析方法。运用探索性、验证性因子分析、单因素方差分析、回归分析等数据分析方法来检验研究假设，揭示儒商企业善行对消费者购买意愿影响机理，为企业制定善行营销战略提供借鉴。

最后，情境实验法。拟选取消费者作为被试对象，以情境模拟的手段，要求被试者依据情境评价儒商企业善行感知以及自身购买意愿。

本章附录：知时·知人·奇胜
——司马迁"治生之术"浅议

在货殖理论上，司马迁一反先秦的传统，不以国家为本位，而从个人本位出发考虑经济问题。他认为追求财利是人的本性，农工商贾等社会上各色人等的一切活动都是为了求富益货，因而主张鼓励个人追求财富，通过正当途径发家致富。他对从事商业经营的那些富商大贾大加赞赏，称他们为"贤人""能者"。在《史记·货殖列传》中，他以大量的史实证实："礼生于有而废于无。故君子富，好行其德；小人富，以适其力。渊深而鱼生之，山深而兽往之，人富而仁义附焉。富者得势益彰，失势则客无所之，以而不乐。"陶朱公治产殖业，三致千金，再分散给他人，是"富而好行其德"；子贡结驷连骑，使孔子扬名于天下，是"富而益彰"。

司马迁在肯定个人经商致富有利于社会经济发展，商业致富正当而且利人利己的同时，对从事大规模经营的商贾还提出了更高的素质要求。他认为，成功的从商者应具有白圭描述的那种素质："吾治生产，犹伊尹、吕尚之谋，孙、吴用兵，商鞅行法是也。是故其智不足与权变，勇不足以决断，仁不能以取予，强不能有所守，虽欲学吾术，终不告之矣。"也就是说，不具备智、勇、仁、强四个方面的条件，就没有资格学习经营之术，也不可能成为有成就的商家。在这里，司马迁实际上提出了作为一个商人应具备的四个基本素质，即：智要"足与权变"；勇要"足以决断"；仁要"能知取予之道"；强要能坚韧待机。司马迁在总结历史上富商大贾的成功实践经验后，还进一步指出不是所有具备以上经商基本素质的人都能致富，要想在经营上取得成绩还得有一套行之有效的"治生之术"，即经商致富的诀窍。他把这种诀窍归结为知时、知人和出奇制胜三个方面。

一是要知时。"时"就是时势、时机。司马迁心目中的成功商家都是知时的行家。司马迁说，范蠡"以为陶天下之中，诸侯四通，货物所交易也。乃治产积居，与时逐而不责于人"。也就是说，范蠡因为知时，所以既能治国，又能发家。他盛赞白圭一旦看准了商机，就快速行动，"趋时若猛兽鸷鸟之发"。白圭因为知时，才可能被后人奉为研究经营术的祖师。汉代关中的富商大贾因为"与时俯仰"，即根据市场形势随机应变，也成为司马迁笔下的"贤人"。司马迁说，商家知时就是要"乐观时变"，即根据对年景丰歉的预测，实行"人弃我取，人取我与"，譬如"岁熟取谷，予之丝漆"等。商业流通更要把握商机，预测市场前景，"取予以时"。"取"和"予"虽是对立着的两个方面，但只要处理得当，就可向有利的方面转化，因而，正确的"取予观"对商业经营的指导意义很大。

二是要知人。司马迁称，范蠡"善治生者，能择人而任时"。范蠡的知人，一是知越王句践，二是知自己的儿子。在经商致富方面，由于知人，范蠡在十九年中"三致千金"，"后年衰老而听子孙，子孙修业而息之，遂至巨万"。司马迁认为，作为成功的商家，要致富就要像白圭那样"能薄饮食，忍嗜欲，节衣服，与用事僮仆同苦乐"，以优秀品质去争取人心，获得下属的支持。他举刁间为例加以说明。他认为刁间用人有几个特点：一是爱护人才，"齐俗贱奴虏，而刁闲独爱贵之"；二是用人唯能，"桀黠奴，人之所患也，唯刁闲收取"；三是用其所长，用人不疑，"桀黠奴……愈益任之"；四是重视培养人才，"使之逐渔盐商贾之利"。正因为如此，"士为知己者用"，刁闲"终得其力，起富数千万"。

　　三是要出奇制胜。司马迁认为，"富者必用奇胜"。他对无盐氏和任氏的出奇制胜非常赞赏。"吴楚七国兵起时，长安中列侯封君行从军旅，赍贷子钱，子钱家以为侯邑国在关东，关东成败未决，莫肯与。唯无盐氏出捐千金贷，其息什之。三月，吴楚平。一岁之中，则无盐氏之息什倍，用此富埒关中。"在秦末战乱之际，"豪杰皆争取金玉，而任氏独窖仓粟。楚汉相距荥阳也，民不得耕种，米石至万，而豪杰金玉尽归任氏，任氏以此起富。"由于任氏独具慧眼，敢冒险，有气魄，因此"富而主上重之"。

　　　　摘自吕庆华：《知时·知人·奇胜——司马迁"治生之术"
　　　　浅议》，《光明日报》（理论版），2003 年 6 月 3 日。

第二章　研究动态及学术史梳理

儒家正统性善论，从孔子到《中庸》，到孟子，再到《大学》，其基本逻辑理路是"由心善言性善"，得以圆满完成。与孟子性善论相辅相成的，还有四端说与推恩说，以及儒家义利观等理论。分疏孟子性善论，综述四端说、推恩说及义利观研究动态，阐明其研究脉络，揭示其学理内涵，是研究儒商善行构念及实践的基础。

第一节　儒商善行研究动态

目前，儒商企业善行研究的理论基础，大多源于西方一般社会理论。受社会文化环境、宗教背景、社会制度等的影响，这些理论与儒家文化及制度脱节，适用性较差。企业管理体系架构涵盖工具、制度、精神三个层面。工具层面问题，通过技术和方法的引进，不难解决；制度层面问题，通过引进会通，尚能解决；而精神层面的问题，根植于传统文化尤其是儒家传统文化，不可能靠引进学习、模仿创新解决。儒商善行及其实践，就属于精神层面的课题。

一、善与儒商善行

儒商善行，也叫儒商企业善行，其思想渊源可追溯至善的思想。

善，是儒家追求的理想，是指个人或群体行为符合一定的社会道德，表现在人与人关系中的，对他人、社会有利，具有正向价值的行为。① 从字义上看，《说文解字》认为，善与"義""美"同义。"善""義""美"三字，都从"羊"字。"羊"通"祥"，故"善""義""美"三字，皆有"吉祥"之意。此外，"善"还有良、好、富、贵、熟练等多重意思。

傅佩荣认为，人生正道就是"择善固执"，如何择善呢？所欲"固执"的善，是我与他人之间适当关系的实现。我与他人之间关系适当与否的判断标准有三点：一是行动者的内心感受（真诚），二是对方期许（沟通），三是社会规范（礼法）。② 因此，儒商企业善行实践良好效果的评判标准有四点：第一，善行贴近消费者的内心感受，体现仁爱思想；第二，善行符合消费者的心理期望，达到对义的认可；第三，善行符合社会伦理道德，合乎礼的要求；第四，企业准确判断以上三条的执行情况，并拥有较强的管控能力。

英国的戴维·罗斯于1930年出版《正当与善》一书，系统研究"正当"与"善"以及两者之间的关系。该书的主旨在于批判效果论、捍卫义务论。罗斯主张有些义务是"显见的"，只能靠人的直觉把握，正当的行动不由功利动机所决定，而是由独立于行动者之外的善，即诸多"显见的义务"所决定，行善的义务体现于通过美德、理智或快乐改善他人的生活条件。③

日本拉链大王吉田忠雄，1985年提出"善的循环"经营哲学。所谓"善的循环"：一是指做善事，种善因，此一善行必得回报；二是指经营企业不是巧取豪夺，而是慷慨给予。给予与被给予"双回向"，形成"善"的无止境的循环。"善的循环"经营哲学，源于美国钢铁大王安德鲁·卡内基的启发。卡内基曾说："假如你无法为别人谋取利益，就甭想成大功，立大业。"企业经营实践中，吉田忠雄将企业创造的利润，与消费者、经销商、员工三者共享。④

---

① 李亚彬：《道德哲学之维——孟子荀子人性论比较研究》，人民出版社，2007，第26页。
② 傅佩荣：《我读〈孟子〉》，北京理工大学出版社，2011，第82、150、323页。
③ 戴维·罗斯著，菲利普·斯特拉顿-莱克编：《正当与善》，林南译，上海译文出版社，2008，第223—243页。
④ 韩永学：《深层管理学》，哈尔滨地图出版社，2005，第75页。

何日生提出善经济及善经济体系的观点，认为企业应以善为核心价值观，善企业为造福社会而存在，拥有三善（善心、善念、善行）核心价值观，能够利及他人和社会，并能永续经营，成为百年老字号。楼宇烈为该书作序认为："善经济是当今社会的根本，是国家强盛的要件。善经济重视挖掘中国传统文化资源，如'正德、利用、厚生'（《尚书·大禹谟》）的道理，以民为国之本。"①

目前，社会普遍呼唤商贾道德的回归，建构儒家善行道德规范，促进商业和社会的良性发展。

二、儒商善行与企业社会责任

在西方，企业善行概念源于企业社会责任观。20 世纪初，企业社会责任理念进入人们视野。1916 年，克拉克指出，企业责任是社会责任的重要内容；1924 年，谢尔顿认为，企业经营应有利于增进社区服务和利益，企业社会责任包括道德因素。同一年，英国学者欧利文·谢尔顿（Oliver Sheldon）定义企业社会责任概念，认为企业既有经济、法律义务，又有承担社会责任的义务。

20 世纪 70 年代以来，企业社会责任从哲学伦理观念，向企业社会回应观念转变，代表人物主要是美国学者阿克曼（Ackerman）。企业社会回应观，重在消除道德压力，突破社会义务论的哲学思辨及伦理情感色彩，强调企业应直面社会议题，主动回应社会需求，并采取实际行动。②

此后，相继出现以下企业社会责任观，总体上呈现从"如何做"向"做得好"转变。主要包括社会绩效观、社会营销观和社会创新观三类。第一，以佐治亚大学教授卡罗尔（Carroll）为代表的社会绩效观，重视企业实现社会目标实际行动和效果，并从量和质两方面评估企业社会责任。③第二，以科特勒为代表的社会营销观，追求企业经营目标和社会责任目标

① 何日生：《善经济：经济的利他思想与实践》，宗教出版社，2021，序一。
② Robert W. Ackerman. How Companies Respond to Social Demands. *Harvard Business Review*, 1973, 51（4）：88—98.
③ Archie B. Carroll. A Three-Dimensional Conceptual Model of Corporate Performance. *Academy of Management Review*, 1979, 4（4）：497—505.

相一致，倡导以营销促进社会公益，或以社会公益促进商业服务。① 第三，以德鲁克为代表的社会创新观，② 认为以满足社会需求或正向影响自身发展目标的企业社会责任行为，能够通过社会性组织创新，获得提升业绩的商业机会。

总体而言，西方企业社会责任理论，由于缺乏必要的文化涵养及坚实的哲学基础，无法抗衡"股东利益至上"的主流观念，加上践行标准不确定，而难以全面推行和具体落实。

儒家责任观，集中表达在孟子"穷则独善其身，达则兼善天下"（《孟子·尽心上》）名言上，该名言较好地涵盖儒商企业"内圣外王"社会责任含义。③ 第一，对企业本身的责任，要求既做到"立己达己"，又做到"立人达人"，体现"仁"的丰富内涵。第二，对他人的责任，他人包括家人和社会，"重民、富民、教民"是不可推卸的基本责任。第三，对社会的责任，自觉担当的责任意识和孜孜不倦的执着精神，引领社会风气、重建社会秩序的历史责任，承担"天下兴亡、匹夫有责"④ 的文化使命。第四，对自然的责任，一方面主张人"为天下贵也"（《论语·尧曰》），另一方面认识到人类与万物密不可分，王阳明认为"世之君子……视人犹己，视国犹家，而以天地万物一体之"，⑤ 疾痛迫切，欲罢不能，其仁心发用的对象，达之于人自身、禽兽、草木、瓦石，极其广大久远。

近年，探讨儒家善行思想及其对社会责任建构的论文，尚有可观者。张彩霞指出，儒家"义利相生"思想，是企业社会责任行为的道德根基；"仁人"精神与"和为贵"观念，是企业社会责任行为的核心内容。⑥ 王德胜研究消费者对企业社会责任的行为意向，结论认为儒家价值观中"仁

---

① 菲利普·科特勒：《企业的社会责任》，姜文波译，机械工业出版社，2011。

② 彼得·德鲁克：《管理：使命、责任、实务》，王永贵译，机械工业出版社，2011。

③ 黎红雷：《儒家商道智慧》，人民出版社，2017，第292—299页。

④ 该名句源于顾炎武《日知录》卷十三《正始》，原文为"保天下者，匹夫之贱，与有责焉耳矣"，而其中"天下兴亡，匹夫有责"八字成语，则出自梁启超。

⑤ 王阳明：《传习录》，陆永胜译注，中华书局，2021，第358页。

⑥ 张彩霞、陈学中：《儒家思想视域下的企业社会责任观》，《济南大学学报》，2013年第5期。

义礼智"传统文化因子正向显著影响企业社会责任行为，其中消费者体验变量起中介作用。[①]

第二节 孟子四端说及性善论研究动态

孟子性善论的实质是心善，由心善而言性善。其四端说认为，人皆有之的人心四端，即恻隐之心、羞恶之心、辞让之心和是非之心，分别可以扩充、实践为"仁德、义行、守礼、明智"四种善的道德行为。心是向善的力量，人生第一阶段的成就即是善，人生从"善"即"可欲之谓善"[②] 开始，依次向"信、美、大、圣、神"[③] 更高阶段发展，最终"止于至善"。

一、孟子四端说缘起及价值

孟子首先提出"心之端"说，即四端说。一般认为，四端说是孟子性善论、推恩说等的思想基础，四端说的提出，标志着孟子思想及其理论体系的成熟，意义甚伟。孟子认为，心之善端，发于仁、义、礼、智四种道德属性的萌芽，即恻隐之心、羞恶之心、辞让之心和是非之心（《孟子·公孙丑上》）。人性的四端之心即善心，首先，具有内生性特质，具有先天的善的能力，所谓"我固有之也"（《孟子·告子上》）；其次，具有直接性的特质，在特定情景下付诸实际行动，立即产生善行效果。

孟子以心善言性善，认为心性合一，四种善心的萌发，能够发展形成仁、义、礼、智四种道德属性，相应形成"仁德、义行、守礼、明智"四

---

① 王德胜：《儒家价值观对消费者 CSR 行为意向影响研究》，《山东大学学报》（哲社版），2014年第 4 期。

② 傅佩荣解释"可欲之谓善"的可欲，是"心"之可欲而言。

③ 参见《孟子·尽心下》。孟子曰："可欲之谓善，有诸己之谓信，充实之谓美，充实而有光辉之谓大，大而化之之谓圣，圣而不可知之之谓神。"浩生不害问孟子："乐正子是何等人"，孟子回答说："乐正子为人，有善有信也。"焦循解释"可欲之谓善"为"己之所欲，乃使人欲之，是为善人"。焦循：《孟子正义》，沈文倬点校，中华书局，2017，第 823 页。

个具体的善行。孟子指出："心之官则思，思则得之，不思则不得也。"（《孟子·告子上》）人性是一种动态力量，只要真诚自觉，就不难发现人有一股善的力量，由内而发，要求自己行善，即所谓"人性向善"。①

人们对性善的认知，早有记载，《性自命出》竹简指出"未教而民恒，性善者也"。而四端说，却是孟子独特的理论创造。从《孟子·告子》可知，孟子与告子的辩论，促使四端说的形成；孟子为了推行其仁政思想，周游列国游说诸侯，是四端说形成的现实社会原因。孟子生活的战国中期，封建贵族兼并战争激烈，如梁惠王念念不忘发动战争，魏国战事不断，短短十年，"东败于齐，长子死焉，西丧地于秦七百里，南辱于楚"，导致百姓流离失所，所谓"民有饥色，野有饿莩"（《孟子·滕文公下》），以及"父母冻饿，兄弟妻子离散"（《孟子·梁惠王上》）。总之，孟子四端说并非空穴来风，确实源于其现实关怀和恻隐之心。②

二、孟子性善论的论说类型

孟子性善论成熟至今，时有争论，历两千余年。20世纪60年代，英国学者葛瑞汉从道家立场，对孟子性善论提出新看法，引起广泛讨论。参与讨论的西方汉学家，包括史华兹、刘殿爵、安乐哲、信广来、华霭云、罗哲海、朱利安、孟旦、艾文贺、李耶理、欧阳博等。继而，徐复观、牟宗三、陈大齐、黄彰健、傅伟勋、蔡仁厚、刘述先等港台学者纷纷倡导，傅佩荣、袁保新、李明辉、黄俊杰等跟进，广泛地推动研究与讨论。大陆学者冯友兰、张岱年等，也做出了重要贡献。

对孟子性善论的研究，基于各自独立判断，产生各自假设或理解，各家解释差别很大，形成多种多样的解释模式和判断，经方朝晖梳理分析，归纳总结形成前后共十种论说，前四种分别是心善说、善端说、向善说、可善说，后六种分别是人禽说、有善说、本原说、本体说、总体说、成

---

① 傅佩荣：《我读〈孟子〉》，北京理工大学出版社，2011，第78—82页。
② 《说文》云："恻，痛也。"赵岐注："隐，痛也。""恻隐"一词，是指因他人的不幸、危难境遇，而产生的哀痛与同情之情。

长说。①

梳理以上十种论说观点，总体上看，前四种比较接近，不少学者同时主张其中两三种论说，比如，杨泽波认为，孟子性善论既不是"性本善论"，也不是"性善完成论"，主张"心有善端可以为善论"，该说实际上是"善端说"和"可善说"的结合。② 其中，持善端、向善和可善三说的学者，都认为"性本善"并非孟子本意，一致反对"人性本善"的传统观点；③ 而心善、善端、向善三说，含义较接近，皆可并入第一种，实际上都属于心善说。

后六种观点中，本原说④既承认本然之性（天命之性）为根本，又承认气质之性（义理之性），可谓也是一种总体说（人性中虽有恶，但总体是善的）；⑤ 另外，本体说与成长说，二者都基于人性潜能来解释性善，可笼统归为"潜能说"。安乐哲、江文思等反对性善的先天因素，成长说在他们眼里，实际上就是可善说。

从人禽之辨说性善，历来学者众多。⑥ 主张人禽说的学者中，徐复观、唐君毅⑦、牟宗三等现代新儒家学者，皆由心善言性善，牟宗三同时主张本体说。

---

① 方朝晖：《性善论新探》，清华大学出版社，2022，第92—178页。
② 杨泽波：《孟子性善论研究》（修订本），中国人民大学出版社，2010，第80页。
③ 传统启蒙教材《三字经》开头第一句子，就是"人之初，性本善"，其影响久远。
④ 本原说，基于事实判断，从"造化源头"说性善。宋明理学家，有天命之性（本然之性）与气质之性（义理之性）二分法，将孟子性善归入天命之性，即天地生物之初已赋予万物和人的天性，其内容是五常之理。因此，孟子性善"是就人物未生之前，造化原头处说"（陈淳语），"是推天命流行之初而言也，推性之所从来也"（黄震语）。
⑤ 总体说，从人性内部构成立论，人性中虽有恶，但总体是好的。陆世仪、伊藤仁斋、丁若镛、葛瑞汉、刘殿爵等，皆持此说，如陆世仪称"孟子原止说性中有善，不曾说无恶"；伊藤仁斋认为，性善论承认人性中有恶，善是其"究极"；扬雄、韩愈也认识到人性中有恶，"然非究而论之者"；丁若镛解释性为嗜好，人性中虽有恶，但终以善为归；葛瑞汉认为，性善论由道德倾向和感官欲望构成，遵循"舍小体（感官欲望）择大体（道德倾向）"原则，解决二者的冲突，最符合人性总体需要。
⑥ 从人禽之辨论性善的学者，清儒有陆世仪、李光地、戴震、程瑶田、焦循、阮元等，现代有徐复观、冯友兰、张岱年等。
⑦ 唐君毅说："孟子言性，乃即心言性善，及此心即性情心、道德心之义。所谓即心言性善，乃就心之直接感应，以指证此心之性之善。"唐君毅：《中国哲学原论·原性篇》，九州出版社，2021，第76页。

总之，孟子性善论的论证，主张心善说，或人禽说，或二者结合（如徐复观、袁保新）的学者居多。

三、孟子性善论的论说判断

从判断类型分析十种性善说，认为除了把本体说①（预设人性超越日常生活、处于超验状态，而得出人性善结论）理解为价值判断外，其他九种论说皆持事实判断；除了成长说存在"或后天判断、或先天判断"两可争议外，其他九种论说皆持先天判断；除了有善说和人禽说理解为特称判断外，其余八种论说皆持全称（总体）判断；除了人禽说（基于人与外部禽兽的比较）理解为比较判断、本原说理解为本质判断外，其余八种论说皆为特征判断。

本体说和成长说，可另归一类，称之为潜能说。成长说最早由葛瑞汉提出，该说是 20 世纪以来的新说法。理解孟子的性善论，如果排除本质判断、全称判断、后天判断三种判断，那么前述十种性善论解释，"仁者见仁、智者见智"，各有其理。实际上，孟子思想混沌地隐含诸种思想的萌芽，那么，何种解释最能证明性善论呢？

第一，前四种性善说，都存在发掘性善含义的一定理据，但从整体上归纳性善论来看，理据不足。例如，从《孟子》一书中，"恻隐之心""仁义内在""仁义礼智根于心""尽心知性"等论述看，可确定心善是人性论的重心。但是，孟子又通过人禽之辨、成长特征等说性善，笼统归之为心善说，失之偏颇。此外，心善说不可能否定人心有恶，逻辑上存在漏洞。"牛山之木"与"水之就下"等比喻说理，以及故事性文字论述，都难以证成人性趋善之理。其他向善、善端、可善三说，存在的问题相似。总之，前四种性善说所暴露的论证逻辑漏洞，都值得注意。

---

① 本体说认为，性善是人都具备的人性升华潜能，即通过自我修炼，超越烦恼与痛苦，灾难与不幸，直至生死，进入永恒和不朽的境界。这是生命崇高而极致的状态，代表生命的本质或本体。心体或性体通过修炼建立，其价值由自身特征决定，无须一套宇宙发生学的证据。本体说基于价值判断，从"直觉体悟"上说性善。孟子的"上下与天地同流"（《孟子·尽心上》）、"浩然之气充塞天地""虽千万人吾往矣"（《孟子·公孙丑上》）的崇高境界，是本体说的基础。由王阳明及其后学王畿等，牟宗三及其弟子推进与完善。

第二，后六种性善说，逻辑上能自圆其说，但未必符合孟子本意，夹杂后人的发挥。首先，孟子说过"人无有不善"，但未说过"人性有善（也有恶）"，以特称判断为基础的"有善说"文本依据不充分。性善论解释成"有善说+人禽说"，存在一定的合理性，只能揭示性善的部分含义，难以证明性善。陈澧的"人性有善"，并非指"人性全善"，与扬雄"人性善恶混"[①] 的说法并无区别。

第三，历史上，主张人禽说的人最多，且大多言之成理。但问题在于，孟子性善论的立论重点，未必在人与禽兽的区别上。《孟子》一书中，虽多处出现人禽之辨的文字，但都不足以证明性善。从圣人践形、晬面盎背（《孟子·尽心上》）、浩然之气（《孟子·公孙丑上》）等赞词看，孟子并非真的反对形色之性，认为人可通过"动心忍性"的修养工夫，为善升华而超越禽兽，这才是性善的重要理由。从现代人眼光看，所谓"虎狼有父子、蜂蚁有君臣"，野兽对同类的恻隐之心未必少于人，不只是朱熹所理解的"一隙之光。"[②] 俞樾认为，禽兽不如人聪明，"故不能为善，亦不能为大恶"；而人则不然，才高于禽兽，故为恶亦远甚于禽兽。[③] 总之，基于比较判断的人禽说，存在理据不足问题。

第四，程颢、陆世仪、戴震等都发现，《孟子》原文不支持"从造化源头"[④] 说性善。本原说依据的是《系辞传》，而不是《孟子》，其最大问题是没法从《孟子》书中找到证据。按照程颢"人生而静以上不容说"[⑤]（《二程集》之"河南程氏遗书卷第一·二先生语一"），超出人的能力范围的"从造化源头说性善"行不通。明末以来，多数学者都反

---

① 扬雄试图调和孟子、荀子的人性论，既不主张性善论，又不主张性恶论，而是主张"人性善恶混"说。扬雄《法言》卷第三《修身》说："人之性也善恶混；修其善则为善人，修其恶则为恶人。"扬雄认为，人性中同时存在善良和邪恶，该观点能够解释现实社会善人与恶人并存，同一个人时善（善念和善行）时恶（恶念和恶行）。扬雄：《法言》，韩敬译注，中华书局，2012，第56—57页。
② 朱熹：《朱子语类》，王星贤点校，中华书局，1994，第58页。
③ 俞樾：《宾萌集》之二"性说"，载《春在堂全书》，据南京博物馆藏光绪末增订重刊本《春在堂全书》影印，凤凰出版传媒集团2010，第799页。
④ 孟子并未从宇宙发生学"继善成性"（《易·系辞上》）的立场来论证性善。
⑤ 程颢、程颐：《二程集》，王孝鱼点校，中华书局，2004，第10页。

对天命与气质二分说，本原说不是孟子本旨。朝鲜历史上，曾经出现"四端七情论争"和"湖洛之争"①两次理学大讨论，也暴露了本原说的理论困境。

第五，儒学思孟心性之学，经汉唐发展到宋明时期，尤其是王阳明"致良知"之学发展以后，出现不少创新性解释，在一定程度上超出孟子性善思想本身，例如，牟宗三《圆善论》一书，强调孟子人性论的超越的、形上的本体论性质，提出性善本体说。孟子言性善，虽然谈到的"四端、本心、良心"等概念，认识到"性之本体粹然至善"等问题，但未必是有意识地以"本体"说性善。

第六，严格说来，《孟子》文本难以找到总体说的实际证据。陆世仪的"主善客恶说"、伊藤仁斋的"究极说"及丁茶山的"嗜好说"等，皆为个人主观理解的发挥。另外，葛瑞汉的大小体说、刘殿爵的有机总体说，有助于理解孟子人性概念，但作为性善论立论依据则不足。

第七，方朝晖提出基于先天判断的成长说，认为可用以发掘孟子性善思想，但显然不能说，性善论的立论基础都在此。②

总而言之，孟子的成就并不在于证明了"人性善"，而在于揭示了"人性之善"，而且"性善"与"性之善"是两个明显不同的问题。"人性是善的"命题的真正证明，尚待后学贤者。但为了辩护孟子性善论，基于某种学说如宋明理学，发明一套理论以证明"人性是善"的，皆难以自圆其说。用性善还是性恶来概括孟子人性论，都太简单化了。③

---

① 关于四端七情之争，参见李明辉：《四端与七情：关于道德情感的比较哲学探讨》，华东师范大学出版社，2008，附录《退溪、高峰"四端七情"论辩资料选注》。关于湖洛之争，参见邢丽菊：《韩国儒学思想史》，人民出版社，2015，第234—260页。

② 方朝晖：《从生长特性看孟子性善论》，《北京师范大学学报》，2016年第4期。

③ 史华兹认为不能用"人性是善的"一句话简单概括孟子性善思想。本杰明·史华兹：《古代中国的思想世界》，程钢译，江苏人民出版社，2004，第302页。

第三节 孟子推恩说研究动态

一、孟子推恩说的含义

《孟子·梁惠王上》第七章"以羊易牛"案例，首先提出推恩命题。冯友兰阐释推恩说时认为，孔子"善推其所为"的仁及忠恕，限于个人的"内圣"，而孟子将之应用于政治社会，进一步涉及"外王"。冯友兰认为，依孟子，若齐宣王因己之好货好色，即推而与百姓同之，即"举斯心加诸彼"也。若实现此心于政事，则其政事即仁政矣。"善推其所为"即仁也，即忠恕也。① 荀悦在《申鉴·政体第一》也指出："恕者，人之术也。"② 孟子的推恩说，实际上是其推行仁政的重要理论依据。"仁者无不爱也"，仁就是爱，但仁爱有差序，即所谓"亲亲而仁民，仁民而爱物"（《孟子·尽心上》）。朱熹注："仁主于爱，而爱莫切于事亲。"③ 可见，仁最基本的含义是对父母的爱。

孟子认为爱由近（自己）及远（他人）推衍，以亲亲（血缘）之爱为起点，将"仁爱之德"推衍及他人和社会，即"老吾老，以及人之老；幼吾幼，以及人之幼"（《孟子·梁惠王上》）。孟子的推恩说，实际上是在政治上推行孔子"己欲立而立人，己欲达而达人"（《论语·雍也》）的忠恕之道，而亲亲之爱即其推行仁政的起点，与孔子的忠恕之道一脉相承。

蒋国保从文明比较的视角，研究认为推恩说典型地体现儒家文明。推恩说上承孔子仁学的"忠恕"论，下开理学"万物一体之仁"论。推恩是儒家"仁爱之术"，是指人借助推己及人的方法，把人的血亲情感广泛地诉诸他人及社会。并比较了儒、墨、基督三家之爱，认为：墨家"兼爱"，

---

① 冯友兰：《中国哲学史》（上），华东师范大学出版社，2000，第95页。
② 荀悦和徐幹：《申鉴 中论》，唐宇辰、徐湘霖译注，中华书局，2020，第39页。
③ 朱熹：《四书集注》，陈戍国点校，岳麓书社，1997，第412页。

以交相利为上；基督教"博爱"，以契约平等回报、利益计较为重；而儒家"仁爱"，体现非功利性、非契约性特色。精神境界上，儒家仁爱"泛爱众"，倡导"不计其利"，比重功利的"兼爱"和"博爱"更贴近人类的基本关切。①

二、"推恩悖论"问题及消解

当今涉足研究推恩问题的学者不少，其中刘清平认为，儒家伦理本质是一种血亲伦理观念，根本上与道德理性精神相区别，② 因此，依据孟子自己所言"爱有差等"原则，血缘亲情至上，推恩说在儒家理论架构内，势必陷入深度悖论，而难以成立。③

针对刘清平提出的"推恩深度悖论"，董祥勇、张丰君、李凯、吴先伍等分别作出回应。董祥勇认为，孟子的推恩，以"亲亲"之仁为出发点，由"吾"到"人"以及"天下"，最终达到"亲、人、物"的整全仁爱价值目标，"推"的整个过程，都渗透和体现孟子一贯秉持的"中道"精神。④

张丰君说，孟子推恩说目的在于贯彻"仁政"理想，与"爱有等差"思想不矛盾。推恩说之所以可能，是因为孟子一方面强调血缘情感高于自然的理性自觉，另一方面赋予血缘情感以自然、本能的含义。"仁者以其所爱及其所不爱"，"仁"的自然性起点并不意味着对理性自觉的否定。⑤

李凯认为，孟子推恩说的现实性，体现为以下三点：一是以恻隐之情为泛爱的基础，二是以差等之爱为追求的目标，三是以事亲从兄为实践的起点。但"瞽瞍杀人"之案，暴露了亲情与公义的两难选择，推恩因此陷入困境。摆脱困境，不可能依靠"大义灭亲"之举，而能够依靠建构并推

---

① 蒋保国：《从"推恩"看儒家文明的特色》，《社会科学战线》，2022 年第 4 期。
② 刘清平：《儒家伦理：道德理性还是血亲理性?》，《中国哲学史》，1999 年第 3 期。
③ 刘清平：《论孟子推恩说的深度悖论》，《齐鲁学刊》，2005 年第 4 期。刘清平给推恩下定义，认为推恩是指行为者在面对某事物（或境况）时发现自身所具有的特殊的"心"会自然产生某种道德反应，并将此"心"所产生的道德反应推而广之，施加到其他相关事物或境况中去，以使该行为者在面对其他相关的事物或境况时也能作出相同的道德反应。
④ 董祥勇：《试论孟子的"推恩"思想》，《兰州学刊》，2008 年第 11 期。
⑤ 张丰君：《孟子推恩说何以可能》，《管子学刊》，2012 年第 2 期。

行完善的亲属回避制度，包括亲属容隐制和亲属避嫌制。①

　　吴先伍认为，孟子通过分析"见牛未见羊也"（《孟子·惠梁王上》）的案例，旨在说明"见"的重要性及其所蕴涵的道德本性。认为现代社会中，许多不道德行为的发生，恰恰源于对一些加害对象"视而不见"，缺乏应有的"不忍人之心"或"恻隐之心"，更谈不上推己及人、见义勇为了。②

三、中西方学者的互相切磋

　　推恩说涉及众多复杂的道德和心理问题，西方英语学界涉足研讨者众多。如倪德卫、信广来、黄百锐、艾文贺、万百安、任满说、田中孝治、井原敬等，皆有专门的论述。

　　东方朔为回应西方学者的诠释，作朱熹推恩释义。朱熹把推恩的"推"字，直接解释为扩充，就是一种类比推理，体现一致性原则。朱子"盖天地之性，人为贵"句，阐析与牛相比，人更值得同情。推所扩充的，不只是已发的恻隐、不忍的道德情感，而且是其未发的恻隐之仁心。推恩所及的远近、差等、难易等问题，皆以"理一分殊"理论加以解释，体现儒家传统智慧特色。而推恩的"恩"字，则从"见牛之觳觫"情境引发，强调"无那物时，便无此心乎"。③ 总之，朱熹自成一体的理解，体现"理论的整全与一致"的特色，比西方学者略胜一筹，使孟子推恩说返本归真。④

第四节　儒家义利观学术史梳理

　　义与利，是古代哲学的一对重要范畴。义，指道义；利，指利益、功

---

① 李凯：《论孟子"推恩"说的现实性、困境与出路》，《齐鲁学刊》，2012 年第 5 期。
② 吴先伍：《"见牛未见羊也"——〈孟子〉中"见"的道德本性》，《中国哲学史》，2008 年第 2 期。
③ 朱熹：《朱子语类》第 7 册，崇文书局，2018，第 2206 页。
④ 东方朔：《"反其本而推之"——朱子对〈孟子·梁惠王上〉"推恩"问题的理解》，《复旦学报》（社会科学版），2019 年第 3 期。

利。义利观是人对义利范畴、关系及取向的认识和态度。义利之辩，历史上出现多次争论，儒家义利观发展经历先秦儒家、汉代经学、宋明道学、晚清民国儒学及企业新儒商等五个阶段。

一、先秦儒家阶段

孔子之前，义利问题早已存在，使义利成为一对哲学范畴的，首推孔子。孔子首先提出义与利的分别，他提出"君子喻于义，小人喻于利"（《论语·里仁》）的观点。义与利的不同追求，成为君子、小人的划分标准。君子重义而小人重利，义和利难以并集于一个人身上。认为君子以义为原则，"群居终日，言不及义"的人，不可能成为君子。孔子时期，社会流行"见利思义""君子义以为上"等观点，要求君子成就义，以实现人生理想。但是，孔子并不否定利，他定义"恭、宽、信、敏、惠"治国理政方式，其中"惠而不费"就是指"因民所利而利之"，并要求君子"见得思义"。

孟子从性善论出发，强调以义为上，先义后利，重义轻利。《孟子·离娄下》说："大人者，言不必信，行不必果，惟义所在。"孟子回答梁惠王说："王何必曰利，亦有仁义而已矣……苟为后义而先利，不夺不厌。……未有仁而遗其亲者也，未有义而后其君也。"（《孟子·梁惠王》）

曾子提出"以义为利"（《礼记·大学》）观点。[①] 荀子从性恶善伪论出发，肯定"义与利者，人之所两有"，主张义利统一；肯定义和利对社会的不同作用，认为"义胜利者为治世，利克义者为乱世"（《荀子·大略》）；义和利发生冲突时，也主张先义后利，即所谓"先义而后利者荣，先利而后义者辱"（《荀子·荣辱》）。

二、汉代经学阶段

汉代董仲舒提出"天之生人也，使之生义与利"，[②] 认为义与利不可或

---

① 先秦墨子的说法与儒家不同，墨子重利而贵义，《墨子·经说上》说："义，利也。"墨子第三表是"发以为刑政，观其中国家百姓人民之利"。法家韩非也重利。
② 董仲舒：《春秋繁露》，张世亮、钟肇鹏、周桂钿译注，中华书局，2008，第330页。

缺，各有所用，"利以养体，义以养心"，并论证说"义养"（即养心）重于"利养"（即养身）。由于一般人平时只是见小（"利"）而不见大（"义"），因而"皆趋利而不趋义"。解决之道，严刑酷法只是辅助，而以德为主，施行德行教化，晓民以义，才是"大治之道"。（《春秋繁露·身之养重于义》）

董仲舒概括孔孟的义利观，还提出"夫仁人者，正其谊（义）不谋其利，明其道不计其功"（《汉书·董仲舒传》）的论点，① 进一步强调德治"义养"的主张。

汉代盐铁之议，以贤良茂陵唐生、文学鲁万生等六十多人，与丞相车千秋、御史大夫桑弘羊等公卿，展开针锋相对的辩论。盐铁会议大论辩过程中，贤良文学在总结历史经验的基础上，认为国家经济社会问题的出现，皆源于抛弃儒家重义轻利思想，要让政治稳定、百姓生活安宁，就必须着重提倡重义轻利的价值理念。主张"罢郡国盐、铁、酒榷、均输，务本抑末，毋与天下争利"。而以桑弘羊为首的公卿，认为兼顾道义的同时，应大力发展贸易、追求物质利益，才能增加社会财富，让百姓生活富裕，桑弘羊以为"此乃所以安边竟（境），制四夷，国家大业，不可废也"。②

盐铁会议双方争论的所有问题，都可归结为义利问题，其论辩是对先秦以来义利之辩的继续和发展。西汉儒者桓宽《盐铁论·杂论》以为，贤良、公卿二者"各有所出，或上（尚）仁义，或务权利"，③ 记载了历史上又一次义利问题的大辩论。

东汉王符作《潜夫论》"遏利第三"，以遏止财利为主旨，"贵廉让而贱财利"，④ 反对贪得无厌，重提先秦以来的义利之辩，主张重义轻利、德义与财利相称，实属"以义为利"价值观的发展，影响后世颇深。

三、宋明道学阶段

宋代理学家，就义利问题曾展开激烈的争辩。程颢说："大凡出义则

---

① 班固：《汉书》（下册），陈焕良、曾宪礼标点，岳麓书社，1993，第1108页。
② 班固：《汉书》（下册），陈焕良、曾宪礼标点，岳麓书社，1993，第1251页。
③ 桓宽：《盐铁论》，陈桐生译注，中华书局，2015，第564页。
④ 王符：《潜夫论》，马世年译注，中华书局，2008，第27页。

入利。出利则入义，天下之事，惟义利而已。"（《二程语录》）朱熹说："义利之说，乃儒者第一义。"他们基本承袭《汉书·董仲舒传》的观点。陆九渊的"为学之方"，虽与朱熹分歧严重，但他也说："学无深浅，首在辨义利。"

程颐讲公私、义利，明确提出"君子未尝不欲利""仁义未尝不利"等观点。朱熹继承程颐观点，进一步讲理欲、公私、义利，说"仁义根于人心之固有，天理之公也。利心生于物我之相形，人欲之私也。循天理，则不求利而自无不利；殉人欲，则求利未得而害己随之"。①还说："看道理，须要就那个大处看……须要天理人欲，义利公私，分别得明白。"②可见，程朱都认为，义利并不对立，而是相辅相成的。

李觏、陈亮、叶适等认为，功利寓于道义之中，若无功利，道义便是虚语，道义与功利二者并行不悖。针对董仲舒"正其谊（义）不谋其利，谋其道不计其功"（《天人三策》），叶适评论说："古人以利与人，而不自居其功，故道义光明。后世儒者行仲舒之论，既无功利，则道义者乃无用之虚语尔。"③叶适明确指出，道义与功利实为表里，二者不可偏执。

清初颜元也提出，义利统一的辩证观点。他说："正论便谋利，明道便计功，是欲速，是助长；全不谋利计功，是空寂，是腐儒。"认为道义与公利不能偏废，二者应该并重，即所谓"正其谊（义）以谋其利，明其道而计其功"（《四书正误》）。

四、晚清民国儒学阶段

近代西方学术冲击，不少学者对孟子"王何必曰利？亦有仁义而已矣"，以及董仲舒"夫仁人者，正其谊不谋其利，明其道不计其功"的义利观点，作出新的解读。或曰理学家讲义利对立而排斥利，如康有为认为，宋儒"轻鄙功利"，④ 或曰儒家排斥利，或曰儒家就公私讲义利，而反

---

① 朱熹：《四书章句集注》，中华书局，2012，第 202 页。
② 朱熹：《朱子语类》第一册，中华书局，1986，第 227 页。
③ 叶适撰：《习学记言》，上海古籍出版社，1992，第 201 页。
④ 康有为：《论语注》，《康有为全集》第六集，中国人民大学出版社，2007，第 490 页。

对私利。

20 世纪初，严复在其译著《原富》按语中，指出孟子、董仲舒所言"分义利为二"，义利是对立的。① 梁启超早年也以为，孟子、董仲舒讲义利对立；② 并认为"孟子之最大特色，在排斥功利主义"。③

而陈焕章明确认为，宋之前的儒家并未曾忽视利（理财），他说："在宋之前，孔子、孟子、董仲舒，甚至任何一位重要的孔教徒，他们从未说过民众禁止言利。"④ 陈焕章认为，孔孟及董仲舒并非不言利，而是不言私利。⑤

胡适哲学史著作论及孔孟，认为孔子生平痛恨聚敛之臣和谋利政策，义利分明；孟子"把义利两字分得很严"，攻击自私自利的行为，所主张的"仁义"政治，体现"最大多数的最大乐利"。总之，孔孟讲的是公利与私利的对立，反对"个人自营的私利"。⑥ 梁漱溟批评胡适关于孔孟义利观的解读，认为孔子对义利问题的"惟一重要态度，就是不计较利害"。⑦

冯友兰系统考察孔孟及董仲舒的义利观，认为董仲舒所谓"正谊明道"之论，与孔子"子罕言利""君子小人之喻"等言论是一贯的，孟子的王政"是谋国"，非常重视民生经济利益，即所谓"儒家非不言利……非不言有利于民生日用之事"。⑧ 冯友兰还说："一个人专求国家的利，他的行为是义底行为。求国家的利，对于国家是利，但对于个人，则是义不

---

① 亚当·斯密：《原富》（上），严复译，商务印书馆，1981，第 77 页。
② 梁启超：《生计学学说沿革小史》，《梁启超全集》第二册，北京出版社，1999，第 984 页。
③ 梁启超：《先秦政治思想史》，《梁启超全集》第六册，北京出版社，1999，第 3646 页。
④ 陈焕章：《孔门理财学》，韩华译，商务印书馆，2017，第 81—82 页。
⑤ "欲明孔孟不言利之真精神，当先明私利、公利之别。私利者一己之私，公利者一群之公，若不明公私之别，而徒执'不言利'三字抹煞之，此宋儒之所以误中国也。夫对于一己之私利，孔子诚罕言矣……若夫一群之公利，孔子何尝不言哉？先富后教，治庶之经，井田学校，双方并进，总括孔教全体，理财殆占一大部分也。夫孟子非最恶言利者耶，然其谓'养生丧死无憾，王道之始'，'五亩之宅'一节，凡三见焉。恒产恒心，谆谆致意。盖孟子之言利也若是……夫利非不可言也，而利有公私；私利亦非不可言也，而问其人之在位与否；在位之人，非不可言利也，特不许其言私利耳。"陈焕章：《〈孔门理财学〉之旨趣》，《陈焕章文录》，岳麓书社，2015，第 168—169 页。
⑥ 胡适：《中国哲学史大纲》（卷上），上海书店，1989，第 119、301—302 页。
⑦ 梁漱溟：《东西文化及其哲学》，《梁漱溟全集》第 1 卷，山东人民出版社，2005，第 458 页。
⑧ 冯友兰：《中国哲学史》（上），《三松堂全集》第 2 卷，河南人民出版社，2001，第 319—320 页。

是利。"① 可见，孟子强调为国家谋利，反对梁惠王谋私利。

冯友兰还把利作"利他与利己、公利与私利、为我与为人"的不同分类。梁惠王讲利，目的是为我，是利己，属于私利；孟子讲仁政之利，目的是为人，是利他，属于公利。冯友兰《新原人》对儒家义利观的讨论，还承接宋儒关于义利、公私的讨论，他说："儒家所谓义利的分别，是公私的分别。伊川说：'义与利，只是个公与私也。'……此所谓公私的分别，亦即是为我、为人的分别。有为我底行为，求自己的利者，是求利；有为人底行为，求他人底利者，是行义。"② 因此，程颐言"义与利，只是个公与私也"，其中义与利的分别，讲的是公利与私利的分别。

因此，冯友兰诠释儒家义利观，强调"为义者，不是不为利"，义与利两者是一对互相联系的统一体，与程朱所谓"仁义未尝不利"一脉相承，把程朱义利观与儒家义利观有机统一起来，这是一大理论贡献。③

五、企业新儒商阶段

改革开放四十多年以来，中国经济社会高速发展，市场经济体制冲击传统儒家义利观，企业道德伦理失范现象较严重，现代企业社会责任问题凸显，新一轮义利问题讨论应运而生。

刘刚认为汲取先秦儒家义利观思想精髓，有助于企业社会责任的本土适应性建设，可帮助企业提升竞争力，实现可持续发展。基于儒家义利观思想，他提出中国企业最低行为准则标准，是"见利思义"。中间行为准则标准，是"己欲立而立人，己欲达而达人"。而最高行为准则标准，是"义以为上"。并认为中间行为准则，即"立人达人"准则，是目前普遍适用的"中道"原则。④

儒家"义利之辨"的主流思想，是以义为本。⑤ 张彩霞指出，儒家义

---

①　冯友兰：《新世训》，《三松堂全集》第 4 卷，第 384 页。

②　冯友兰：《新原人》，《三松堂全集》第 4 卷，第 548—550 页。

③　乐爱国：《"儒家非不言利"：冯友兰对程朱义利观的"接着讲"》，《东南学术》，2023 年第 2 期。

④　刘刚：《先秦儒家义利观与企业社会责任建设标准》，《中国人民大学学报》，2008 年第 2 期。

⑤　徐国利：《传统儒商义利观及其近代转型与文化取向》，《学术界》，2020 年第 9 期。

利观思想对现代企业承担社会责任，具有启示意义。企业在商言商，是要赢利的，儒家"义以生利""义利相生"的理念，有助于企业从事公益捐赠，实践善行；企业由人组成、因人而存，既是经济组织，又是社会组织，其生存和发展离不开利益相关者，对利益相关者必须承担相应责任，提倡"仁者爱人""以和为贵"，利益共享，责任共担。①

消费者购买行为实证研究方面，王德胜发放问卷，收集实际数据，实证分析发现儒家价值观中的仁义礼智四个方面，对消费者购买体验起中介作用。② 徐细雄等通过历史典籍资料，以及 2007—2016 年 A 股上市公司近两万个样本数据，分析儒家价值观对企业善行的影响效应，实证结果发现，儒家"仁者爱人""先义后利""天下为公"等伦理价值，对企业捐赠行为都有正向促进作用，展现出持续的"利他"主义色彩。③

第五节　儒商企业善行实证研究动态

一、儒商企业善行构念与测度

20 世纪末期以来，国际社会对企业善行越发重视，消费者对企业善行的响应研究备受关注。有调查研究表明，超过 60% 的人希望即使没有政府干预，企业也能够致力于改善社会状况和环境问题；约 87% 的人认为，企业善行尤其是在他们所关注的领域行善，将促使他们购买该企业产品。④经济全球化时代，各国消费者对企业善行的社会认知，差别加大。得克萨斯大学学生雷切尔·埃丝特·林（Lim）等研究发现，偏向个人主义、较理

---

① 张彩霞、陈学中：《儒家思想视域下的企业社会责任观》，《济南大学学报》（社会科学版），2013 年第 5 期。

② 王德胜：《儒家价值观对消费者 CSR 行为意向影响研究》，《山东大学学报》（哲学社会科学版），2014 年第 4 期。

③ 徐细雄、龙志能、李万利：《儒家文化与企业慈善捐赠》，《外国经济与管理》，2020 年第 2 期。

④ Cone Communication. 2017 *Cone Communications CSR Study*. Boston, MA: Cone Communication, 2017. www.conecomm.com/research-blog/2017-csr-study.

性的西方人，偏向从内在寻找原因，看重基于事实证据的企业善行宣传，而偏向集体主义、偏重环境归因的东亚人，偏好基于信任、仰慕的企业善行宣传。① 该项研究结论与加州大学教授塞西（Sethi）的研究类似，都表明社会文化背景影响企业善行表现及认知。②

"企业善行"一词，源于中国儒家文化语境，难见国外直接研究文献，可资参考的是企业社会责任研究成果。佐治亚大学教授卡罗尔（Carroll）基于前人研究，提出 CSR（Corporate-Social-Responsibility 企业社会责任）概念框架，认为 CSR 是社会希望企业履行义务的总和，并构建出 CSR 四维模型，包括经济、法律、伦理及慈善责任，涉及用户至上主义、环境、种族或性别歧视、产品安全、职业安全和股东等六个维度。③ 综括西方经典文献，剔除重复维度，可获得八个公认的 CSR 维度，分别是经济、法律、环境、顾客至上、股东权益、员工成长、平等及公益慈善。

CSR 维度因不同文化和制度存在显著的差异，企业在发达国家和发展国家行善时，行为相同但效应有别，发展国家关注经济发展、增加就业及满足民众基本需求，发达国家看重道义支持、员工发展和社会保障等，目前发展国家企业善行研究正在兴起。④ 国内学者的研究，直接借用西方概念的研究较普遍。基于西方社会理论和企业实践的企业社会责任构念及其维度开发研究成果，可以参考但不宜照搬，应结合儒家文化情景，研究中国企业善行及其测量。

何显富研究开发企业社会责任量表，该量表包含五个维度：员工责

---

① Rachel E. Lima, Yoon Hi Sung, Wei-Na Lee. Connecting with Global Consumers through Corporate Social Responsibility Initiatives: A Cross-cultural Investigation of Congruence Effects of Attribution and Communication Styles. *Journal of Business Research*, 2018（88）：11—19.

② Sethi, S. P. Dimensions of Corporate Social Responsibility. *California Management Review*, 1975（3）：58—64.

③ Archie B. Carroll. A Three-Dimensional Conceptual Model of Corporate Performance. *Academy of Management Review*, 1979, 4（4）：497—505.

④ Isabelle Maignan, David A. Ralston. Corporate Social Responsibility in Europe and the U. S.：Insights from Businesses' Self-presentations. *Journal of International Business Studies*, 2002, 33（3）：497—514.

任、产品责任、诚信公正责任、慈善公益责任及环境责任。①徐尚昆等比较分析中西方企业社会责任维度差异，指出中西方企业在善行责任履行方面存在显著差异，中国特色的企业社会责任包括就业、商业道德、促进社会和谐等内容，应立足儒家文化传统，构建新型企业社会责任评价及认证体系。②

对比中西方企业社会责任（见表2-1），首先，从共同维度看。一是经济责任，提供有价值的产品和服务、创造利润与可持续发展，中国强调"促进国家和当地经济发展"理念；二是法律责任，企业遵守本国法律和合法经营，中国强调缴纳税款义务；三是慈善责任，双方都认同并积极从事教育等慈善事业；四是顾客导向，西方强调足够的信息披露。

其次，从特色维度看。一是商业道德，中国强调商业经营"以义为上"及"诚信无欺"观念，这有别于西方理性经济人假设前提下的自由市场观念；二是社会和谐，与西方企业援助解决社会综合问题的观念类似，中国还包括爱国主义、维护社会稳定和谐、产业报国及促进民族复兴等内容，这与中国人注重"经世济民"，"天下兴亡，匹夫有责"等儒家价值观息息相关。

表 2-1　中西方 CSR 维度对比

共同维度	
西方维度	中国维度
·经济责任	·经济责任
创造利润	创造财富，促进国家和当地经济发展
确保公司可持续发展	确保公司可持续发展
为社会提供有价值的产品和服务	高效地为社会提供合格的产品和服务

① 何显富、蒲云、朱玉霞：《中国情境下企业社会责任量表的修正与信效度检验》，《软科学》，2010 年第 12 期。

② Xu Shangkun，Yang Rudai. Indigenous Characteristics of Chinese Corporate Social Responsibility Conceptual Paradigm. *Journal of Business Ethics*，2010，93（2）：321—333.

续表

共同维度	
西方维度	中国维度
·法律责任	**·法律责任**
在合法范围内经营	符合国家法律，缴纳税款
·慈善责任	**·慈善责任**
认真开展慈善活动	捐赠与慈善
关怀弱势群体	参加社会公益活动
为教育事业做贡献	兴建希望小学
·顾客导向	**·顾客导向**
提升产品和服务质量	保证产品质量与安全
产品安全保障	价格公道
足够的信息披露	保障消费者权益
特色维度	
西方特色维度	中国特色维度
·平等	**·商业道德**
种族平等	以义为上
弱势群体机会均等	诚信无欺
	·社会和谐
	爱国主义
	维护社会稳定和谐，产业报国，促进民族复兴

注：本表由龚诗婕博士根据 Xu Shangkun, Yang Rudai. Indigenous Characteristics of Chinese Corporate Social Responsibility Conceptual Paradigm. *Journal of Business Ethics*, 2010, 93（2）：321—333 等论文整理。

总之，遵循儒家文化传统实施本土化研究，探索儒商企业善行维度，构建符合中国特色的儒商企业善行构念，对中国企业善行的未来发展具有重要意义。

二、儒商企业善行变量分析

（一）消费者购买意愿结果变量

意愿是个体做某一行为的个人主观意向，购买意愿代表个人希望购买该公司产品的可能性，是消费者在面临诸多信息情况下的行为意向。① 当顾客选择商品时，通常根据过去的经验和认知搜集信息，并加以分析和选择，从而实现购买活动过程的系列行为。在外界因素的触发作用下，消费者对某产品或品牌的态度可以转化为购买意愿，并有效预测消费者购买行为。②

企业社会责任对顾客购买意愿和购买决策等影响显著。当消费者对某企业形成善行感知后，通常对该企业的产品具有更多的购买倾向，企业也乐意利用购买意愿数据做营销决策并预测未来需求。③ 从企业营销角度看，购买意愿有助于预测需求趋势，有效衡量营销行为标准；从心理学角度看，购买意愿是消费者购买行为产生的准备状态，受消费者内心感知状态的影响，它萌发于消费者心中，具有很强的主观性。消费者一旦感知某企业行善，就倾向购买该企业产品；否则，认为某企业伪善，就产生抵制购买的心理。④

购买意愿影响因素的研究着重点如下：消费者个体特征，如年龄、收入、教育程度等；产品固有属性，如产品自身的价值、使用价值及质量特性等；产品外部特征，如品牌特征等；以及消费情境因素，如购物的时间、地点、社会文化环境等。⑤ 体育赞助对消费者（学生）购买意愿产生

---

① Martin Fishbein, Icek Ajzen. Belief, Attitude, Intention, and Behavior: An Introduction to Theory and Research. *Philosophy and Rhetoric*, 1977, 10 (2): 130—132.

② Gary M. Mullet, Marvin J. Karson. Analysis of Purchase Intent Scales Weighted by Probability of Actual Purchase. *Journal of Marketing Research*, 1985, 22 (1): 93—96.

③ Donald G. Morrison. Purchase Intentions and Purchase Behavior. *Journal of Marketing*, 1979, 43 (2): 65—74.

④ 樊帅、田志龙、郭娜：《CSR 中伪善行为对消费者惩罚意愿的影响》，《经济管理》，2020 年第 1 期。

⑤ 冯建英、穆维松、傅泽田：《消费者的购买意愿研究综述》，《现代管理科学》，2006 年第 11 期。

积极作用,① 善因认同正向影响消费者的购买意愿,企业伪善行为引发消费者的惩罚意愿。② 总之,消费者购买意愿是其对特定产品的主观倾向和心理感受,体现对该产品的信任程度。

随着互联网信息技术的发展,除了测量量表研发,还可以使用数据挖掘和机器学习等先进算法,结合 Python 和 R 语言等编程工具,进行消费者购买意愿的定量研究;根据购买记录数据,分析消费者购买特质及其变化规律,以及建立相应模型预测顾客购买倾向。③

(二) 善行前因变量及其对购买意愿的影响

消费问题既是经济问题,也是道德问题。西方学者认为企业行善与消费者购买意愿之间,通过消费者特质、消费者感知、公司理念等中间变量,产生间接正向关系。韦伯斯特 (Webster) 提出 "具备社会意识的消费者" 概念,其特征表现为:专注个人消费行为的公共影响,或利用购买行为促进社会改变,开发相应测量表,并进行假设检验。④

消费者感知是影响善行效果的重要个人特质,其对消费者购买意愿的影响,存在以下三种状况。一是影响途径,分直接和间接影响;二是影响效果,分正向和负向影响;三是导致差异的因素。早期研究结论认为,企业行善能引发消费者的积极反应;后期深入研究发现,消费者对善行(企业社会责任)偶发不认同或抵制现象,行善可能导致负面影响。⑤

善行也是一把 "双刃剑",大部分企业行善的目的,在于提升消费者对企业及产品的正向评价,从而提升消费者购买意愿。然而,如果善行实践脱离感知对象,就可能产生负面效果。因此,企业开展善行活动前,应

① 刘文彬:《体育赞助对消费者购买意向影响的实证研究——来自中国高校在校生的数据》,《湖北经济学院学报》,2007 年第 3 期。

② 林少龙、纪婉萍:《消费者的品牌认同、善因认同与内在道德认同如何促进善因营销的成果》,《南开管理评论》,2020 年第 4 期。

③ 孟陆、刘凤军、陈斯允等:《我可以唤起你吗——不同类型直播网红信息源特性对消费者购买意愿的影响机制研究》,《南开管理评论》,2020 年第 1 期。

④ Frederick E. Webster, Jr. Determining the Characteristics of the Socially Conscious Consumer. *Journal of Consumer Research*, 1975, 2 (3): 188—196.

⑤ Gilles Grolleau, Lisette Ibanez, Nathalie Lavoie. Cause-related Marketing of Products with a Negative Externality. *Journal of Business Research*, 2016, 69 (10): 4321—4330.

考量企业善行对消费者个人态度的影响因素，实行对企业、消费者和社会三者都有利的善行措施。此外，消费者感知的影响因素，还包括公司承诺与企业善行的一致性、动机、公司规模和活动领域等。[①]

（三）文化认同中间变量

认同感知研究，源于组织内部关系，但伴随组织行为学、心理学及营销学等学科的更新迭代，认同感已突破学科界限，快速跨学科交叉发展。消费者—企业认同来自社会认同理论和组织认同理论。组织和社会认同理论认为，人们寻求组织认同来达到自我认同的目的，即便不是组织的正式成员。[②]

消费者和企业的稳固关系，称之为消费者—企业认同。稳固关系的消费方态度积极、选择性强、参与意识浓，还可参与公司经营决策。[③] 文化认同影响人们对外部刺激的理解及后续选择行为。文化认同对消费者购买决策的影响，主要体现在消费者对企业文化由内而外的喜欢，可谓"真有之情"。[④] 消费者—企业认同是影响购买意愿的有效变量，分直接和间接影响两种。

此外，企业善行对消费者购买意愿影响的中介因素还有：动机归因、企业声誉、善行感知等；调节因素有：企业承诺与善行一致性，伪善曝光方式，以及信任感、消费者个人特征等。

当前研究大多限于品牌或产品领域，罕见从儒家善行文化视角的研究。因此，从儒家善行文化角度，探讨消费者—企业认同以及文化认同对消费者购买意愿的影响机理，具有重要的理论价值和实践意义。

---

① Elizabeth H. Creyer, William T. Ross Jr. The Influence of Firm Behavior on Purchase Intention: Do Consumers Really Care about Business Ethics?. *Journal of Consumer Marketing*, 1997, 14 (6): 421—432.

② Pratt, Michael G. "To Be or Not to Be: Central Questions in Organizational Identification", *in Identity in Organizations: Building Theory through Conversations*. CA: Sage Publications, 1998: 171—207.

③ C. B. Bhattacharya, Sankar Sen. Consumer-company Identification: A Framework for Understanding Consumers' Relationships with Companies. *Journal of Marketing*, 2003, 67 (2): 76—88.

④ 何佳讯：《中国文化背景下品牌情感的结构及对中外品牌资产的影响效用》，《管理世界》，2008 年第 6 期。

第三章　儒商善行理论基础（一）：
性善论

人性论是了解中国文化的起点和关键，是中华民族精神形成和发展的理路和动力。先秦正统儒家性善论，是社会历史长期发展的产物，中国文化的基本性格由它塑造并成型。先秦儒家性善论发展的基本逻辑，是从孔子到《中庸》，再到孟子，以及《大学》。孟子"由心善言性善"是理解中国文化的枢纽。孟子性善论历代形成多种观点，其中"性善成长说"值得倡导，该说认为善符合生命健全成长的法则，善让人性变得辉煌灿烂。儒家认为，人性之至善即在我心，与生俱足。人类只有最情感的，始是最人生的。儒家性善论须要"信而有之"，基于道德的信仰更坚强，无须借助一般宗教的祈祷。性善论是一种宗教，也是一种信仰。

第一节　性善论是文化长期发展的产物

一、从天命向性善的推移与融合

殷周时期的人文精神，以及春秋时代的"礼崩乐坏"，只是中国精神文化的基型。中国正统人性论由孔子奠定。传统宗教的崩溃和人类理性的觉醒，出现了"忧患意识"，① 建立起以"敬"为中心的敬德、明德观念世界，② 礼成为一切道德的依归，出现从道德上将人与天连接在一起的萌芽。

周初宗教性天命，不以恐怖为动机而靠信仰解决问题，而跃动于周人宗教精神内部的，却是忧患意识。忧患并不同于恐怖，恐怖将人自身投掷于外在的不可知的力量（神），而忧患则要求人以自身的力量，掌握自己的命运。忧患的本身，就是人的自觉的最初表现。忧患深入困难情势，靠责任感意识，探索解决问题的路径，忧患意识形成人类责任感高于个人欲望，而区别于以个人才智为中心的西方人文主义。

周初的宗教生活，以文王为中心（文王因"明德慎罚"等德性，所以"在帝左右"），精神直接与天、上帝、天命发生关系，脱离了与各种自然神的关系。天命居于考察监督者地位，纣说"我生不有命在天"（《尚书·西伯戡黎》），天命站在自己这一边；而上帝只根据自己考察的结果来决定赏罚，并不确定站在谁的一边，如以"惟命不于常"（《尚书·康诰》）、"天命靡常"（《诗·大雅·文王》）等言语表达。所以，人不能依恃天命，只能依恃天命所根据以为赏罚的个人的行为——德。

天命如何，由各人的德决定，即人类自己决定自己，人的命运开始从神力中解放出来，以建立某种程度的自主地位，所以《诗经·大雅·文王》篇便说"永言配命，自求多福"。然而，此时人们仍认为人性善的"善"，来自天之所命，并非沉潜反省（体证）后的自觉，只是初现人性论的端倪。③

---

① 徐复观认为，希腊哲学，发生于对自然的惊异；各种宗教，发生于对天灾人祸的恐怖。而中国文化，则发生于对人生责任感的"忧患"。忧患意识始于殷周之际，以文王、周公为中心展开。

② 《尚书·召诰》说："惟王受命，无疆惟休，亦无疆惟恤。呜呼！曷其奈何弗敬？""呜呼！天亦哀于四方民，其眷命用懋；王其疾敬德。"其中敬、敬德、明德的要求，贯穿于周初各种文献中。敬是由忧患意识而来的警惕、敛抑、集中的精神状态。德是"一个人自己负责的行为"。

③ 人的一切都由天所命，其道德根源也为天所命。《尚书·召诰》说："今天其命哲，命吉凶，命历年。""命哲"为天命的新内容，显现道德上人与天相连接的萌芽，是"人由天所生"的应有含义，尤其《召诰》认为天之命哲，命吉凶，命历年，是不固定和不可知的；所可知者，看各人的努力（"知今我初服"）。因此，产生接近性善说的"自贻哲命"观念。然而，"自贻哲命"不是从内转出，只是向上的承当和实现。因此"命哲"的天命，尚未进入人的性中，只是性善说的萌芽。但周初的忧患意识、敬、命哲等观念，奠定精神文化的雏形，为后世人性论的发展奠定了基础。

春秋时代，原有的带有人格神性质的天命观念，大体上向两个方向演变。一演变为"运命"之命，主要表现在人的贫富、贵贱、寿夭等方面。以前的天命，具有人能够了解的合理意志；而运命之命，只是一种神秘力量。到战国末期，才出现用五行（金木水火土）相生相克原理来梳理解释。这种演进流行，主要在社会大众生活中展开。

另一演变为基于道德诉求与反省，在天命以外寻求，能保证以人性为中心的人性论。这种演变，在少数知识阶层中流行。与原来的天命有关的祭祀，也演变为人文生活的内容。正如《礼记·表记》所说："殷人尊神，率民以事神，先鬼而后礼……周人尊礼尚施，事鬼敬神而远之，近人而忠焉。"此后，儒家把祭祀转化为德行扩大的实践。

然而，周初确立的人的自主性，因天命权威的失坠，势必随之动摇。重新奠定人的自信心，必须在天命之外寻求保证，从而出现以人性为中心的人性论。但是，以人性为中心的人性论的确立，还须经历一段艰难路程。

首先，道德法则性的天，固然是"善"的；而以前人格神性质的天，也不能不是善的。天是善的，由天所生的人，自然也是善的。万能万善的神，却创造出原罪的人来，正常思维难以承认。所以《康诰》上说"天惟与我民彝大泯乱"，即不好的政治，扰乱了天赋与人民的常法。"民彝"，即是民的"常法"，就是善。

《盘庚》上已出现"民命"的名词，周初常将受命与受民并举。受民即是受命，命是善，民亦自然是善的。后来的《诗经·大雅》有："天生烝民，有物有则；民之秉彝，好是懿德。"这是性善说的萌芽。但孔子之前，重在命上说民彝，并未从人的性上论说。《左传·成公十三年》"民受天地之中以生，所谓命也"，与《中庸》所谓"天命之谓性"，在意义上没有分别。但这里只说"所谓命也"，而不说"所谓性也"，即善在"命"而不在"性"，善与具体的人之间，还有一段距离。

孔子一生的学问，人格的成长，也是一个发展的过程。《论语》"吾十有五"一章，正是此一过程的自述。其"性相近也"的"性"，是他早期所说的传统观念的性（生而即有的欲望）；而子贡所说的"性与天道，不可得而闻"的"性"，乃五十岁以后，与天命融合在一起的性善的性。孔子"五十而知天命"，既不是运命之命，因为运命之命，不待五十而知，又不是传统道德法则之命，因为传统道德法则之命，是外在的，可凭闻见而知，不必等到五十而始知。这里的知，是指"证知"，即经生活体认所获的道德超验性，是人格完成时的"自证"。在这种自证中，道德与自己、天命与人性融为一体，这才是子贡叹为"不可得而闻"的"性与天道"。这是孔子及整个文化所达到的新的境界，因为孔子尚未"自证"而形成理论，所以子贡才觉得"不可得而闻"。

从思想史上看，先有某种事实，才有解释此种事实的观念；有了某种观念，才有表现此种观念的名词。由事实到观念，由观念到名词，是一个相当长的发展过程。例如，从"人之生也直""天生德于予"以及"我欲仁，斯仁至矣"等说辞，可以看出，孔子实际上已主张性善。但在他的时代，还难以用语言清晰表达出来。又如，实际上孔子已把天命与人性融合在一起，但"天命之谓性"命题，直到子思的时代才得以表述。

总之，与天命融合在一起的性，必定是善的，但"性善"一词，一直到孟子，才形成系统的理论。

二、儒家正统性善论的提出

孔子"仁"学的提出，代表我国人性论的真正确立。孔子既确定儒家文化的基本性格，又指明正统人性论的发展方向。

孔子提出仁学，在经验的积累和实践的基础上，做反省和体会的工夫，知晓和验证了道德的普遍性和无限性，从而感受到天命与自己生命的联结，即性与天命的联结，由外在的客观人文世界转向内在的人格世界。个体生命的内在人格世界，必须经过切实的内外实践工夫，以及高度的反省和自觉，才能体认（指内向沉潜反照的认识）得到。而仁即是性与天道融合，或者说内在人格世界的完成的结果。因为性是与天命连在一起的，孔子实际是在善的方面来言性的，仁则是善的终极。①

---

① 《论语·阳货》子曰："性相近也，习相远也。"这里的"相近"应当与《孟子·告子上》"牛山之木"章的"其好恶与人相近者几希"中的"相近"同义。朱熹对《孟子》此处的解释，是"好恶与人相近，言得人心同然也"。

孔子对天命的认识，是从具体的人的内心出发的，这与周初的人格神的天命和春秋时的道德法则性的天命，都有本质的不同。实际上，孔子仁学思想体系包含先秦儒家人性论的性善论与天人关系两大主题。此后，经《中庸》、孟子和《大学》的相继阐发，从而形成先秦儒家人性论的正统。

《中庸》① 原分上下两篇。上篇的目的是阐明孔子实践伦理、性与天道关系问题，即言"天命之谓性"与"率性之谓道"两大主题。

"天命之谓性"，是说明天命下落、内收于人而为人之性，从而使个体的人感受到自己的性与天命的内在关联。"率性之谓道"则表明，顺天命之性的行为即是中庸之道，这是人之所以为人的价值所在，也是每个人的必由之路。显天命于中庸之中是孔子之学的基本性格。下篇以诚的观念为中心，深入阐释性与天道、天道与中庸的关系问题。围绕诚的观念，把天与地、物与我紧密地联系起来。总之，《中庸》推进了先秦儒家"由天转向人"的发展方向。②

《中庸》之后，孟子提出的性善论，加速推进先秦儒家人性论的发展。性善论提出后，孔子由个体道德实践获得的体验，通过仁学概念诉之于思想，其学说为万人万世立教。

孟子做著名的"人禽之辨"，从人的异于禽兽的"几希"处，寻求善之端（萌芽），由心善而言性善，把性善当作实然的道理。孟子赋予性与命新内涵，辨别仁义之性与耳目之欲，发现具有自主功能的心才是道德主体的根源。孟子性善论，根植于个人的生命实践与体验，从心可主宰耳目欲望的功能处立论，确立人对道德的主宰性和责任感。

总之，孟子的性善论，不是出自思辨的分析，而是以人的实践伦常的体认为依据，其理论基础坚实牢固。成中英思考和研究中国哲学"善"的

---

① 《中庸》原属《礼记》第三十一篇，相传为战国时期子思所作。其内容肯定"中庸"是道德行为的最高标准，认为"至诚"可达到人生的最高境界，并提出"博学之，审问之，慎思之，明辨之，笃行之"的学习过程和认识方法。宋代学者将《中庸》从《礼记》中抽出，与《大学》《论语》《孟子》合称为"四书"。

② 徐复观：《中国人性论史·先秦篇》，九州出版社，2014，第101、126—128页。

问题，就是采用"反省和体会"的功夫，而"颇认同于孟子"的。①

先秦儒家正统人性论，到曾参所著《大学》，算是正式完成。《大学》出自《礼记》，《礼记》是汉宣帝时，戴圣依据历史遗留的佚名儒家的著作合编而成，各篇成书年代大多分布在战国初至西汉初这段时间。清代崔述认为："《大学》之文繁而尽，又多排语，计其时当在战国。"（《洙泗考信录·全录》）其成书年代，在战国初期，为战国初期曾参所作。

《大学》经北宋二程尊崇，南宋朱熹作《大学章句》，与《中庸》《论语》《孟子》并称"四书"。宋元后，《大学》成为官定教科书和科举考试必读书，对中国古代教育产生极大影响。

《大学》提出"三纲领"（明明德、亲民、止于至善）和"八条目"（格物、致知、诚意、正心、修身、齐家、治国、平天下）。《大学》以正心、诚意为修身的关键，顺应孔子"修己以敬"思想和孟子"存心养性"思想，把道德与知识、个人道德修养与治国平天下整合成体系，从而完成对孟、荀思想的综合，《大学》立足孟子的道德心以统类，属于思孟一系的正统派。②

三、诚信：孟子性善说的理论根据

关于《大学》的总体主张，郭沫若认为其与《中庸》有密切联系。《中庸》基本哲学观是"本体即诚"，诚又是"自因自变"的。因此，儒家主张行"中庸"之道来保持本体——即"诚"不变，而行中庸之道的方法是"格物致知"，只有具备知识，晓得物盛而衰，物极必反，才能做到"正心诚意"。有了这样的把握，权衡齐家治国平天下，则能无往而不适了。

---

① "我（成中英）一直思考中国哲学中的'善'的问题，对早期读《孟子·公孙丑上》与《告子上》时深刻的感受，常常作反省和体会的功夫。我觉得，我颇认同于孟子。在大学时代，我特别喜欢《楚辞·九章》中《抽丝》的四句诗词：'善不由外来兮，名不可以虚得；孰无施而有报兮，孰不实而有获？'我在哈佛时，即以此为座右铭。在这种感受下，我翻译了戴东原的《原善》一文，并加以注释；再对东原哲学作一整体的诠释。"成中英：《论中西哲学精神》，东方出版中心，1991，第397—398页。
② 徐复观：《中国人性论史·先秦篇》，九州出版社，2014，第238—240页。

郭沫若认为，"五行"说发端于《中庸》和《孟子》，该二书尽管没有出现五行字眼，但五行思想已经确立。他指出，子思、孟轲都强调"中道"，事实上更把"诚"当成了万物的本体，其所以然的缘故不就是因为诚信是位乎五行之中极的吗？故而在思、孟书中虽然没有金木水火土的五行字眼，而五行系统的演化确实是存在着的。

孟子接受子思、子游的五行说，提出"人之四端"即"仁义礼智"，并加以发展，郭沫若认为，"四端"中所缺少的"信"，就是孟子学说系统中的"诚"。而诚，恰恰成为"五行之中极"。于是，诚成为孟子性善说的理论根据。

因为子思、孟子将"五行"演变为成体系的学说，所以郭沫若还推断认为，《尚书》中《洪范》《尧典》《禹贡》《皋陶谟》等篇，保存很多五行资料，而这几篇文章皆为战国时期的思孟学派儒者所依托。

至于《学记》，亦言"大学之道"，《学记》与《大学》互为表里，也是孟子弟子乐正氏所作。《学记》所言"离经辨志，敬业乐群，博习亲师，论学取友"为《大学》的"格物"（郭沫若考证认为，格训假，借的意思）之义，都是有所假于外物的；"知类通达"便是《大学》"齐家、治国、平天下"。

《学记》与《大学》不只是在文本上相互印证，《学记》反映的思想主张也与孟子一派相合。郭沫若认为，《学记》对于教育与学习是主张自发的，所言"道而弗牵，强而弗抑，开而弗达"，与孟子"君子深造之以道，欲其自得之也"（《孟子·离娄下》）的精神实质一致。这是性善说者的内发主义。[1]

四、《易传》和荀子人性论的歧出

道德体认的价值高于思想的演绎和论证，徐复观认为《易传》和荀子的人性论，并非是正统儒家性善论，属于歧出一路。[2]

---

[1] 马琛编：《博识广论：郭沫若说儒》，孔学堂书局，2015，第61—65页。
[2] 徐复观：《中国人性论史·先秦篇》，九州出版社，2014，第179—237页。

（一）介入阴阳观念的《易传》性命思想

孟子性善说，是发展成熟的儒家正统人性论。《中庸》代表子思的思想。"天命之谓性"，正式把性和命结合在一起，这是文化长期发展的结果。命是代表道德普遍性的一面；性是道德成就在各个人身上的，即道德普遍性在具体人中间的实现，所以性是代表道德的个别性和特殊性的一面。

《系传上》说"生生之谓易"，又说"显诸仁，藏诸用"。《易传》作者认为，《易》内涵只是生而又生，是仁德的显露，人的生命的根源，即由此仁德而来，人就可以秉此仁德以成性。于是，人之性，与天地连接在一起。《系传上》有一段著名的话，就用来阐述此义。

> 一阴一阳之谓道。继之者善也，成之者性也。仁者见之谓之仁，知者见之谓之知，百姓日用而不知，故君子之道鲜矣。（《系辞上》）

所谓"一阴一阳之谓道"的道，即《乾·象传》所言"乾道变化"的"乾道"，亦即生生不息的天道。一阴一阳，即《乾·象传》所言"乾道变化"的"变化"。一阴一阳的结果便是生育万物，所以继之而起的，是生生不息的作用，即天地仁德的显露。既然是仁德的显露，就是"善"的，所以说"继之者善也"。"成之者性也"的"成"，指现实的成就，"之"指现实"善"。性是万物的实现，当然也是善的。但善与乾元天道同体，是一种无限的存在，在人生命中的呈现，依具体的人的自觉程度、方向而千差万别，所以"仁者见之谓之仁，知者见之谓之知"。

《易传》"成之者性也"句，还应当作以下解释。若仅说命而不说性，则道德与具体的人之间尚有一个距离。具体的人，向上追求，以填补这个距离，只注意到普遍性的一面，容易走向抹煞个性的全体主义。相反，如果只强调性，而不连上命，则所谓性，只是一种具体的、生理的存在，在生理个体的相互之间，将发现不出一条可靠的通路，容易走向封闭的个人主义。真正道德的善，必须由性通向命，从个人通向群体。性与命，即普遍与特殊、群体与个体、形上与形下融合在一起的境界。

《易传》引入阴阳观念,意图从宇宙生化法则中,发现人生价值的根据。虽然主张性善,但它基于人对宇宙万象的观察而不是内心的反省和实践得来,与孟子基于体证和反省的性善,存在根本区别。《易传》通过思辨推论以阴阳言性命,而阴阳是一个物质性观念,一旦定式理解天命,就陷入对性命天道的形上思考,使人走上思辨的道路,这不符合儒家的精神传统。

(二)荀子经验主义人性论

荀子虽然承儒家传统,也不断提到仁义,但其精神、思想,偏于经验主义;对于孔学的仁,始终格格不入,喜欢说"仁义之统"。"统"是知识的条理、系统,将仁当作一种客观知识,而不是精神实践的体认,仁并未在荀子思想中生根。荀子所言的天,完全是物质性、自然性的天,而非道德性的天。荀子所谓人"与天地参"的"参",只是一种合理分工的参,而不是精神的融合。

孔孟是以"仁"为人之所以为人的基本条件,也就是人禽的分水岭,即所谓"仁者人也"。但荀子人禽之辨的视角完全相异,他说:

> 人之所以为人者何已也?曰:以其有辨也。
>
> 故人道莫不有辨,辨莫大于分,分莫大于礼,礼莫大于圣
>
> 王。(《荀子·非相》)

荀子的思想,以"礼"字贯通,他所说的义,与礼为同义语,其含义依然是辨和分,所以,荀子人禽之辨的标准是"礼"。他还说,人既具备气、生、知,又具备义,超越只有气、生、知而无义的禽兽,所以人"为天下贵"(《荀子·王制》)。

荀子的思想,具有显著的经验性格,其理论基于感官经验,不信任感官经验之外的知识。孟子以恻隐之心为仁之端,恻隐之心只能由反省而呈现,不能由见闻而得。而荀子说"不闻不见,则虽当,非仁也",只重视见闻与实践的外在经验,而反对孟子由反省所获的内在经验。

荀子的经验性格，决定他认定的天，不是道德的，而是自然性质的，因此主张天人分途。荀子既主张性恶，而其目的则在于提醒人要为善。认为仁义法正，是可以被人知，被人实现的；而人的本身，又有能知的本质，能实现的材具，所以"涂之人可以为禹"。孟子彻底显发人类道德之心，而荀子使儒家的伦理道德，得到彻底客观化的意义，并彰显人类认识之心，提供以成就知识的伦类、统类的重要观念，但从荀子的思想本身，尚不能引发自然科学知识系统。

荀子从官能的欲望与官能的能力两方面理解人性，却仅从官能的欲望方面来说性恶，而未尝从官能的能力方面来说性恶，所以他的性恶论，不是很周延的判断。不仅如此，目明、耳聪等，固然是性；而心的知、心的虑，当然也是性。心不知善，固然不能使人由恶通向善。如果不是目明、耳聪等其他官能，人即使知善，也没有实现善的才具。因此，荀子性论的结构，是以人性另一方面的知与能做桥梁，化解人性另一方面的恶，以实现客观的善。其性无定向的想法，专就人性中的官能能力，独辟"化性而起伪"的理路。

总之，荀子人性论，从经验主义性格出发，忽视心的道德性作用，而张扬心的认知功能，心善走向心知，恰与儒家正统人性论精神相悖。

第二节　孟子性善论的内涵及依据

性善观念，孟子之前尤其是到了孔子，实际上已经成立。但性善观念还很模糊，性善内涵有待界定。孟子通过"人禽之辨"界定性善概念，提出"由心善言性善"理论依据，明确由内而外的尽心养气工夫，创立性善新说，从此性论历二千余年而常青。

一、人禽之辨新论

孟子"性善"一词，首见《孟子·滕文公上》："孟子道性善，言必称尧舜。"

尧舜之所以为尧舜，是因为他们是"人"，而人的本性是善。在人的本性上，尧舜不比一般人多些什么，即"尧舜与人同耳"。既是"尧舜与人同耳"，便可以说"人皆可以为尧舜"。孟子以事实判断"道性善"，认为人性实实在在是善的。

孟子为了回应异议，在《孟子·离娄下》指出："天下之言性也，则故而已矣。故者以利为本。"意思是，天下说性的人，只是依照旧的说法罢了。旧的说法，以个人的欲望为根据，并无新意，如告子"生之谓性"（《孟子·告子上》），即继承旧的说法。

人类文化的发展，要求脱离野蛮状态，建立文明社会，开始意识到人与其他动物的区别，人禽界线越明确，人的特性及目标越明晰，这是人类历史发展的必然。为了批驳告子"生之谓性"等旧说，孟子提出著名的"人禽之辨"① 以证明其性善论。他说：

> 人之所以异于禽兽者几希，庶民去之，君子存之。舜明于庶物，察于人伦，由仁义行，非行仁义也。（《孟子·离娄下》）

第一，孟子的意思是说，人与禽兽相比，耳目之欲等生理需求是相同的，而人区别于禽兽的一点点（"几希"）却有无限扩充性，可称之为"端"，真正体现人的本性。② 几希即仁义之端，本来是善的，即人性是善的。"由仁义行"的仁义，即指的是"几希"的善性。舜的成就虽大（"明于庶物，察于人伦"），但也是从人性"几希"生发出来（"由仁义行"）。可见，孟子性善论的性，范围小于告子"生之谓性"的性。

第二，从具体的人来讲，告子所谓"生之谓性"，包括人的整个生理

---

① 关于人禽说。孟子"道性善"是针对人性高于禽兽的地方而言，人有道德而动物没有，人性是善的。孟子强调"人之所以异于禽兽者几希"（《孟子·离娄下》），此"几希"即仁义礼智或四端。此说一分为二。一派认为孟子承认自然属性（如食色之类）为性，如伊藤仁斋、陆世仪、牟宗三、唐君毅、葛瑞汉、刘殿爵、李景林等。从朱子注"君子不谓性"（《孟子·尽心下》）一段可知，朱熹亦不认为感官生理属性超出孟子人性概念范围。另一派不承认孟子以自然属性为性，认为孟子只以人区别于禽兽的"几希"为性，如康有为、张岱年、徐复观、安乐哲、蒙培元等。

② 徐复观：《儒家思想与现代社会》，九州出版社，2014，第107页。

活动；而孟子则只就心的作用言性。他把"心"称为"大体"，耳目等称为"小体"。他说："体有贵贱，有小大。无以小害大，无以贱害贵。养其小者为小人，养其大者为大人。"又说："耳目之官不思，而蔽于物。物交物，则引之而已矣。心之官则思（包括反省、思考二义），思则得之，不思则不得也。"（《孟子·告子上》）

第三，孟子性善说，充分彰显人的道德主体性。孟子把人生而既有、可以自作主宰的"几希"称为性；非人所能自作主宰的称之为命，把"天命之谓性"的"命"称作"天"，运命之命称作"命"。因此，孟子"道性善"，充分彰显人的道德主体性，使人在可以自作主宰的地方用力；对于靠外缘决定的运命，只好"修身以俟之"。因此，《孟子·尽心下》中，他说："口之于味也，目之于色也，耳之于声也……性也（此'性'同于告子'生之谓性'），有命焉（要达到目的，有运命存乎其间），君子不谓性也。""君子不谓性"的反面，即一般人皆谓之性，亦即告子所说的"生之谓性"和"食色性也"的性。君子是有道德自觉的人，所以才不以此为性。又《孟子·尽心上》中说："求（求善）则得之，舍则失之，是求有益于得也，求在我者也。求之有道，得之有命，是求无益于得也，求在外者也。"求在外，即决定于"外"，而"外"自然不是性。

第四，孟子强调性善，目的在于人各顺其固有的自然而为善，无须借助外力推动。穷究到极点，便可以发现，如果人自身不能反省出善的根芽，那么不是完全放弃道德，就是"戕贼人以为仁义"。性善说的确立，才能确立人格尊严，从根本上建立人际间的信赖，以及树立人类前途的信心。可见，孟子真正发展完成了古代人文精神。后世的争论，只是不同时代精神变化，以及学者研修心得的补充和完善，孟子"道性善"正统儒家性善论，历二千多年而不渝。

二、命与性的界定

孟子只以人异于禽兽的"几希"为性，是可以自主实现的；而生而即有的耳目之欲，却必有待于外，是不可自主实现的，孟子不称它为性，而改称它为命。孟子给命与性注入新的内涵，代表传统人文精神发展的新阶段。孟子说：

> 口之于味，有同耆也；易牙先得我口之所耆者也。如使口之
> 于味也，其性与人殊，若犬马之与我不同类也，则天下何耆皆从
> 易牙之于味也？（《孟子·告子上》）

从这段话看，孟子依然把口耳目等欲望，称之为性。上引"人之所以
异于禽兽"一句话里，暗示人的耳目口鼻等生理欲望，是与禽兽相同的。
与此同时，似乎又说，人的耳目之性，与犬马不同类。这里所说"犬马之
与我不同类"，是就人与犬马对欲望的对象的不同类而言。不可因人与禽
兽耳目嗜好对象之不同类，而曲解孟子基于道德意义的人禽区别。

孟子"莫之致而至者"为命，在这一点上，性与命相同。所谓生而即
有（即"固有"），亦即"莫之致而至"。另外，孟子以"分定"释性，
亦可用"分定"释命。不过，性之分定以理言，命之分定以数言。性与命
的最大分别在于，性是内在于人生命的作用，而命则外在于人、给人以影
响的力量。《论语》书中凡单称"命"字的，即指运命之命，与"天命"
一词对照。孟子则只用《论语》书中"天道"或"天"，而不用"天命"
一词。所以，《孟子》书中的"命"字，实际是命运之命，含义较宽泛，
多采用其"莫之致而至"及"分定"的意思。不涉及实质内容而言，命与
性本无不同。

然而，性自内出，其实现时，人居于主动地位；命由外至，其实现
时，人处于被动地位。关于性与命，孟子又说："口之于味也，目之于色
也，耳之于声也，鼻之于臭也，四肢之于安佚也，性也，有命焉，君子不
谓性也。仁之于父子也，义之于君臣也，礼之于宾主也，智之于贤者也，
圣人之于天道也，命也，有性焉，君子不谓命也。"（《孟子·尽心下》）
对照下段话意思更明。孟子说："求则得之，舍则失之，是求有益于得也，
求在我者也。求之有道，得之有命，是求无益于得也，求在外者也。"
（《孟子·尽心上》）"有命焉"之命，即"得之有命，是求无益于得也"
的意思。"有性焉"之性，即指"求则得之，舍则失之，是求有益于得也"

而言。因为性是在人身之内，其实现是人自己可以做主的。

可见，孟子认为，耳目之欲在"生而即有"这一特点上，固然可称之为性，但其实现的主动权，并不在己，须"求在外"，所以他毋宁谓之命，而不谓之性。当时一般人，把仁义礼智、天道等称为命，孟子以为此等道德理性，在"莫之致而至"的这一点上，固然可称之为命；但当其实现的主动权，在个人自身，即"求在内"，故孟子毋宁谓之性，而不谓之命。

由孟子对于命与性的划分，不仅辨析仁义之性与耳目之欲，而且确立人对道德的主动性、责任性。后世王夫之把性命范畴，做了"人与自然"关系的解释，他认为，就"天"授予人说，叫作"命"；从人受于"天"说，叫作"性"。① 自古以来，对孟子性善说的辩难，多由不了解孟子对性和命的新界定而导致的。

从来读《孟子》的人，似乎忽视了上引"君子不谓命"和"君子不谓性"中的"君子"二字，是对一般人而言的意思，而忽略了孟子人性论既继承殷周人文精神，又开创性善论新说的特点，引发当时及后世的激烈争论，在所难免。②

三、心善是性善的依据

（一）小大之辩

孟子所言性善之性，指的不是生而即有的全部，仅是在生而即有内容的一点点（几希），这一点点就是指人的心的作用。孟子关于"小大之辩""君子小人之辩"阐述如下。

> 孟子曰："体有贵（心）贱（耳目口鼻），有小（耳目口鼻）大（心）。无以小害大，无以贱害贵。养其小者（耳目之欲）为小人，养其大者为大人。"

> "耳目之官不思，而蔽于物。物交物，则引之而已矣。心之

---

① 冯友兰：《中国哲学史新编》第五册，人民出版社，1988，第288页。
② 徐复观：《中国人性论史·先秦篇》，九州出版社，2014，第149—151页。

官则思，思则得之（仁义等），不思则不得也。此天之所与我者。
先立乎其大者，则其小者不能夺也。此为大人而已矣。"（《孟子·告
子上》）

如前所述，一般人都把耳目口鼻等生理作用，谓之性，但孟子认为这
些生理作用本身却没有道德的端绪，皆斥之为"小"为"贱"。而道德的
端绪，人心特有，皆尊之为"大"为"贵"。孟子还认定："从其大体
（心）为大人，从其小体（耳目口鼻）为小人。"进一步将"小大之辩"，
引申发展为"君子小人之辩"。

王阳明对孟子"心"为"大体"为"贵"，耳目之欲为"小体"为
"贱"，在其《大学问》一文中做了系统发挥，指出："一体之仁也，虽小
人之心亦必有之。"① 因为耳目之官不思，而心之官则思。思，含反省与思
考双重意思。仁义为人心所固有，一念反省与自觉，则思则得之。人无反
省，便随顺耳目之欲，仁义的善端隐而不显，所以说"不思则不得也"。
孟子重"思"，如"仁义礼智，非由外铄我也，我固有之也，弗思耳矣"，
"岂爱身不若桐梓哉？弗思甚也"，以及"人人有贵于己者，弗思耳"。
（《孟子·告子上》）

（二）孟子的善端说

孟子所言性善，指的是"天之所与我者"的"心善"，专门从心的作用
来指证性善。② 孟子性善论的实质，是心善论。牟宗三、唐君毅、傅伟勋、
杨泽波等，也持心善说。孟子善端说见于《孟子·公孙丑上》，孟子说：

人皆有不忍人之心。……今人乍见孺子将入于井，皆有怵惕
恻隐之心。非所以内交于孺子之父母也，非所以要誉于乡党朋友
也，非恶其声而然也。由是观之，无恻隐之心，非人也；无羞恶

---

① 王阳明《大学问》：大人者，以天地万物为一体者也。其视天下犹一家，中国犹一人焉。若夫
间形骸而分尔我者，小人矣。大人之能以天地万物为一体也，非意之也，其心之仁本若是，
其与天地万物为一也。岂惟大人，虽小人之心亦莫不然……是乃根于天命之性，而自然灵昭
不昧者也。

② 徐复观：《中国人性论史·先秦篇》，上海三联书店，2001，第141、155、149页。

之心，非人也；无辞让之心，非人也；无是非之心，非人也。恻
隐之心，仁之端也；羞恶之心，义之端也；辞让之心，礼之端
也；是非之心，智之端也。人之有是四端也，犹其有四体也。
（《孟子·公孙丑上》）

孟子以"今人乍见孺子将入于井"为例，证明人在危急时刻，人的四
端即仁义礼智之心，未受生理欲望牵制，就像四肢一样，临场发力，直接
发挥作用。就是说，四端为人心固有，随机而发，由此证得"心善"，并
把"心善"称为"性善"。

孟子进一步证明，心善即性善。他认为，恻隐、羞恶、恭敬、是非等
四心，都是人人皆有的，并说：

恻隐之心，仁也；羞恶之心，义也；恭敬之心，礼也；是非
之心，智也。仁义礼智，非由外铄我也，我固有之也，弗思耳
矣。（《孟子·告子上》）

这段话中的性，在春秋时，已由生而即有的欲望，引申为人的本性，
与《荀子·正名》篇"生之所以然者谓之性"义同。孟子所说"我固有
之也"的"固有"，实际也是此意。性善的推论，都是心的现实活动。心
字，很早出现且流行。孟子之前所说的心，指的是感情、认识、意欲等的
情识心。

人的道德意识，虽然早就出现，但只有孟子能够自觉从心的活动中，
寻求道德依据。人的耳目口鼻等欲望，都要依靠心来表达，依靠心知来支
持。孟子撇开耳目口鼻等生理欲望的遮蔽，以"乍见孺子将入于井"之
例，发现心的直接的道德活动，有意识地摆脱耳目等生理欲望的牵制，是
心在特殊情景下的觉知和自我发现。

（三）孟子由心善以言性善

孟子又在《孟子·告子上》章"牛山之木尝美矣"中，提出"平旦
之气""夜气"等概念。他认为，一个人生理处于完全休息状态、欲望尚

未与物相接而未受引发的时候，人的善端最易显露，其心脱离欲望的牵制，而成为心的直接的独立活动，这才是心的自由活动，即所谓"本心"。

四端基本活动形态，虽然显现于经验事实之中，但并不为经验事实约束，自己感觉是"天之所与"的，即"人之所受以生"的性。孟子从生活体验中发现，"由心善以言性善"的实际内涵，就是基于独立自主之心的人的道德主体，这就是性善论的依据。

孟子由心善以言性善，是真正经过深刻体认而提出的性善论根据，与后来者从表面事象或字义上言性，在立论的根据上有本质的不同。例如，凭"乃若其情，则可以为善矣，乃所谓善也"（《孟子·告子上》）一语，就认为"孟子的性善之说，不是性是善的，而是性是可以善的，性善论应是性可善论"。① 还有安乐哲、信广来、江文思等西方学者，也接续该观点。② 可善说，只从个别字句上言性，实际上曲解了孟子性善论的原意。

徐复观认为，中国文化最基本的特性是"心的文化"。③ 孟子所言的"心"，不仅是人体的一部分，而且是一个人恻隐、羞恶、辞让、是非等价值判断的来源，所以孟子说"仁义礼智根于心"。这一价值判断，照亮了人的混沌生命，人人因此都有一个方向和主宰，以及人生的基本立足点。中国"心的文化"，要求的正是一个未被主观成见和私欲所遮蔽的澄明之心。《荀子·解蔽》篇释心曰："心何以知？曰：虚壹而静。"即心只有在静、虚与未被遮蔽的状态中，才能认知外界，心在认知外界的同时，自然就会静下来。程颢也指出："只心便是天。"由外向内的落实，由知识向心的转化，将无法证知的神转化为内在人生命的道德主体，这才是人类宗教最高、最后的形态。

中国文化不像西方文化，把价值根植于上帝，或其他外在权威，而从人的内在心性中寻找价值的根源，显示由外向内的性格，其努力大多趋向

---

① 张奇伟：《孟子"性善论"新探》，《北京师范大学学报》（社会科学版），1993年第1期。

② 安乐哲认为，孟子的人性概念不仅指某种先天地、一次性被给定的普遍本质，而且是一种人为的规划、设计、创造和追求的过程。人性善，是指人性可以为善。信广来辨别"可以"与"能"的含义，说明人心具有"可以为善"的道德禀赋。罗哲海、李耶理也以"可善说"理解性善论。

③ 徐复观：《中国思想史论集》，九州出版社，2020，第356—367页。

人的内心。中国"心的文化"，将一切价值追求安置于人心，把心安置于现实世界，人才能真正实现天然自足。"心的文化"彰显一种既有尊严又有个性的自由人格。"心的文化"是中国文化对世界的最大贡献。

四、关于恶的来源问题

清代学者陈澧在《东塾读书记》中提出，孟子只论证了人性有善成分而已，未排除人性存在恶的方面。[①] 冯友兰赞许陈澧的观点；[②] 钱穆也认为"孟子之意……非谓人之天性一切尽是善。"[③] 孟子性善的宗旨，是激发人的自信自立和努力向上。问题在于：孟子既然认定心是善的，那么恶又从何处来？归纳孟子论述，或来自耳目之欲，或来自不良环境，二者皆可能导致心的作用的丧失。

首先，孟子重视自主的心对耳目之欲的制约。由心作主而合理的耳目之欲，孟子并不轻视。因为欲望的本身不是恶，只有侵夺他人耳目之欲的无穷欲望，才是恶的。无穷的欲望淹没"本心"，而"养小以失大"，才是恶的。可见，心与耳目口鼻等本为一体，口腹能得到心的主宰，则口腹活动即是心的部分活动。耳目的欲望虽然不是恶，但恶毕竟是从耳目等欲望中来，正如孟子所言："耳目之官不思，而蔽于物。物交物，则引之而已矣。"（《孟子·告子上》）

耳目借助外物起活动，其机能未能思虑反省，没有判断的自主性，容易为物所遮蔽。为物所遮蔽，则只知有物而不知有仁义礼智，便为物所牵引。因此，一切罪恶，只是从"引之而已矣"处发生。如果心能自主，则耳目之欲不为物所牵引，而由心作判断，此即所谓"先立乎其大者，则其小者不能夺也"（《孟子·告子上》）。

其次，孟子重视环境对一般人的影响。心虽然善，但如果环境不佳，心的"思"的作用难以发挥，便失掉心的自主性。人性皆善，亦即人性皆

---

① 陈澧说："孟子所谓性善者，谓人人之性皆有善也，非谓人人之性，皆纯乎善也"；"常人之性，纯乎善；恶人之性，仍有善而不纯乎恶。"陈澧：《东塾读书记》，钟旭元、魏达纯校点，上海古籍出版社，2012，第32—33 页。

② 冯友兰：《中国哲学史》（上册），中华书局，1961，第153—162 页。

③ 钱穆：《四书释义》（新校本），九州出版社，2011，第231 页。

平等，但各人的成就却大不同，大不同的原因源于环境。"地有肥硗，雨露之养，人事之不齐也"（《孟子·告子上》），这是以麦比喻性，同一的人性却有不同的成就，完全由环境所致。

孟子特别注重经济生活环境，认为有恒产然后才有恒心，要求"制民之产，必使仰足以事父母，俯足以蓄妻子"；认为如果"救死而恐不赡，奚暇治礼义哉"（《孟子·梁惠王上》），要求以仁政代替虐政，因为"民之憔悴于虐政"已久。孟子以环境比喻人的成就，与孔子"习相远也"（《论语·阳货》）的"习"，实质相同，但更具有促进经济社会进步的价值。

经济过分缺乏，足以陷溺人心。解决经济问题，有助于其他问题的解决，如加强教育。缺乏教育，优越的经济条件，反而助长为恶，他说："饱食、暖衣、逸居而无教，则近于禽兽。"（《孟子·滕文公上》）孟子既不轻视生活物质对人类行为的影响，也不认为人类的行为完全受制于生活物质。

最后，少数特殊地位的人，逐耳目之欲而丧失本心，其罪恶大于一般百姓因生存所困而犯的罪恶。他说：

> 二者（鱼与熊掌）不可得兼，舍生而取义者也。
>
> 是故所欲有甚于生者，所恶有甚于死者。非独贤者有是心也，人皆有之……万钟则不辩礼义而受之，万钟于我何加焉。……此之谓失其本心。

引文前半段，说明人之性善、心善，显现为人格的尊严。最后的"本心"二字，尤其重要。一切罪恶的行为，固然也有心的计虑支持，但此时的心仅限于知性的一面。知性没有为行为作主的能力，而只能由耳目口鼻等官能调遣。能做主的心，才是真心。并且真心，也一定会作主，使耳目等官能听命。本心即善，即道德的心。道德之心呈现时，自然能为人的生活作主，而欲望自然受道德理性的指挥，此时的欲望自然不是恶，这正是孟子"先立乎其大者，则其小者不能夺也"的本意。

第三节　性善论的践形及发展

一、性善的践形：从善心到善行

性善的践形即善行，是孟子性论的出发点和目的地。人之性善，体现人格的尊严。人与人之间的互相信赖、人类社会的向上发展，都有赖于人性之善的具体落实，从善心到善行，是个至关重要的实践问题。令人鼓舞的是孟子性善论内在潜藏这种向善发展的倾向或趋势，[①] 即所谓"人性向善说"，傅佩荣力持此说。[②] 孟子指出：

> 形色，天性也。惟圣人然后可以践形。（《孟子·尽心上》）

所谓形色，指耳目口鼻等官能，孟子区分心的作用与人身其他官能的作用，以显示心德之善。表面上看，心与其他器官官能好像是对立的，而且不平等，有贵贱、大小之别。这只是就心德的自觉与工夫过程的抽象立论而言。其实心德必须通过形色来实现，而形色本身如耳聪目明、一举手一投足，都是人人所必需的能力，彰显"日用而不知"的无量价值。然而，耳目口鼻等官能的价值的实现，必须通过心的自觉而彰著。

更重要的是，心德必须通过各器官的能力而始能作客观的构造，例如心有美的意欲时，必须通过目、手等器官的系列活动，与客观对象连在一起，始能实现其美的客观构造。心的无限创发性，必须通过其他器官能力

---

① 孟子性善论并不是说"人性本善"，而是指人性具有向善发展的倾向性。就好比种子具有长成大树的潜质，水有向下流动的趋势，人性有向善发展的倾向。唐君毅、陈大齐、张祥龙等也有类似观点。该观点与善端说既有联系又有区别。联系在于都认为孟子论证了人性中有善端，区别在于善端说未预设善端代表方向或趋势，而向善说所言善端有自然而然向善发展的趋势。
② 傅佩荣：《傅佩荣的哲学课：先秦儒家哲学》，北京联合出版公司，2018。

的整合发力形成客观实体。例如，不忍之心的"一念之微"① 的闪现，必须借助人的器官官能，如手的能力，向客观对象如幼童的建构力量（抓、拉等），得以实现。

孟子从道德主体上说"践形"，即其集义养气的工夫，转变生理之气为理性的"浩然之气"。从道德实践上践形，就是道德心的官能客观化实践。就是说，心的道德主体与客观相结合，使心德实现于客观世界。

孟子的尽心，必落实到践形上。心善的践形（善行），才能算是尽心。经过践形（善行），充分发挥人体官能的潜力（天性），以期改造客观世界。践行（善行）过程的终点，呈现世界万物的平等，实现"天地万物一体之仁"。同时，在价值平等的世界中，我与万物共荣共处，即所谓"万物皆备于我"（《孟子·尽心上》），这是孟子性善论的精蕴，也是孟子性善论的起点与终点。

基于性善说，在民生经济上，孟子认为，人对物质、名誉地位的追求，只要符合社会伦理标准要求，都是合理的。他说："好色，人之所欲"，"富，人之所欲"，"贵，人之所欲"（《孟子·告子上》），并从"得其心有道"的角度，用"所欲与之聚之"的办法，满足民众的欲望。孟子民生经济方面的善行，可概括为四个方面。② 一是提出并践行社会分工理论，促进社会经济的繁荣。依据人的不同天赋与能力，鼓励百工和农夫分工，发挥每个人的专长，各尽所能发展生产，所生产的物品可以自由交易，通过"通功易事"市场功能的发挥，达到"以羡补不足"（《孟子·滕文公下》）的目的。二是提出恒产说。孟子说："民之为道也，有恒产者有恒心，无恒产者无恒心"（《孟子·滕文公上》），让人们长期占有生产资料，如土地等财产。三是反对不法商人"贱丈夫"的垄断行为，建立自由平等的市场秩序。四是免征关税（商业税），实施"关市讥而不征"（《孟

---

① 参见《康熙教子庭训》。训曰：人心一念之微，不在天理，便在人欲。是故心存私便是放，不必逐物驰骛然后为放也。心一放便是私，不待纵情肆欲然后为私也。惟心不为耳目口鼻所役，始得泰然。

② 吕庆华：《试论孟子的商业经济思想》，《广西商业高等专科学校学报》，1999 年第 2 期。人大复印报刊资料《理论经济学》，1999 年第 8 期全文转载。

子·梁惠王下》）政策。

在政治思想上，孟子继承周初重视人民的传统，主张以人民为主的政治，提倡施行"王政"，把人民的好恶作为行政的准绳。徐复观认为，"中国传统文化中的'性善说'，奠定了人类尊严、人类平等、人类互信合作的基础"。[①] 民主政治要在性善的共同自觉之下，以建立人与人的精神的纽带，才能加以消解、扩充，以开万世太平之盛。

在社会治理上，孟子提倡建设每个人都从善心出发互帮互助的良善社会。个人与群体，既靠强制性法律，又靠本心的善性把社会融合在一起，使自由与平等合而为一。

二、性善成长说

对孟子性善论的研究，基于各自独立判断，产生各自预设或理解，各家的解释存在相当大的差别，形成多种解释模式，综合来看，有心善说、善端说、向善说、人禽说等十种。[②]

（一）性善成长说的缘起

孟子性善成长说，基于先天判断，是孟子性善论的新探索，认为人的善行造就人性，行善让人生更辉煌，符合生命健全成长的法则。孟子的性，是后天拓展的潜能，代表人的成长方向或方式。成长说依据人性潜能解释性善，也算是一种潜能说。

"性"就是人的先天属性。从"我固有之""心之所同然""根于心"等说法，说明孟子认为人性先天存在善的成分。[③] 因此，后世论性，一般都预设孟子的性善是一种先天判断。成长说强调人性为后天特征，即人后天可以发展出善，但"性善"仍然是先天具有的成长法则。

---

① 徐复观：《儒家思想与现代社会》，九州出版社，2014，第 272 页。
② 方朝晖：《争论两千年的孟子性善论，究竟如何理解?》，《凤凰国学》，2018 年 6 月 29 日。
③ 孟子在《孟子·滕文公上》《孟子·告子上》《孟子·尽心上》等篇多处表述，如"不学而知""不虑而能""我固有之""非由外铄""天爵人爵""求在我者""分定故也"等，皆可引证孟子人性善为先天判断。孟子引告子"生之谓性"之言说，《荀子·正名》亦有"生之所以然者谓之性""不事而自然谓之性"，《论衡·本性》引刘向语"性，生而然者也"，以及《中庸》有"天命之谓性"等类似表述。

清朝学者陈确最早提出成长说思想，孟子所谓性善，人人都可以通过戒慎恐惧的修炼工夫，自己成全，譬如谷子经风霜、季节而长成。陈确认为，性善非天生的本原本体，而是由后天逐步长成，是一个动态过程。①

艾文贺提出，为善的过程，就是人性不断趋于成熟的过程，即人性通过恰当的方式趋向善。② 李耶理提出，人性成长包括发展和发现两种模式，孟子性善论属于发展模式，指人所具有走向善的能力。③ 安乐哲认为，孟子之性，是一种人为的创造过程，人的善行造就了人性。④ 江文思也说，在与环境交互作用中，人性自发成长，亲情形成四端，造就为善的条件。因此，人性善的本义，是人"在有情感的情况下可以为善"。⑤

（二） 为善能使生命辉煌灿烂

方朝晖考察上述学者的观点，梳理唐君毅、李景林、信广来、张祥龙等的研究成果，从生长特性角度解释性善论的观点，提出"性善成长说"来解释孟子性善论。他认为，孟子性善论的重要含义之一在于说明：为善能让人性变得辉煌灿烂，即孟子发现为善符合生命健全成长的法则。性善论的立论基础在于：只有向善的方向生长，生命才能健全成长。或者说，人当然可以不向善的方向发展，但代价是导致人性的扭曲。

方朝晖强调，人生命成长的法则不是后天人为造就出来的，而是先天形成的。他认为，"孟子已经有意无意地从恰当的生存方式或成长法则角度来使用'性'字"。"孟子的'性'概念包含先天决定的生存方式或成长法则这一重要含义，而性善论的主要依据之一是指孟子发现了生命健全成长的一条法则——为善能使生命辉煌灿烂。"⑥

---

① 陈确：《陈确集》之《别集·瞽言三·性解下》（全二册），中华书局，1979，第451页。

② Philip J. Ivanhoe. *Ethics In the Confucian Tradition：The Thought of Mengzi and Wang Yangming*, Secondedition, Indianapolis/Cambridge：Hackket Publishing Company, Inc., 2002：43.

③ Lee H. Yearley. *Mencius And Aquinas：Theories of Virtue and Conceptions of Courage*, Albany：Suny Press, 1990：60.

④ Ames. *"The Mencian Conception Of Renxing：Does It Mean 'Human Nature'？" in Chinese Texts and Philosophical Contexts—Essays Dedicated to Angus C. Graham*, ed. Henry Rosemont, Jr. , Lasalle：Open Court, 1991：157.

⑤ James Behuniak Jr. *Menciuson Becoming Human*, Albany：State University of New York Press, 2005：73—99.

⑥ 方朝晖：《从生长特性看孟子性善论》，《北京师范大学学报》，2016年第4期。

方朝晖与安乐哲、江文思等观点区别的关键在于，是否承认成长法则是先天的，而其观点与葛瑞汉"动态人性观"更接近。

三、性善论是一种信仰

人生命存亡的起始与终点，人生的意义与价值，靠个人内心的知觉来评判。衣食住行等物质生活，是最低级的生活，维持肉体生存始有人生，但人生不只是维持肉体生存。食色虽是人生中最基本的项目，却并非高贵有意义的项目。而精神生活都是正面的、积极的，如艺术生活，即爱美生活，一切游戏、歌唱、跳舞，活泼泼地皆为艺术人生；科学人生，即求知人生，具备一种求知的心情，将无所往而不遇有知。艺术人生求美，科学人生求知，而文学人生求真，其对象都源于人类情感，人生一切悲欢离合，皆由情感做主；宗教人生，即信仰人生，也是情感的，我心里有上帝，转为上帝心里有我，宗教也只是一首诗；宗教人生继而转为意志人生和道德人生。

钱穆《湖上闲思录》的《人生与觉知》篇说："性善的进展，其深无底。""祈祷转成为实践，逃避转成为奋斗。只要你觉得他可爱，他终还是可爱。只要你觉得他可信，他终还是可信。只要你肯放他活在你心里，他真活在你心里了，也终于像你亦许活在他心里了，如是则完成了东方人的性善论。性善论也只是一种宗教，也只是一种信仰。"

"性善论到底还是天地间一篇大好文章，还是一首诗，极感动，极深刻，人生一切可歌可泣，悲欢离合，尽在性善一观念中消融平静。所以人生总是文学的，亦可是宗教的，但又该是道德的。其实道德也依然是宗教的、文学的，而且也可说是一种极真挚的宗教、极浪漫的文学。道德人生，以及宗教人生，文学人生，在此真挚浪漫的感情喷薄外放处，同样如艺术人生、科学人生，你将无往而不见其成功，无往而不得其欢乐。"[①]

福建企业家曹德旺，作自传《心如菩提》一书，该书封底一段话说："我用四十年时间创业，白手起家，从零开始，创建了一家深具影响力的制造业跨国集团并誉满全球。深究成因，唯有一条哲理：两句话组成，一

---

① 钱穆：《湖上闲思录》，生活·读书·新知三联书店，2018，第106页。

曰，入戏，二曰，入角。入戏者，依愿也；入角者，靠信也。"① 可见，"愿"与"信"对于人生事业的成功极其重要。曹德旺热心各种慈善事业，从 1983 年首次捐钱给小学换课桌椅至今，行善四十年，捐资 160 亿。近年他重点捐资 100 亿，创办"曹德旺科技大学"。

曹德旺坚守实业初心，关心社稷，悲悯苍生。于曹德旺而言，慈善是一种信仰，也是一种修行；是一种操守，也是一份情怀。他传承中华积德行善、乐善好施的慈善精神，并以企业家的创新精神把慈善事业带到新的境界。无论是做企业，还是做慈善，他都能以独到的眼光，切中核心要害问题，为人所不能为、所不敢为。基于这种眼光和魄力，他宣布捐资 100 亿，打造一个前所未有的新型大学。其心怀天下的博大胸襟，以及为理想而奔跑的赤子之心，让世人崇敬。②

总之，正如钱穆所言"人类只有最情感的，始是最人生的"。性善论是一种宗教，也是一种信仰。③

钱穆在《性与命》篇强调指出：

> 儒家在自心之内求性的至善。
> 人类自心本身内部自有它的一种无限性，那即是儒家之所谓性。
> 中国儒家则主张尽心知性、明心见性，而发见我性内具之善。④

儒家认为，人性之至善即在我心，与生俱足。故儒家性善论须要"信而有之"，基于道德的信仰更坚强，无须借助一般宗教的祈祷。⑤

---

① 曹德旺：《心若菩提》，人民出版社，2017。
② 曹德旺：《对话曹德旺：慈善事业是我人生的第三个目标》，《中国慈善家》，2023 年第 1 期。
③ 2023 年 3 日 27 日凌晨，吾读钱穆《湖上闲思录》中《人生与知觉》篇有感，得句录于此，与诸君同志共勉。曰："艺术人生乃觉知，宗教亦是一首诗。悲欢离合爱恶欲，性善信仰根植之。"
④ 钱穆：《湖上闲思录》，生活·读书·新知三联书店，2018，第 127—132 页。
⑤ 李耶理也认为，孟子论证的善性具有超越人的终极含义，所谓终极含义，是孟子提出的、植根于性善（仁义礼智）的、代表人人皆有的"所欲有甚于生、所恶有甚于死"的一种终极价值。Lee H. Yearley, "Mencius on Human Nature：the Forms of his Religious Thought ", *Journal of the American Academy of Religion*, 1975, 43（2）：185—198.

第四章 儒商善行理论基础（二）：
推恩说

孟子推恩说，深刻体现了儒家文明，上承孔子忠恕之道，中继汉代神学化流变，下开宋明哲学化发展。推恩说拥有本体论、性善论、理想人格论及人才论的深厚思想基础。推恩说以恻隐之情为泛爱基础，以差等之爱为追求目标，以事亲从兄为实践起点，具有重要的现实指导意义。但"其父攘羊"案和"瞽瞍杀人"案让亲情与公义之间的选择陷入"推恩困境"，显示舍公义而全亲情的价值选择的不合理性。事实上，摆脱"推恩困境"的出路，不在于"大义灭亲"，而在于亲属回避制度的建构和完善。

第一节 推恩说含义及历史演进

一、孟子推恩说的含义

推恩是儒家仁爱之术，是指人借助推己及人的方法，将人之血亲情感普遍地诉诸他人的善行。儒家认为，人的本质是"爱人"。孟子认为，爱人本质的实现就靠"仁术"。仁术一词，见于《孟子·梁惠王上》"以羊易牛"故事，表达了梁惠王不忍之心的善性。孟子的仁术，既是人们爱惜动物的手段，又是落实仁爱精神的有效方法。孟子说："仁之实，事亲是也"，"不得乎亲，不可为仁"（《孟子·离娄上》），仁爱的出发点是血缘亲情，血缘亲情向外推广，就构成孟子的推恩范畴。

孟子推恩说，对儒学思想的发展有重大贡献，深受历代儒者推崇。[①]推恩说集中体现在《孟子·梁惠王上》一段文本中，即所谓：

> 老吾老，以及人之老；幼吾幼，以及人之幼。……，言举斯心加诸彼而已。故推恩足以保四海，不推恩无以保妻子。古之人所以大过人者，无他焉，善推其所为而已矣。（《孟子·梁惠王上》）

孟子主张，人应通过"举斯心加诸彼"的方法，把孝悌亲情推广到他人身上，以实现普遍性的仁爱理想，即所谓"亲亲，仁也。敬长，义也；无他，达之天下也"（《孟子·尽心上》）。孟子的推恩思想在实践上之所以具有可行性，是因为人的孝悌亲情存在共通性或类比性，能够通过感同身受和类比推广，成为普遍性"仁爱"情感。

孔子早已指出，人要实现普遍性的仁爱，就应该从特殊性的孝悌出发，做到"入则孝，出则弟，谨而信，泛爱众"。孔子弟子有子说："孝弟也者，其为仁之本与！"（《论语·学而》）实际上，孔子已经植"孝悌"于仁爱之中，从而确立了传统儒家的血缘亲情本根精神，即血亲情理精神。[②]

然而，孔子孝悌亲情的封闭性，限制了其伸长的路径；孝与仁两大儒学范畴的有机统合，也成了难题。孟子推恩说，弥补了以上理论缺失。一方面，孟子继承孔子孝悌亲情根本精神，将确定"亲亲"为推恩的基点；另一方面，倡导人们超越特殊性的血缘亲情局限，通过"善推其所为""举斯心加诸彼"的方法，实现普遍性的仁爱理想，从而有机统合传统儒家孝与仁的两大范畴。

[①] "儒家'仁爱'与墨家'兼爱'及基督教'博爱'比较，可以看出，墨家的兼爱，计较在交相利，基督教的博爱考量在契约平等回报，契约平等回报其实也是一种利益计较。与墨家兼爱、基督教博爱比较，儒家仁爱显然具有非功利性、非契约性特色。因此，儒家仁爱由于倡导无功利计较的泛爱众，在精神境界上要比重功利考量的兼爱和博爱更贴近人的基本关切。"蒋保国《从"推恩"看儒家文明的特色》，《社会科学战线》，2022年第4期。

[②] 刘清平：《儒家伦理：道德理性还是血亲情理？》，《中国哲学史》，1999年第3期。

二、上承孔子忠恕之道

孟子指出："仁也者，人也。"（《孟子·尽心下》）儒家仁爱超越个体私爱，而爱亲人、爱陌生人。爱亲人是血缘亲情的自然流露与表达，爱陌生人则是爱亲人的情感扩充。爱亲人与爱陌生人，二者都体现人的善性，但其情感付出的厚薄却不等同，即所谓"爱有差等"。

孟子认为，血缘亲情之爱的扩充，须借助推恩之"仁术"来实现。推恩一词，虽由孟子首创，但其思想源于孔子"仁之方"①的论述。孔子说："能近取譬，可谓仁之方也已。"朱熹注："譬，喻也。方，术也。"在人际关系中，人"近取诸身，以己所欲譬之他人，知其所欲亦犹是也"。就是说，通过自己体认、类比的方法，"推其己事以及于人"（简称"推己及人"），这就是所谓"恕之事"和"仁之术"。②

孔子首创儒家仁学，旨在倡导"爱人"。樊迟问仁，孔子回答"爱人"（《论语·颜渊》）；朱熹注："爱人，仁之施。"③孔子说："唯仁者能好人，能恶人。"（《论语·里仁》）孔子强调血缘亲情，"爱人"分远近亲疏，坚持"爱有差等"原则。孟子承继孔子，强调儒家"爱有差等"原则，并着力反驳墨家"爱无差等"④观念。"爱有差等"原则命题源于"事亲为大"（《孟子·离娄上》），"孝子之至，莫大乎尊亲"（《孟子·万章上》）。可见，孟子赋予血缘亲情以本根性意义和至高无上的地位。

孔子"仁之方"基于忠恕之道，确信血缘亲情之爱可以推及普遍爱心。忠恕之道的"忠"，是指"己欲立而立人，己欲达而达人"，是一种主

---

① 参见《论语·雍也》。子贡曰："如有博施于民而能济众，何如？可谓仁乎？"子曰："何事于仁，必也圣乎！尧、舜其犹病诸！夫仁者，己欲立而立人，己欲达而达人。能近取譬，可谓仁之方也已。"

② 朱熹：《四书集注》，陈戍国标点，岳麓书社，1997，第131页。

③ 朱熹：《四书集注》，陈戍国标点，岳麓书社，1997，第201—202页。

④ 墨子倡导的"兼爱"与儒家倡导的"仁爱"存在根本差异。儒家明确要求以孝慈作为仁爱的本根，而墨子明确要求以兼爱作为孝慈的本根："若使天下兼相爱，爱人若爱其身，犹有不孝者乎？"（《墨子·兼爱上》）；墨子强调兼爱是一种没有差等、一视同仁的普遍性情感，孟子严厉批判说："墨氏兼爱，是无父也；无父无君，是禽兽也。"（《孟子·滕文公下》）此外，在与主张"爱无差等，施由亲始"的夷子论辩时，孟子也指出："夫夷子信以为人之亲其兄之子为若亲其邻之赤子乎……且天之生物也，使之一本，而夷子二本故也。"（《孟子·滕文公上》）

动献爱心、尽力帮助别人的积极诉求。忠恕之道的"恕"，是指"己所不欲，勿施于人"（《论语·颜渊》），是不要把自己都不愿干的事强加给别人的消极约束。

从实际社会交往看，"忠"体现"立己立人"，要求高、难度大；而"恕"是将心比心，换位思考，站在对方的角度看问题，[①] 不强迫别人做"己不欲"之事，要求低、难度小，易于通行推广。因此，"恕"道的消极约束，可操作性更强，具有普世价值和现实意义，理应成为人类社会交往的"黄金定律"。

孔子"一以贯之"的"吾道"即"忠恕之道"。引曾子的话，指出："夫子之道，忠恕而已矣。"（《论语·里仁》）朱熹注曰："尽己之谓忠，推己之谓恕"；或曰"中心为忠，如心为恕"。[②]

孟子推恩说的"仁术"，与孔子忠恕之道的"仁之方"，精神高度契合，思想一脉相承，无疑存在源与流的关系。孟子把孔子"仁之方"简称为"仁术"，把推恩界定为"仁术"，既体现性善的道德性，又提升仁学认知及实践水平。

孟子推恩说，还启迪后孟子时代的仁学发展，成为汉唐宋明仁学的重要思想渊源，例如，推恩说中继汉代神学化流变，下开宋明哲学化发展。

三、中继汉代神学化流变

汉代仁学代表，首推董仲舒。董仲舒把孔孟仁学的人学改为神学，提出"天人感应"学说。他认为天具有神的品格，主宰世间一切存在及样态，即所谓"天者，百神之大君也"（《春秋繁露·郊祭》）。[③] 天之主宰，还体现在人自身，及其物质、精神世界，即所谓"天之生人也，使人生义与利"（《春秋繁露·身之养重于义》）。

董仲舒直接用"天数"比附"身犹天也"，《春秋繁露·人副天数》

---

① 参见《中说·天地》。"贾琼问君子之道。子曰："必先恕乎！"曰："敢问恕之说。"子曰："为人子者，以其父之心为心；为人弟者，以其兄之心为心。推而达之于天下，斯可矣。"王通：《中说》，马天祥译注，中华书局，2020，第49—50页。

② 朱熹：《四书集注》，陈戍国标点，岳麓书社，1997，第101—102页。

③ 本节董仲舒引言，除了特殊标注，皆出自苏舆：《春秋繁露义证》，中华书局，2002。

篇系统论述天与人是同类的，人副天数，天人一致；天与人同类相感、同类相动。天地生人和万物，人比万物更尊贵，其原因在于其他生物得天地之气少，而人得天地之气多。所以，人无论是从"副类"的角度看，还是从"副数"的角度看，都和天是一致的。

例如，从副类的角度看，人头圆像天，足方像地，头发像星辰，耳目像日月，鼻口呼吸像风和气。从副数的角度看，人有小关节三百六十节，和一年的日数相当，大关节十二节，和一年的月数相当，人身体内有五脏，和五行数相当，外有四肢，和四季数相当。眼睛一开一闭，和昼夜相当；性情有时刚强，有时柔和，和冬季、夏季相当；有时悲哀，有时欢乐，和阴阳之气相当。[①] 甚至，人的思虑、伦理等等，与天都是合一的、同类的，它们之间可以互相感应，互相触动。[②]

从天人合一、同类感应、互相触动的认识视角，董仲舒认为："天意之仁而不欲陷人。"（《春秋繁露·既人且智》）人以仁为本质，是由天意规定的，是天意予人以仁。他说："人之血气，化天志而为仁。"（《春秋繁露·为人者天》）人是按天志变化血气的结果。一句话，人呼应天志以仁为人的本质。

此外，人尤其是君王，通过体察天意，可以取仁于天。他说：

> 仁之美者在于天。天，仁也。
>
> 人之受命于天也，取仁于天而仁也。（《春秋繁露·王道通三》）

董仲舒说："仁者所以爱人类也"（《春秋繁露·必仁且智》）；还说："仁之法在爱人，不在爱我"（《春秋繁露·仁义法》）。仁作为人的本质的关键，不在于强调个体自爱（"爱自己"），而在于强调群体他爱（"爱别人"），即"泛爱群生"（《春秋繁露·天道阴阳》）。要实现从"爱我"

---

① 董仲舒：《春秋繁露》，周桂钿译注，中华书局，2011，第163页。

② 参见《春秋繁露·人副天数》。"身犹天也，数与之相参，故命与之相连也。天以终岁之数，成人之身，故小节三百六十六，副日数也；大节十二分，副月数也；内有五脏，副五行数也；外有四肢，副四时数也；乍视乍瞑，副昼夜也；乍刚乍柔，副冬夏也；乍哀乍乐，副阴阳也；心有计虑，副度数也；行有伦理，副天地也。"

到"泛爱群生"的过渡，董仲舒感觉到，除了"推恩"没有其他更好的办法。对于推恩，董仲舒在《春秋繁露·竹林》篇指出：

> 推恩者远之而大，为仁者自然而美。

以上引文"美"与"大"二字，语出《孟子·尽心下》"充实之谓美，充实而有光辉之谓大"，① 董仲舒意识到，客观上看，人通过本心外化，使个体为仁通达群体泛爱，将"爱我"之心推广为泛爱之心，推恩之所以"大"，是因为推广时空旷远，爱心普遍具足。主观上看，推恩之所以"美"，是因为主体自觉为仁，道德体认自然随顺，呈现"无所为而为"特质。总之，董仲舒借用孟子"美"与"大"二词，从价值观视角区分推恩的内外在和主客体，实际上承继了孟子的推恩说。

董仲舒之外，东汉王符著《潜夫论》，共十卷 36 篇，其中卷八"交际第三十"篇，主张人际交接"尤贵久要，贫贱不改"，批判当时"多思远而忘近，背故而向新"，"言方行圆，口正心邪，行与言谬，心与口违"的风气，提出交际中的"四难"与"三患"。认为"恕、平、恭、守"四难，是"仁、义、礼、信"之本；"情实薄而辞称厚，念实忽而文想忧，怀不来而外克期"三患，"不信则惧失贤，信之则讵误人"。② 其推恩之意，历历可见。孔子也痛恨说得多而做得少的人，与其不忠，不如"刚、毅、木、讷，近仁"（《论语·子路》）。

四、下开宋明哲学化发展

汉代儒家把孔孟仁学神学化，而宋明理学家又以哲学化解构之。宋明儒家一方面恢复孔孟仁学的"人学"性质；另一方面拓展仁的内涵，将孔孟仁学的血亲情感本质规定，提升为人的道德本体。③

宋明仁学，以人的道德本体体悟世界万物，重新强调孔孟"仁者人

---

① 杨伯峻译注：《孟子译注》（简体字本），中华书局，2019，第 376 页。
② 王符：《潜夫论》，马世年译注，中华书局，2008，第 385—425 页。
③ 蒋保国：《从"推恩"看儒家文明的特色》，《社会科学战线》，2022 年第 4 期。

也"观念，全面体悟人的生命与天地万物的"生生之德"。周敦颐定义仁为"生"，在《通书》中说："天以阳生万物，以阴成万物。生，仁也；成，义也"。① 朱熹"统论一个仁之体"时，也定义仁为"生"，指出："天地之心，只是个生。"②

王阳明以木之抽芽喻仁，进一步强调仁是"生生不息之理"。他说："父子兄弟之爱，便是人心生意发端处，如木之抽芽。"王阳明还说，"孝弟为仁之本，却是仁理从里面发生出来。"③ 儒家的孝悌基于内在血亲情感，是自然而然的呈现。而墨家"兼相爱"，缺乏内在人心情感的"生意"基础，其爱的情感受外在利益维系，随着利益的变动而变动，缺乏儒家仁爱的稳固性。

宋明理学家承认"仁者以万物为一体"。④ 王阳明强调天理与仁密不可分，他说："良知即是天理。"⑤ 宋明理学家"仁者以万物为一体"说，突破了"推己及人"与"仁民爱物"，以及"仁者，人也，亲亲为大"（《中庸》）、"仁之实，事亲是也"（《孟子·离娄上》）等的一般论述，推进儒家仁学的哲学化发展方向。

王阳明在《大学问》中，系统阐述仁学哲学意蕴及推恩理路。他说：大人"视天下犹一家，中国犹一人焉"，是因为"其心之仁"与孺子、鸟兽、草木、瓦石等"天地万物为一体"。他进一步说：

> 亲吾之父，以及人之父，以及天下人之父，而后吾之仁实与吾之父、人之父与天下人之父而为一体矣。实与之为一体，而后孝之明德始明矣。……君臣也，夫妇也，朋友也，以至于山川鬼神鸟兽草木也，莫不实有以亲之，以达吾一体之仁，然后吾之明德始无不明，而真能以天地万物为一体矣。

① 周敦颐：《周子通书》，上海古籍出版社，2000，第36页。
② 朱熹：《朱子语类》第105卷，中华书局，2011，第2634页。
③ 吴光等编校：《王阳明全集》上册，上海古籍出版社，1992，第26页。
④ 程颢、程颐：《二程集》，王孝鱼点校，中华书局，1981，第15页。
⑤ 王阳明：《王阳明全集》上册，吴光等编校，上海古籍出版社，1992，第218页。

从理学家视角看，推恩是仁的最佳实现方式。在《孟子·梁惠王上》论述推恩相关段落中，朱熹作注说：

> 盖天地之性，人为贵，故人之与人，又为同类而相亲。是以恻隐之发，则与民切而于物缓；推广仁术，则仁民易而爱物难。①

朱熹认为，从"骨肉之亲"推之，"然后及于仁民，又推其余，然后及于爱物"，由近及远，从容易到困难，人普遍的爱心，通过推恩最终实现"万物一体之仁"。

第二节　推恩说的思想基础

一、本体论思想基础

孟子认为，人的推恩能力，源于人的先天道德实践能力。人与其他动物区别的地方极少，就那么一点点（几希），即所谓"人之所以异于禽兽者几希"（《孟子·离娄下》）。人"由仁义行"，或"居仁由义"（《孟子·离娄上》）的能力，就在于"几希"处。一个人按仁义做人、做事，做到内在道德认同与外在道德实践统一，是一件很不容易的事情。

孔子单言"仁"与"义"，孟子则"仁义"合称，分别界定仁与义，并论述二者的异同即关系，指出"仁之实，事亲是也；义之实，从兄是也"（《孟子·离娄上》）。孟子首先界说"仁"；"亲亲，敬长"，"父子有亲"（《孟子·滕文公上》）。亲亲，就是孝亲，主要指子之孝父。百善孝为先，事亲孝父是人之为人的根本。"仁者，人也，亲亲为大。"（《中庸》）事亲、孝亲就是"仁"。其次界说"义"。义，指敬长，不仅要求"敬其兄"，而且要求尊敬长者，是处理长幼关系、维护长幼尊卑秩序的道

---

① 朱熹:《四书集注》，陈戍国标点，岳麓书社，1997，第302页。

德原则，其至强调"君臣有义"（《孟子·滕文公上》）。

从"仁、义"二者关系角度看，仁是人心内在的东西，是最终要达到实现的目的；而义则是达到实现"仁"的手段和路径，即所谓"仁，人之安宅也；义，人之正路也"（《孟子·离娄上》）。"仁，人心也；义，人路也。"（《孟子·告子上》）仁安顿人的内在心灵，人心自然成为仁心；义规范人的外在行动，仁心立则义起，人自觉审视自己行为的正当性，自然循着正道前行。仁与义二者既区别，又相辅相成。

孟子还从人性的视角论述"仁义"。孟子主张性善论，认为"人皆有不忍人之心"（《孟子·公孙丑上》），提出四德、四端说。他说："恻隐之心，仁之端也；羞恶之心，义之端也……人之有是四端也，犹其有四体也。"（《孟子·公孙丑上》）在孟子看来，仁义礼智是人固有的道德本性，是人区别于禽兽的特有属性。其中，仁义尤为重要，孟子说："人之所以异于禽兽者几希，庶民去之，君子存之。舜明于庶物，察于人伦，由仁义行，非行仁义也。"（《孟子·离娄下》）从人性的角度来看，"义"与"仁"同样都是人所固有的德性，是内在的。只是，"义者，仁之节也；仁者，义之本也。"（《礼记·礼运》），"仁"偏重于自然情感的流露，而"义"则是夹杂理性判断的情感展现，是对无限"仁"的节制。

孟子批评"放其心而不知求者"，强调人要"居仁由义"，确立和存养"仁义之心"，即人的"良心"。良心人人皆有，"心之同然"，从根本上确立人的道德存在，只要扩充自己的良心，任何人都可成为符合道德理性的人。

二、性善论思想基础

孟子以心善言性善，以仁义礼智四端言尽心、知性和知天。其中，仁是自内而外的扩充力量，居于统摄地位。孟子推恩说，必以仁为基点。缺乏仁的统摄，性善就难以扩充与推广。

孟子"万物皆备于我矣"（《孟子·尽心上》），类似《论语》"天下归仁"。一个人的精神活动，不是以生理为中心，而是与万物共呼吸，突破个体自身限制，归天下于仁德之中，天下（万物）一体，人类共忧乐，进入"上下与天地同流"的仁爱境界。推己及人谓之恕，恕是仁的践行和扩充的切近工夫。孟子说完"万物皆备于我矣，反身而诚，乐莫大焉"，接着就说"强恕而行，求仁莫近焉"。说明了由恕求仁，由求仁而达到"万物皆备于我"的效果。

孟子说"仁也者，人也"（《孟子·尽心下》），相当于说"仁也者，性也"。孟子以心言性，而说"仁，人心也"（《孟子·告子上》），就等于说"仁，人性也"。孟子称述古代圣人，必从仁入手，他说："……三子者不同道，其趋一也；一者何也？曰：仁也。君子亦仁而已矣，何必同？"（《孟子·告子下》）

君子的共性是践形仁。孟子说"仁者无敌"（《孟子·梁惠王上》），"国君好仁，天下无敌焉"（《孟子·尽心下》）。孟子认为夏商周三代获得天下是由于仁，失去天下是由于不仁，即所谓"天子不仁，不保四海"（《孟子·离娄上》）。

而仁的基本表现，还是忧患意识，孟子在"许行"章（《孟子·滕文公上》），历叙尧、舜、禹、后稷、契救民之实（仁），一是"尧独忧之"，二是"圣人有忧之"，三是"圣人之忧民如此"。

就修己而言，孟子按"大小体"标准，把心分为思维器官之心与道德理性之心两类。小体之心，基于本能发用，无所谓善不善；而大体之心，基于道德本心发用，从意念的萌动开始，就自然合乎道德。

仁义礼智的道德心，皆是善心、良心，道德心一旦遭遇他人的不幸与痛苦，就生发出"恻隐之心"，而"恻隐之心"恰恰就是推恩的先决条件。相反，人若缺失"恻隐之心"，无视他人的不幸与痛苦，那么就无法施行"仁术"，血缘亲情之爱就没办法扩充推广。

三、理想人格论思想基础

孟子理想人格思想与现代人格特质理论相结合，能够应用于企业组织研究。现代营销管理汲取人格特质理论，研究品牌管理问题，取得显著成果。如美国学者阿克尔（Aaker）根据人格理论五大模型，研发品牌个性五维度量表，就受到营销管理学界的广泛认同。① 西方卓越企业深受传统文化及科学技术发展的影响，传承发展脉络清晰。孟子理想人格思想，对现代企业经营管理具有重要借鉴意义，也是推恩说的重要思想基础。

孟子的完整人格系统，以内圣外王之道为目标，坚守"穷则独善其身、达则兼善天下"的士人心态，理想人格的典型形象是大丈夫，大丈夫具有"浩然之气"，其完美人格德性体现于仁义礼智的不同侧面，高扬"富贵不能淫，贫贱不能移，威武不能屈"（《孟子·滕文公下》）精神，同时严厉批评小丈夫、贱丈夫、齐良人等形象。

孟子理想人格特征的价值取向主要有：一是乐以天下、忧以天下的价值观念；二是舍生取义、以义为上的价值追求；三是心性良善、坚持良知良能的价值标准；四是修身养性、自强不息的价值理想。② 孟子"人皆可以为尧舜"（《孟子·告子下》）的理想观念，拉近普通人与圣人的距离，表现出道德平等的观念，激励后人不断努力，成为道德修养和人格提升的内在动力源泉。③

孟子认为，圣人"与我同类"，其人格理想境界具有现实性特点，并非可望而不可即。因为人之本心（良心），就是固有的"仁心"状态。只要扩充其本心（良心），人都可以成就其理想人格，由普通人逐步成为圣人。孟子"人皆可为尧舜"理想人格思想，是中华民族宝贵的精神财富，光辉永照，源远流长。

孔子曾指出，人有五仪（五种人格），即"有庸人、有士人、有君子、有贤人、有圣人"（《孔子家语·五仪解》），国君清楚了解这五种人，治理国家就很容易。孟子说"钧是人"（《孟子·告子上》），并强调"舜人也，我亦人也"（《孟子·离娄下》），将其人格平等的理念表达得明确且清晰。人格独立和平等，是保证推恩成为可能的基础。反之，人格卑贱、依附，定然不可能爱己爱人、恩及他人。

---

① Aaker Jennifer. Dimensions of Brand Personality. *Journal of Marketing Research*，1997，34（3）：347—356.
② 田芳、姚本先：《论孟子的人格特征及其价值取向》，《牡丹江大学学报》，2011 年第 6 期。
③ 曾扬华：《孟子的人格魅力》，《中山大学学报》（社会科学版），2002 年第 2 期。

四、人才论思想基础

人之所以能推恩，是因为人有充类的才能，有"异于禽兽"的类本质，即道德存在。孟子曾把人分成三个等级：中道为上，狂狷次之，而阉然媚于世的乡愿，则属下级。（《孟子·尽心上》）孟子认为，按德性，人可分为君子、小人两大类；按成圣特质，圣人可分为伯夷的清、伊尹的任、柳下惠的和、孔子的时，前三位圣人，特出"清、任、和"的某个方面，而孔子则是"圣之时者、集大成者";① 按职位，士可分为元士、下士、中士、上士；按职业，人可分为矢人、函人、虞人、校人（《孟子·万章下》）。

孟子强调人是道德存在，类本质无贵贱之分、高低之别，但就自然个体而言，人的才能有大小，人的能力有高低。人的理性知识能力，具体表现为推理能力，孟子称之为"充类"能力。圣凡人之别，主要体现为充类能力、知识理性上的差别。

对于善，"凡有四端于我者，知皆扩而充之矣"；对于恶，则"推恶恶之心"（《孟子·公孙丑上》），如恶恶臭，及时止损。因此，印证了孟子认为的人所固有的"充类"能力，即"无他焉，善推其所为而已"（《孟子·梁惠王上》）。人一旦善于推类自己喜好或厌恶的情感，就能把本心（良心）扩充为外在的不忍之心（爱人之心），让仁义充满人间。②

孟子指出："养心莫善于寡欲"（《孟子·尽心下》），圣贤应持守本心（良心），不让本心被私欲所遮蔽而丢失。此外，时刻自觉"求其放心"（《孟子·告子上》），及时返归游离状态的本心，即返归"不忍人之心"，面对别人的不幸、痛苦甚至悲惨，自然地呈现其同情、怜悯的情感。推恩通过推己及人的方法，让本心（良心）客观化、对象化，成为爱心（不忍人之心）而爱亲人、爱其他人。

---

① 参见《孟子·万章下》。孟子曰："伯夷，圣之清者也；伊尹，圣之任者也；柳下惠，圣之和者也；孔子，圣之时者也。孔子之谓集大成。集大成也者，金声而玉振之也。"
② 参见《孟子·尽心下》。"人皆有所不忍，达之于其所忍，仁也；人皆有所不为，达之于其所为，义也。人能充无欲害人之心，而仁不可胜用也；人能充无穿窬之心，而义不可胜用也；人能充无受尔汝之实，无所往而不为义也。"

第三节 推恩说的现实性及践行

一、推恩说的现实性

推恩以"亲亲"之仁为起点，通过由近及远推广，从我到他人再到天下的外推过程，达到亲、人、物三者都获得"爱"，整体性实现"仁爱"的价值目标，其中渗透并体现孟子一贯秉持的"中道"精神。[①] 推恩说的现实性，主要体现为"恻隐之情"为泛爱基础，"爱有差等"为推恩指针，"事亲从兄"为推恩着力点等三个方面。

（一）"恻隐之情"为泛爱基础

《孟子·梁惠王上》"老老幼幼""推其所为"等，由近及远推广恩惠的阐析，其主旨就在于借助推恩说，让世人容易成为有德君子，即所谓：

> 亲亲而仁民，仁民而爱物。（《孟子·尽心上》）

其中，亲亲（对亲人的亲爱）、仁民（对百姓的仁爱）、爱物（对万物的爱惜），构成"恻隐之情"的三种形态。

恻隐之情，始发于孟子所谓"恻隐之心"或"不忍人之心"。

首先，孟子提到"孝子仁人之掩其亲"（《孟子·公孙丑上》）的故事，[②] 阐明恻隐之情的"亲亲"形态。孟子假设，上古曾有个不安葬父母的人，父母死了，就抬走抛弃在山沟里。后来的某一天路过那里，看见狐狸在啃咬着、苍蝇和蚊虫叮咬着他父母的尸体。那人额头上不禁冒出汗来，斜着眼不敢正视。那汗，不是流给别人看的，而是内心的悔恨表露在

---

① 董祥勇：《试论孟子的"推恩"思想》，《兰州学刊》，2008 年第 11 期。
② 参见《孟子·公孙丑上》。"所以谓'人皆有不忍人之心'者，今人乍见孺子将入于井，皆有怵惕、恻隐之心，非所以内交于孺子之父母也，非所以要誉于乡党朋友也，非恶其声而然也。"

脸上，其悔恨之情就是"恻隐之情"。因为恻隐之情的触动，他立即回家取来筐和锹，做出掩埋他父母尸体的孝亲举动。掩埋亲人尸体的做法很正确，人们纷纷效仿。仁人孝子掩埋亡故亲人，越来越注重形式，从此逐步形成殡葬习俗。

其次，孟子又说了"孺子将入于井"（《孟子·滕文公上》）的故事，① 明确"恻隐之情"的"仁民"形态。事件的目击者之所以有怜悯体恤别人的心情，是因为突然看见小孩要掉进井里，必然产生惊惧同情的心理，既非因为想在乡邻朋友中博取声誉，又非因为厌恶小孩的哭叫声，才产生这种惊惧同情心理（不忍人之心）的。可见，目击者对孺子的恻隐之情就是一种仁爱他人的情感。

最后，孟子讲"君子远庖厨"（《孟子·梁惠王上》）的故事，② 阐明"恻隐之情"的"爱物"形态。朱熹注："物，谓禽兽草木。"③ 梁惠王不忍见牛之"觳觫"，而祭祀又不得不宰杀牲畜的情况下，梁惠王提出"以羊易牛"的办法解决问题。孟子肯定梁惠王的做法，不是因为节省金钱，乃是一种"仁术"，是一种不忍心屠宰和食用动物的"恻隐之情"，即所谓"君子远庖厨"。就是说，君子看到禽兽活蹦乱跳的样子，就不忍心残杀；听到其哀鸣之声，就不忍心食肉。正因为这样，君子要把厨房安在离自己较远的地方。

综上所述，"亲亲、仁民、爱物"等恻隐之情，为推恩说奠定了泛爱

---

① 参见《孟子·滕文公上》。"孟子曰：盖上世尝有不葬其亲者，其亲死，则举而委之于壑。他日过之，狐狸食之，蝇蚋姑嘬之。其颡有泚，睨而不视。夫泚也，非为人泚，中心达于面目，盖归反蘽梩而掩之。掩之诚是也，则孝子仁人之掩其亲，亦必有道矣。"

② 参见《孟子·梁惠王上》。原文如下。（孟子）曰："臣闻之胡龁曰：王坐于堂上，有牵牛而过堂下者，王见之，曰：牛何之？对曰：将以衅钟。王曰：舍之！吾不忍其觳觫，若无罪而就死地。对曰：然则废衅钟与？曰：何可废？以羊易之！——不识有诸？"（王）曰："有之。"曰："是心足以王矣。百姓皆以王为爱也，臣固知王之不忍也。"王曰："然。诚有百姓者。齐国虽褊小，吾何爱一牛？即不忍其觳觫，若无罪而就死地，故以羊易之也。"曰："王无异于百姓之以王为爱也。以小易大，彼恶知之？王若隐其无罪而就死地，则牛羊何择焉？"王笑曰："是诚何心哉？我非爱其财而易之以羊也，宜乎百姓之谓我爱也。"曰："无伤也，是乃仁术也，见牛未见羊也。君子之于禽兽也，见其生，不忍见其死；闻其声，不忍食其肉。是以君子远庖厨也。"

③ 朱熹：《四书集注》，陈戌国标点，岳麓书社，1997，第519页。

基础。

（二）"爱有差等"为推恩指针

孟子推恩说主张"爱有差等"的"仁爱"原则。爱的程度如"水的波纹"，由"亲亲"到"仁民"再到"爱物"，由近到远、由内到外逐层推广，并逐渐递减而变弱。

首先，爱物之情，居"爱之波纹"的最外层，其爱最浅，实属爱惜、怜悯。比如，君子对于禽兽，不忍"见其死"，不忍"食其肉"，是因为"见其生"或"闻其声"而产生的爱惜之情，都是有条件的。

其次，仁民之情，优厚于爱物之情。不虐杀无辜百姓，是无条件的，即所谓"杀一无罪非仁也"（《孟子·尽心上》）。对为政者而言，仁爱的顺序绝对不应倒置，爱百姓理应优厚于爱禽兽。因此，孟子反问齐宣王，好心好意足以及于禽兽，却不能及于百姓，这是为什么呢？"是不为也，非不能也。"（《孟子·梁惠王上》）孟子批驳说：一根羽毛都拿不起，只是不肯下力气的缘故；一车子柴火都看不见，只是不肯用眼睛的缘故；老百姓不被保养，只是不肯施恩的缘故。所以，王未曾实行王道，只是不肯做，不是做不到。

最后，亲亲之情，又优厚于仁民之情。推恩以狭义仁爱——"亲亲"为前提，否则便失去其现实性。儒家"仁爱"强调"差等"，先爱父母、兄弟（"亲亲"），次及他人（"仁民"），再到"禽兽草木"（"爱物"）。

儒家"爱有差等"，关切家庭的利益与命运，客观上能够广泛地爱他人，实现"泛爱众"。儒家强调血缘亲情之爱，重视父子之爱，认为人的首要价值是孝，孝道是一切美德的根本，也是一切教化得以发生作用的根源。正如《孝经》所说：

夫孝，德之本也，教之所由生也。[1]

以家庭"孝道"维系的"仁爱"，突出中国文明重家庭的特色。《中庸》

---

[1]　张景、张松辉译注：《孝经 忠经》，中华书局，2022，第27页。

曰："仁者人也，亲亲为大。"① 爱人的最高价值是"亲亲"。《中说·周公》记载"杨玄感问孝"，王通（文中子）曰："始于事亲，终于立身"；"问忠"，曰："孝立，则忠遂矣"。② 因此，儒家推恩基于仁爱，就是亲情之爱的扩充。

可见，孟子倡导以血亲之爱为前提的同时，超越血缘亲情关系，力求使仁爱及达于天下，促使这一过程得以通行的就是推恩，而推恩又是以承认和恪守"爱有差等"的仁爱原则为内在要求。

（三）"事亲从兄"为推恩着力点

孟子把仁爱建立于血缘亲情基础上，突出仁爱的原始构成价值，主张"爱有差等"的仁爱原则，强调血缘亲情的首要地位。他说：

> 仁之实，事亲是也。义之实，从兄是也。（《孟子·离娄上》）

孟子不仅将事亲与从兄，分别确定为仁与义的核心内涵，而且将之确定为智、礼、乐的基础内涵。血缘亲情是仁爱的本源性要素，"尧舜之仁不遍爱人，急亲贤也"（《孟子·尽心上》）。圣如尧舜，也是以事亲为急务。古往今来，中国人最重视亲情，热爱家庭生活，并从"亲亲"开始，将"事亲、从兄"的仁义之德，转移到他人身上，并唤醒全社会广泛的仁爱之情，使之"达天下"，否则，"仁爱之术"无从下手，"老吾老、幼吾幼"也无处着力，推恩就成为无本之木、无源之水。

从血缘亲情论述中，可见孟子十分重视推恩。孟子指出：

> 孩提之童，无不知爱其亲者，及其长也，无不知敬其兄也。亲亲，仁也；敬长，义也；无他，达之天下也。（《孟子·尽心上》）

"及其长也"一句，表明"亲亲"与"敬长"之间隐含时序性，尽管

---

① 朱熹：《四书集注》，陈戍国标点，岳麓书社，1987，第40页。
② 王通：《中说》，马天祥注译，中华书局，2020，第145页。

二者同处于血缘亲情范围内，也存在"爱有差等"的倾向。与此同时，在"亲亲""敬长"的基础上，须通过"推恩"使之"达天下"。

二、推恩说的践行

孟子"心之存养"扩充工夫，是践行推恩说的重要方法。

（一）心之存养的含义

孟子由心善言性善，心之善的四端就一点点（"几希"），容易受环境影响，容易放失。因此，必须着手心的存养工夫。从消极方面看，一是"求放心"。他说："学问之道无他，求其放心而已矣。"（《孟子·告子上》）求放心，就是把被"小"（耳目之欲等）所伤害的"大"（心）寻求回来，从耳目之欲中解脱出来，以恢复心的本位。二是寡欲之养。孟子说：

> 养心莫善于寡欲。（《孟子·尽心下》）

多欲，则耳目等官能超越心的作用。寡欲，可以减少心的牵累，充分呈露心的本体。孟子与道家等不同，认为欲并非恶，主张"寡欲"，而不主张"绝欲"。

从积极方面看，特别重视养心，认为养心就是"养大"，即所谓："养其小者为小人，养其大者为大人。"（《孟子·告子上》）养心则存心，"养"与"存"彼此关联。孟子说："君子所以异于人者，以其存心也。君子以仁存心，以礼存心。"（《孟子·离娄下》）又说："存其心，养其性，所以事天也。"（《孟子·尽心上》）养，就是精细培养"几希"的四心，四心的善端犹如一颗种子，把它置于合适的土壤、空气和阳光下，就能生根发芽，繁荣成长。正如孟子所说：

> 故苟得其养，无物不长；苟失其养，无物不消。
> 拱把之桐梓，人苟欲生之，皆知所以养之者。至于身，而不知所以养之者，岂爱身不若桐梓哉？弗思甚也。（《孟子·告子上》）

值得注意的是，以上养性即是养心，以及存心养心的观点，主要是针对士阶层而言；对于一般民众，孟子主张通过"制民之产"，解决民众物质生活问题，继而"教以人伦"，教导群体社会伦常规范。

（二）心之存养的扩充工夫

心之善端，尽管"几希"，却像植物的种子，潜藏着旺盛的生命力，只要能"养"能"存"，它便可以有意识地无限伸长，形成一个善的人格世界。这种伸长，人"有所不忍，达之于其所忍"，"有所不为，达之于其所为"（《孟子·尽力下》）的仁与义，即孟子所谓"扩充"。孟子指出：

> 凡有四端于我者，知皆扩而充之矣，若火之始然，泉之始达。苟能充之，足以保四海；苟不充之，不足以事父母。（《孟子·公孙丑上》）

扩充，既是一种精神追求，又是一种社会生活实践。"老吾老、幼吾幼"，以及政治上的推恩，① 都是社会生活的具体扩充方式。

心是属于个人的具体存在，由存养而不断扩充，到极致，即为"尽心"。孟子认为，"人之所受以生"的性，就在人的心中，尽心就能知性；不尽心，性则潜伏而不显。如果未曾做过尽心的工夫，那么只用一般人情、世故、利害的生活经验来论断人性，人之所以为人的本性或为物欲遮蔽，或因未进入人的自觉范围而潜伏，由此以言性大多落入"指鹿为马或认贼作父"的境地。

心之善端扩充一分，即潜伏之性显现一分，尽心才可以知性。就性在其"莫之致而至"这一方面看，感到它又是由超越的天所命的，所以知道了"所受以生"的性，即知道性之所自来的天。尽心，是指心德向超时空的无限扩充与伸展。②

---

① 参见董仲舒《春秋繁露·法义》篇。"内治反理以正身，据礼以劝福。外治推恩以广施，宽制以容众。"
② 参见《孟子·尽心上》。孟子曰："尽其心者，知其性也。知其性，则知天矣。存其心，养其性，所以事天也。夭寿不贰，修身以俟之，所以立命也。"

孟子"存其心，养其性，所以事天也"的论断，便把自古宗教的祈向，转换为人的自身德性的扩充。

孟子还提出"善、信、美、大、圣、神"的著名人格境界论断，他说：

> 可欲之谓善，有诸己之谓信，充实之谓美，充实而有光辉之谓大，大而化之之谓圣，圣而不可知之之谓神。（《孟子·尽心下》）

引文中，首尾两句值得特别注意。第一，"可欲之谓善"句，意谓凡道德性的善，皆根植于人的内在欲望，客观上要求具有实现性，"可欲"就是针对自我实现要求而言，如忠恕之道之"己欲立而立人""己所不欲，勿施于人"。第二，"圣而不可知之之谓神"句，这里的神，不是某种神秘实体的存在，而是从宗教向人文转化的新词，是指人的理智光辉，代表人类自我向善和向上的最高境界。

孟子性善说，基于一个人性和心的自觉。人类的命运，可以通过一个人的性和心，得以透视、掌握和实现，即所谓"天命之谓性"（《中庸》）。自觉的性和心无须外求，是圆满自足的。孟子以下一段话，准确表达这种圆满自足的情形。

> 广土众民，君子欲之，所乐不存焉。中天下而立，定四海之民，君子乐之，所性不存焉。君子所性，虽大行不加焉，虽穷居不损焉，分定故也。君子所性，仁义礼智根于心。（《孟子·尽心上》）

总之，推恩就是心之存养的扩充工夫，由尽心而知性、知天、事天。

第四节 推恩说的困局及突破

"其父攘羊"与"瞽瞍杀人"两个案例表明，亲情与公义存在两难选择，推恩"仁术"深陷困局，孟子舍公义而全亲情的价值选择，明显不合理。根据列维纳斯"第三方"理论，突破推恩说之亲情与公义两难困局的路径，并不是"大义灭亲"，而是建构完善的亲属回避制度。①

一、推恩说的亲情与公义两难困局

推恩说奠基于亲亲之情，亲情与公义的"亲亲互隐"冲突事件，"其父攘羊"与"瞽瞍杀人"两个案例最突出。

一是"其父攘羊"案例，故事大意如下。有人对孔子说："我家乡有个正直的人，他父亲偷了别人的羊，便出来告发。"孔子回答说，我家乡人对正直的理解与此不同，认为"父为子隐，子为父隐"（《论语·子路》）本身蕴含"直"的品格。孔子把"孝""慈"等"亲亲"行为纳入正直品德的范畴。儒家认为，孝道是德行的根本，告发父亲当为不孝，对父不孝的人对君往往不"忠"，② 因此主张"子为父隐"，反对儿子告发父亲偷羊。

孔子"父子相隐，直在其中"的论断，历来存在争议，持批判态度的人不少。③ 但理学家却持肯定态度，朱熹注曰："父子相隐，天理人情之至也。故不求其直，而直在其中。"④ 认为父子相隐既是"爱亲之心胜"的合理表达，也是血亲情感的自然流露，还是对儒家"爱有差等"的"亲亲为大"观念的贯彻。显而易见，这与法治社会之公平正义观念存在明显冲突。

---

① 李凯：《论孟子"推恩"说的现实性、困境及出路——以列维纳斯伦理学为参照》，《齐鲁学刊》，2012 年第 5 期。

② 《忠经·天地神明》云："忠也者，一其心之谓也。为国之本，何莫繇忠？忠能固君臣，安社稷，感天地，动神明，而况于人乎？夫忠，兴于身，著于家，成于国，其行一焉。"张景、张松辉译注：《孝经 忠经》，中华书局，2022，第 147 页。

③ 参见《论语·子路》。"叶公语孔子曰：'吾党有直躬者，其父攘羊，而子证之。'孔子曰：'吾党之直者异于是。父为子隐，子为父隐，直在其中矣。'"邢昺疏："言因羊来入己家，父即取之。"后以"攘羊"谓扬亲之过。《周书·萧大圜传》："吾闻湘东王作《梁史》，有之乎？余传乃可抑扬，帝纪奚若？隐则非实，记则攘羊。"宋代刘兼《贻诸学童》诗："攘羊告罪言何直，舐犊牵情理岂虚。"历史上，儒者对"其父攘羊"的"扬亲之过"时有批评。

④ 朱熹：《四书集注》，陈戍国标点，岳麓书社，1997，第 212 页。

二是"瞽瞍杀人"① 案例。故事大意如下——桃应问道："舜做天子，皋陶做法官，如果瞽瞍杀了人，那怎么办？"孟子答道："把他逮捕起来罢了。""那么，舜不阻止吗？"答道："舜凭什么去阻止呢？皋陶那样做是有所依据的。""那么，舜该怎么办呢？"答道："舜丢掉天子之位，就像丢掉一双破拖鞋，背着父亲偷偷逃走，滨海居住下来，终身逍遥快乐，忘记曾君临天下。"

"瞽瞍杀人"案例中，桃应设置了一个亲情与公义的两难局面，舜弃天子之位而"窃负而逃"的选择，让推恩说陷入困境。实际上，舜弃天子之位前，已滥用天子职权，进大牢并放走杀人犯瞽瞍。从列维纳斯"人质"理论视角看，舜弃天子之位救瞽瞍，所扮演的是一个人质角色。② 舜只替瞽瞍一人承担"杀人"罪责，扮演人质角色，其"弃天下犹弃敝蹝"的做法，属于徇私情（亲情）而背弃天下的非正义行为。

总之，"瞽瞍杀人"案例表明，舜的行为实质是舍公义而全亲情，面对国法之"忠"与父母之"孝"不能两全。根据传统儒家血亲情理精神及"爱有差等"原则，推恩说陷入深度悖论。③

二、推恩说困局的理论分析

（一）列维纳斯"第三方"论

列维纳斯伦理学认为，"面对面"封闭性关系中，我与他人之间存在非对称的责任、爱、人质、无私等伦理内涵。舜与亲人"面对面"的亲密关系中，就是一个肩负超级责任的"自虐"道德主体。其父母"皆下愚不移"，多次加害于他，但舜始终"尽孝道以供养瞽瞍"；④ 更有甚者，面对父亲"瞽瞍杀人"，依然选择救父亲；其弟象多次谋杀舜，已犯杀人未遂

---

① 参见《孟子·尽心上》。"桃应问曰：'舜为天子，皋陶为士，瞽瞍杀人，则如之何？'孟子曰：'执之而已矣。''然则舜不禁与？'曰：'夫舜恶得而禁之？夫有所受之也。''然则舜如之何？'曰：'舜视弃天下犹弃敝蹝也。窃负而逃，遵海滨而处，终身诉然，乐而忘天下。'"
② "所谓人质，是指自我对不应该由自己负责的事情负责，如代替他人偿还债务。"列维纳斯：《上帝死亡和时间》，余中先译，三联书店，1997，第 19 页。
③ 刘清平：《论孟子推恩说的深度悖论》，《齐鲁学刊》，2005 年第 4 期。
④ 刘向：《新序》，马世年译注，中华书局，2014，第 2 页。

罪，但舜却"不藏怒""不宿怨"，仍然"亲爱之"（《孟子·万章上》），并分封象到异地为诸侯。列维纳斯认为，在与他人的根本关系上，众多第三方及正义，是不可或缺的。一旦突破"面对面"关系限域而进入公共领域，我便不必承担对他人的无限责任。第三方是我与他人以外的第三个主体，"正义从第三方的现身开始"。① 正如列维纳斯所言：

> 只有在"公正"处，而不在我向他人的"臣服"中，才能谈得上正义。要想公正，就需要比较和平等，即那些没法相互比较者的相互平等。②

我不单纯向某个他人臣服或负责，而是向所有人臣服或负责。我对他人的非对称的责任，由于第三方的介入，转变为我对所有人的非对称责任。这不但没有限制或减少对邻人的责任，反而增加对所有人的责任。

总之，第三方的出现，逼使我不能只对其他个人尽责，否则就是无视社会正义。第三方的介入激发了自我意识，及时识别与调校责任，寻求对所有人负责，即追求普遍性正义，并寻求实现普遍性正义的组织、规则与制度保障。

反观"瞽瞍杀人"案，被杀者是第三方，舜作为瞽瞍的儿子，居天子之位，正是公义的维护者和责任人，理应忠于天下，勇于承当第三方责任，但舜只对瞽瞍的孝亲之情负责，践踏了第三方（被杀者）的权利。"窃负而逃"以后的"乐"与"䜣然"，也证明舜对第三方（被杀者）的冷漠无情，这正是对公义的漠视，推恩说所追求的仁民之情，已荡然无存。

（二）钱穆的"共同立场"论

钱穆在《理想与存养》一文中提出，在公私"立场"之上，存在一个"共同立场"，乃和平相处之道。钱穆的"共同立场"论，类似列维纳斯的

---

① Emmanuel Levinas. *Otherwise than Being or Beyond Essence*. Translated by Alphonso Lingis. Pittsburgh：Duquesne Uni—versity Press, 1998：50.
② 列维纳斯：《论来到观念的上帝》，王恒、王士盛译，商务印书馆，2019，第135页。

"第三方"论，对突破推恩说之亲情与公义两难困境，也有重要启示意义。钱穆说道：

> "立场"二字，……在中国文化传统中亦有涵义可申。"立"属私，"场"属公。如父慈子孝，父、子地位不同，斯则慈、孝有殊。但"家"之立场则同。苟非有家之共同立场，亦将无父子地位之分别。君仁臣敬，地位不同，但"国"之立场则同。苟无国，亦无君臣分别之地位。其父攘羊，其子证之，孔子曰："吾党之直异于是，子为父隐，父为子隐。"在家的立场上宜如此。瞽叟杀人，舜为天子，在国的立场言，宜治瞽叟以罪。但舜就家的立场言，则只有窃其父而逃。立场不同，而道亦异。立场有大小，家与家之共同立场则为国。国与国之共同立场为"天下"。……于是在共同立场下，始有和平相处之道。①

钱穆认为，就家的立场看，"其父攘羊""子为父隐"符合正义，舜"窃其父而逃"也没问题。但是，就国的立场看，作为天子的舜，理应超越家而从第三方"天下"的视角，"瞽瞍杀人"就应该治罪。

三、推恩说的出路：亲属回避制度

（一）因势利导践行推恩说

全亲情而舍公义，让推恩说陷入两难困境。而"大义灭亲"，同样摆脱不了推恩说的两难困境。孟子认为爱亲之情是仁的一种表现，"大义灭亲"有损于仁爱之德。推恩说不可能与大义灭亲之说并存，否则推恩的起点——亲亲将在灭亲思想中丧失殆尽。

在选择亲情还是公义上，"父子相隐"虽然维护了推恩的起点，但爱亲之情却无法外推；而"大义灭亲"虽然伸张了正义，但其实现方式并非依靠推恩。总之，当亲情与公义两难时，孔孟"亲亲为上"价值导向，客

---

① 钱穆：《晚学盲言》，九州出版社，2011，第1486页。

观上难免产生消极影响，传统社会民众重血缘亲情而轻社会公德，推恩的有效性被削弱。例如，中国传统社会生活中，如果无亲属关系"见死不救""蓄意虐待而未致死致伤"者无罪，中国旧法未见"无亲属关系者之间的虐待遗弃罪"。①

尽管推恩说存在亲情与公义的两难困局，但推恩说经过理论与实践的完善，仍然有助于实现现代社会正义。家庭是人生的起点，人一生的大部分时间在家庭中度过，"孝悌"亲情永续，推恩"仁爱"土壤永存。中国人重视血缘亲情，不应排斥推恩说，而应通过完善相关制度，因势利导地践行推恩说。

（二）建构完善的亲属回避制度

首先，亲属回避制度引入的必要性。列维纳斯认为，普遍性正义建立在对所有他人的承认和责任上。从我与第三人相处的时刻起，亲近性就出现诸多问题，必须比较与考量，必须力求正义。他引用陀思妥耶夫斯基"我们对一切事和一切人都是有罪的"的名言，分析"不对称的主体间性"问题，他说：

> 面对这一观点，我立即考虑第三方和正义议题。如果没有正义的秩序，那么将没有对我的责任的限制。在正义上，有必要存在衡量暴力的标准；公民不仅生活在"脸对脸"的世界秩序中；一个人伸张正义，必须允许法官、机构和国家在场。②

以上引言说明，正义秩序是伦理秩序的前提，正义强调责任意识，并不否认和消解责任，而是在我和他人的责任之间，加入对其他第三方的责任。

当他人与第三方对我的要求矛盾时，孟子推恩说欠缺诉诸政府、制度与法律的组织安排，一旦遇到亲情与公义两难，就必然选择亲情，导致推

---

① 范忠信：《"亲亲尊尊"与亲属相犯：中外刑法的暗合》，《法学研究》，1997 年第 3 期。

② Emmanuel Levinas. *Entre Nous*：*Thinking of the Other*. Translated by Michael B. Smith and Barbara Harshav, New York：Columbia University Press, 1998：105.

恩说难以践行。因此，推恩说及其践行，亟须借助仁爱之外的力量，引入完善的亲属回避制度，以制约血缘亲情对社会正义的牵制。

其次，亲属回避制度的构建。亲属回避制度，规定夫妻关系、直系血亲关系和同胞兄弟姐妹关系的亲属，一律不能担任双方有关的直接隶属同一个领导的或有上下级领导关系的职务等。另外，公务员需要实行回避制度，以防止其滥用职权为亲属谋私利。亲属回避制度分亲属容隐制和亲属避嫌制两大类。

第一，建立亲属容隐制。亲属容隐制，指相关人员不可在规定事务中做有害亲属的事情。孔子"父子互隐"案例，属于该范畴。亲属容隐制是法律授予隐匿亲属罪行而免受制裁的权利和义务。容隐诉讼程序不直接指证亲人，避免了出庭指正的尴尬和自责，该制度有助于回护亲情。此外，禁止亲属出庭作证，免除作伪证的可能，客观上兼顾社会正义。

第二，建立亲属避嫌制。亲属避嫌制，指相关人员不可在规定事务中做有利亲属的事情。"瞽瞍杀人"案例，属于该范畴。假如古代也推行亲属避嫌制，那么舜虽贵为天子，其权力也受到制约，就不得干涉瞽瞍的杀人案。该制度的立法主旨在于维护正义，某案庭审法官如果是罪犯的亲属，就难于公允断案，必然增加冤假错案的发生概率。亲属避嫌制的制定，应力求完善，避免因制度本身存在漏洞而出现徇情枉法、以权谋私事件的发生。此外，亲属避嫌制有利于成全亲情，由无亲属关系的法官处理案件，反而有助于亲人讨还公道。

总之，完善、健全的亲属回避制度，让亲情与公义两全其美，是实现社会正义的有力制度保障，它使推恩说走出困局成为可能，爱亲之情得到顺利推广，真正实现"老吾老，幼吾幼"，"亲亲而仁民，仁民而爱物"的社会理想。此外，实行亲属回避制度，也能够大量减少徇私舞弊现象的出现，可以潜移默化地矫正重亲情轻公义的传统价值观。

第五章　儒商善行理论基础（三）：义利观

　　义利论发端于先秦时期，是中国思想史上的重要成果。一般理解，"义"是伦理规范，而"利"即物质利益。具体来说，义是社会群体的共同利益，是应当、正当和符合正义，是社会价值准则和伦理规范。而利，与义相对，是满足衣食住行的生活欲望的物质需要，即利益、功利和功效，包括群体公利和个人私利。义利关系体现集体利益和个体利益的关系，过分追求义或利任何一方面，都有可能引起社会群体失调，引发社会危机。先秦以降的义利论，归纳起来，主要分为两类：其一，认为"利从义出"，主张"义以生利，以义制利"；其二，认为"义从利出"，主张"义在利中，以利养义"。先秦儒家的义利论属于前一类，[①] 司马迁的义利论属于后一类。此外，《大学》从"内圣外王""修齐治平"国家治理视角，提出国家不可"以利为利"而应"以义为利"的义利观思想，反对与民争利，本质上也属于前一类。

第一节　先秦儒家"以义为上"义利观思想[②]

一、先秦儒家义利观的研究意义

　　义的繁体字为"義"，《说文》说"己之威仪也，从我、羊"。孔子说

---

① 吕庆华：《货殖思想论略》，经济日报出版社，2017，第65—77页。
② 本节原载《技术经济与管理研究》2018年第7期，题为《以义为上义利观核心思想及其现代企业文化建设应用》，与林炳坤、龚诗婕合著，排名第二（通讯作者）。

"君子之于天下也，无适也，无莫也，义之与比"。这里的义，就是合理，君子对天下事，没规定该怎么做，也没规定不该怎么做。义由个体内心判断，有适宜、合理的意思，即所谓"义者，宜也"（《中庸》）；亦如韩愈所言："行而宜之之谓义。"（《原道》）一切事情以合理为最高原则。

利字早在甲骨文、金文等中就有，是会意字，以刀割禾，意为收获；利也有"利器"之意，可以理解为用不同的手段去收获。先秦诸家都立场鲜明地阐述过各自的义利论思想，义利之辨一直是儒家思想体系的核心概念，正如朱熹所言："义利之说，乃儒者第一义。"（《朱文公文集》卷二十四）

先秦儒家代表人物孔子、孟子和荀子，重视义利之辨，从不同角度论述义利关系问题，提出"以义为上"义利观核心思想。本书采用诠释学方法，研读先秦儒家《论语》《孟子》《荀子》等经典著作，阐述先秦儒家"以义为上"义利观核心思想主旨，分析"以义生利""以义制利"道德追求对物质利益的生成和制约作用，指出经营理念上的见利思义、行为准则上的取之有义、经营效果上的先义后利，是先秦儒家义利观思想的表现形态。针对企业义与利相对立、经济利益与道德正义相冲突的困境，提出"以义为上"即"尚义"企业文化命题，该企业文化命题包括三层含义：义思（"见利思义"经营理念）、义取（"取之有义"行为准则）与义先（"先义后利"经营效果）。

先秦儒家义利观思想为企业协调义利关系、处理义利冲突，构建具有较强竞争力的企业文化提供可行思路。义利既统一也对立，统一面指企业在商业活动中，能够依据遵循的道德标准实现经济收益最大化；对立面体现在义与利不可调和的冲突，指企业为实现经济利益最大化必须牺牲道义，或是企业遵从道义，将减少经济收益甚至造成亏损。

企业的义与利是一个矛盾统一体，当义与利冲突时，应遵循"以义为上"准则，推崇"尚义"价值观。建立"尚义"价值观，是企业文化建设的客观要求。"以义为上"企业文化建设，有助于企业处理好各种关系，实现企业、员工、客户、竞争者多主体共赢的目标，推动形成"尚义"企业文化特质，促进企业的持续健康发展。

改革开放四十多年以来，我国涌现出华为、阿里、中车、腾讯等大批世界领先的企业，在相关领域实现由"跟随"到"领跑"的转变。与此同时，我国商学理论研究也在不断推进，处于从"一味模仿"到"理论创新"的重大转折阶段，试图提出中国管理方案，为世界发展贡献中国智慧。在此背景下，深入挖掘先秦儒家义利观思想，依据"以义为上"的思路提出构建企业文化建设路径，为企业文化建设实践提供有价值的理论参考，契合探索中国气派、构筑文化自信、贡献中国方案的时代要求，具有重要的理论价值与现实意义。

二、儒家义利观相关文献梳理

义利观思想研究早已成为海外儒家文化研究的热门课题。20 世纪 80 年代以来，日本著名企业家松下幸之助、稻盛和夫等，十分重视研究儒家义利观思想，并将儒家义利观确立为企业经营活动的准则。进入 21 世纪，国内学者积极参与研究先秦儒家义利观思想及其现实意义，深入探索义利观的应用价值，取得丰硕的成果。

义利之辨涉及理论和现实两个层面问题，现实层面指的是社会价值导向。[①] 肖捷和欧阳润平深入剖析义利共生机理，认为企业是一个分工协作的利益集合体，兼具经济性与伦理性，其经营行为及其结果也具有经济价值和伦理价值，因此寻求义与利的统一，是企业持续健康发展的必然要求。义利统一理论的持续演进，包括以下三个阶段：义利共存阶段（企业义利统一的起点）、义利共溶阶段（企业义利统一的主流）以及义利共生阶段（企业义利统一的最高境界）。[②]

樊婧认为，先秦儒家义利观提倡的"利不伤义、见利思义、以义制利、见义勇为"等伦理思想，对遏制市场经济负面效应和规范市场经济行为具有积极意义。[③] 陈晓龙认为，孔孟荀的义利观思想注重道义原则和群

---

① 严琳：《先秦儒家义利观及其现代价值取向》，《西安财经学院学报》，2014 年第 3 期。
② 肖捷、欧阳润平：《企业与消费者的社会责任共生机理研究》，《消费经济》，2010 年第 2 期。
③ 樊婧：《先秦儒家义利观的基本精神及其得失》，《山西师范大学学报》（社会科学版），2000 年第 1 期。

体发展，对重建现代社会价值体系具有启示意义。① 张喜英指出，先秦儒家义利观"义第一"的积极因素，对社会主义核心价值体系和市场经济建设具有重要意义。确立正确的社会价值观，是义利观理论研究的重要使命。②

王泽应强调，正确义利观超越关切国家利益的国家中心主义和关切个体利益的世界主义，主张将国家利益与国际道义、国际正义有机结合，倡导各国共同利益的实现，反对霸权主义和单边主义，是对国际关系伦理的正确把握，为各国处理国际争议、解决国际争端提供行为准则。③ 朱贻庭指出，中国古代义利观对政治伦理的审视是其社会价值的重要体现，以义为重的倡导要求个体面对利益冲突时遵循必要的道德准则，同时要求国家管理层秉持以义为本的思路，按照"重义""由义""公正"的价值导向，从国家长治久安的目标出发，兼顾全体社会成员的利益，推行仁政，促进社会的稳定发展。④

上述研究主要立足社会价值观、国际关系、国家治理和社会经济秩序视角，分析义利观在实践领域的应用问题。

有关义利观对企业发展影响机制的探讨，也是该领域研究的重要方向。吴颖指出，西方通过多年探索和实践，在其中心文化价值观基础上，找到被广泛接受的衡量企业社会责任的标准，提出用双赢思路代替企业盈利与社会责任相冲突的传统逻辑，主张实现企业、消费者、社会和环境等多方利益的平衡。⑤ 赵薇认为，西方的企业社会责任理论对我国企业具有一定的借鉴意义，但我国企业面对的外部环境及文化背景与西方企业存在较大差异，我国企业应该基于中国文化和价值观，积极引入孔孟思想，完

① 陈晓龙：《论先秦儒家的"义利观"及其现代意义》，《西北师范大学学报》（社科版），2001年第6期。
② 张喜英：《文化软实力视野下先秦儒家义利观思想及其当代意义》，《经济研究导刊》，2014年第21期。
③ 王泽应：《正确义利观：建构当代国际关系伦理的基本精神》，《湖南师范大学社会科学学报》，2016年第5期。
④ 朱贻庭：《义利价值权重与治国价值方针选择——论儒家"重义""由义"的执政治国义利观》，《道德与文明》，2017第3期。
⑤ 吴颖：《孔孟义利观：中国企业家社会责任的文化基础》，《南京社会科学》，2010第10期。

善企业家个体人格，培育企业家以义为先、见利思义与取之有道的义利观，实现从企业家到"社会的企业家"的转变，构建适合自身发展的企业社会责任理论。①

杨同卫和陈晓阳对员工薪酬满意度影响因素展开研究，结果显示，物质主义价值观负向影响员工薪酬满意度，即物质主义价值观越强，薪酬满意度越低。研究进一步指出，为充分调动员工工作积极性，企业家可借鉴孔孟义利观，从个人道德、职业操守、精神追求等方面着手，改造员工价值观，将员工物质追求控制在一个合理的范围，提升员工精神境界和生活幸福感。② 张玉静指出，改革开放以来，我国民营企业取得显著发展，但还存在不少问题亟待解决，如民营企业过度扩张、涉足民间借贷等高危领域，违规排污或生产不合格食品等，对经济秩序、生态环境和公民健康造成不利影响，并损害企业自身形象，阻碍企业持续发展。因此有必要应用儒家义利观重塑民营企业价值观，推动民营企业建立以人为本、追求诚信、积极承担社会责任、坚持创新进取的经营理念，使其求利时兼顾守义，实现企业长远发展。③

综上梳理发现，义利观在企业经营管理过程中的应用研究，是义利观领域研究的重要方向，学者从不同视角论证义利观建设的重要性，试图在儒家义利观框架下提炼出解决企业经营困境的可行方案。但综观现有研究，多数成果聚焦于儒家义利观内涵的探讨，欠缺企业经营管理及其文化建设应用的研究。因此，下文专注分析先秦儒家义利观核心思想主旨，提出"以义为上"企业文化命题，及其企业文化建设应用。

三、先秦儒家"以义为上"义利观核心思想主旨

先秦儒家代表人物孔子、孟子和荀子，重视义利之辨，从不同角度论述义利关系问题，提出"以义为上"义利观核心思想，认为企业的义与利

---

① 赵薇：《先秦儒家"义利观"与企业家社会责任》，《道德与文明》，2013 年第 2 期。
② 杨同卫、陈晓阳：《物质主义价值观对薪酬满意度的影响——基于中国传统义利观的考察》，《经济管理》，2011 年第 11 期。
③ 张玉静：《儒家义利观视角下的民营企业价值观研究》，《华中师范大学研究生学报》，2012 年第 2 期。

是一个矛盾统一体，当义与利冲突时，应遵循"以义为上"准则，推崇"尚义"价值观。

（一）先秦儒家义利观核心思想及其"生成—制约"机理

首先，先秦儒家义利观的核心思想是"以义为上"。

孔子说"君子义以为上"（《论语·阳货》），① 认为义处于第一位，而利处于第二位，义利一旦冲突，就应该"义以为上"即"以义为上"。孟子鱼和熊掌二者不可兼得，舍鱼而取熊掌；性命和道义二者不可兼得，舍生而取义，就充分体现"以义为上"义利观思想。荀子在《成相》篇说：

尧、舜尚贤身辞让，许由、善卷，重义轻利，行显明。②

尧、舜要让天下，许由和善卷均不愿意接受，体现两人"以义为上"精神。总之，先秦儒家孔孟荀一致认为，义利观思想的核心是"以义为上"，即"以义为上"是先秦儒家义利观的核心思想。

其次，先秦儒家"以义为上"义利观核心思想的"生成—制约"机理。

其一，义以生利——道德追求对物质利益的生成作用。孔子首先提出"义以生利"命题。《左传·成公二年》记载，仲叔于奚援救孙良夫攻打齐国有功，仲叔于奚不接受卫国城邑等物质馈赠，而要求得到诸侯礼节朝见及代表诸侯身份的乐器，卫侯答应了。孔子以为这种行为很不妥当，还不如多赠送一些城邑。孔子指出：

名以出信，信以守器，器以藏礼，礼以行义，义以生利，利以平民，政之大节也。③

---

① 朱熹：《四书集注》，陈戌国标点，岳麓书社，1997，第264页。
② 张觉撰：《荀子译注》，上海古籍出版社，1995，第538页。
③ 左丘明：《左传》，蒋冀骋标点，岳麓书社，1988，第143页。

这段话充分表达了孔子"以义生利"义利观核心思想。孔子"以义生利"思想，说明了行义能够产生利，即道义追求也能产生物质利益。该思想源于《国语·周语中》，周大夫富辰向襄王谏言：

> 夫义所以生利也，……不义则利不阜……①

就是说，义是用来生利的，如果不义，财利就不会丰厚。《国语·晋语一》也提道"义以生利，利以丰民"。

其二，以义制利——道德追求对物质利益的制约作用。荀子首先提出"以义制利"命题。荀子说：

> 义与利者，人之所两有也。虽尧、舜不能去民之欲利，然而能使其欲利不克其好义也。虽桀、纣亦不能去民之好义，然而能使其好义不胜其欲利也。（《荀子·大略》）

利与义，分别满足人的物质需要和精神追求，二者同时并存，不以人的主观意志为转移，但要厘清哪个起主导作用、"谁制约谁"的问题。荀子认为，只有"以义制事，则知所利矣"（《荀子·君子》）。就是说，合乎道义的利益，多多益善，不会危害社会；反之，不合乎道义的利益，对社会有害无益。所以，应严格管控人的求利欲望，使其符合礼仪要求。

（二）先秦儒家"以义为上"义利观核心思想的表现形态

首先，经营理念上的见利思义。孔子指出：

> 见利思义，见危授命，久要不忘平生之言，亦可以为成人矣。（《论语·宪问》）

孔子认为，见利思义体现人的道德底线。君子"九思"中，就包含

---

① 左丘明：《白话国语》，李维奇注译，岳麓书社，1994，第31页。

"见得思义"。面对个人利益时，品行端正的人不会不假思索地获取，而会考虑该利益是否符合个人的价值取向。所以，在经济领域，见利思义就体现为一种经营理念。决胜商场，见利思义则胜利。春秋战国大商人白圭，乐观时变，遵循"人弃我取、人取我与"经营原则，从来不取不义之财，提出商人四品说——智、勇、仁、强。司马迁评价白圭"其有所试矣，能试有所长，非苟而已也"，[1] 认为白圭经商理论是其长期实践经验的总结，不是臆测的结果。明清徽商"贾而好儒""亦贾亦儒"，博施于民而能济众，也给民众带来许多便利。[2]

其次，行为准则上的取之有义。孔子认为，追求物质利益是人的天性，具有正当性，即所谓"饮食男女，人之大欲存焉"（《礼记·礼运》），并说"富而可求也，虽执鞭之士，吾亦为之"（《论语·述而》）。但是，一个人必须在道义框架下追求富贵，即所谓"君子爱财，取之有道"。总之，孔子赞成"义然后取，人不厌其取"的"取之有义"行为准则。孟子相承孔子的想法，主张谋求私利应符合道义。《孟子·滕文公下》指出：要是不合理，一筐饭也不能接受；要是合理，舜接受尧的天下也不为过。取之有义企业行为准则，要求企业诚实守信，光明正大经营，在满足顾客物质文化需求的前提下，获得合理利润，不发不义之财。

最后，经营效果上的先义后利。孟子说：

> 苟为后义而先利，不夺不餍，未有仁而遗其亲者也，未有义
> 而后其君者也。（《孟子·惠梁王上》）

先利后义，人人唯利是图，则社会纷乱；先义后利，人人仁义知止，仁者不遗弃其亲，义者不怠慢其君，则社会和谐。荀子也指出："先义而后利者荣，先利而后义者辱。"（《荀子·荣辱》）又说："巨用之者，先义而后利……小用之者，先利而后义。"（《荀子·王霸》）认为先义后

---

① 司马迁：《史记》，李全华点校，岳麓书社，1988，第 933 页。
② 姚会元：《徽商的启示：商亦不必奸》，《福建论坛》，1997 年第 4 期。

利，拥有大局观，则收获荣誉和名声；先利后义，立足于个人小利，只收获耻辱。《左传·僖公三十三年》记载"弦高犒师"案例，"义商"弦高智勇双全，半途犒劳秦军，其"义"挽救了郑国。

四、先秦儒家"以义为上"义利观的企业文化建设应用

（一）"以义为上"企业文化命题的提出

企业具有经济性与伦理性二重属性，企业文化建设讲求义与利的统一，即经济与道德的统一。基于先秦儒家义利观核心思想，提出"尚义"企业文化建设新命题，包括义思、义取、义先三层含义。

首先，义思，即企业倡导的"见利思义"经营理念。企业必须具有社会责任感和历史使命感，努力创造物质财富的同时，自觉履行社会责任。实际上，履行社会责任可以为企业带来正面口碑效应，赢得公众认可，获得推进企业发展的无形资产。闽商曹德旺，遵循"见利思义"经营理念，热心慈善和公益事业，2010 年就为玉树地震、西南五省区灾民捐款 3 亿元，为福州市公益事业建设捐款 7 亿元，并捐出其家族持有的福耀玻璃 70% 股份给"河仁慈善基金会"。当下曹德旺正捐资百亿，创办福耀科技大学。① 其善行广受好评，企业知名度也不断提升。

其次，义取，即企业遵循的"取之有义"行为准则。企业的重要使命是履行经济社会职能，即专注于生产经营活动，提供社会所需的产品或服务，不断创造社会财富。企业通过诚信经营，既满足顾客需求又获得利润，天经地义。松下幸之助提出"自来水哲学"，强调企业经营的最终目的是消除世界贫困，其责任在于为大众生产像自来水一样便宜的物品。松下幸之助"自来水哲学"影响深广，其著作广受企业管理者推崇。② 德国零售巨头阿尔迪经营理念与"自来水哲学"十分吻合，阿尔迪通过压缩商品种类，提升单品种商品进货量，不断降低商品进价，严格控制经营成本，使其售价明显低于同行。阿尔迪遵循为顾客提供廉价商品的经营哲学，使企业取得显著

---

① 曹德旺：《对话曹德旺：慈善事业是我人生的第三个目标》，《中国慈善家》，2023 年第 1 期。
② 松下幸之助：《自来水哲学——松下幸之助自传》，李菁菁译，南海出版公司，2007，第 1—3 页。

发展，销售额逐年攀升，成为世界知名零售巨头。

最后，义先，即企业追求的"先义后利"经营效果。企业追求利润，必须诚实守信，遵纪守法，先义后利，先舍后得，方能获得长期利益。兰德公司研究发现，优秀企业有一个共同之处，即确立一个超越利润的社会目标，这个目标强调人的价值高于物的价值，团队价值高于个人价值，对社会、生态、人类文明进步负责，即社会价值高于利润价值，客户价值高于生产价值。海尔为维护企业形象，曾当众砸毁存在缺陷的冰箱，此举体现海尔对质量的重视，不仅强化自身质量意识，还引发中国家电行业的质量竞争，深刻影响中国企业及社会的质量意识，推动中国家电乃至整个制造业质量的整体提升。

（二）"以义为上"企业文化建设的必要性和内容

借鉴先秦儒家"以义为上"义利观核心思想，建立"尚义"价值观，是企业文化建设的客观要求。"以义为上"企业文化建设，有利于创建企业品牌，塑造良好的企业形象，增强公众对企业的信任，推动企业经营业绩的提升，实现企业持续发展；有利于增强企业员工的认同感、归属感和进取心，树立积极进取的团队精神，激发企业员工的战斗力，充分发挥企业最佳整体效应；有利于协调企业和社会的关系，缓和市场竞争矛盾冲突，实现与合作伙伴和竞争对手的互利共赢。因此，处好员工、客户、竞争者关系，形成"尚义"企业文化特质，从而推动企业的持续健康发展，是"以义为上"企业文化建设的题中之义。

首先，企业与员工。员工能动性的充分发挥，是企业获得生产经营成果的关键。马克思说过："历史不过是追求着自己目的的人的活动而已。"[1]一是人才及其创意、创新和创造，是企业可持续发展的动力源泉。以人为本，将员工当作合作伙伴，与员工结伴成长，时刻关注员工满意度。二是实行人性化管理。实行人性化的管理制度和管理方法，能够调动员工的积极性，提升企业生产效率，符合企业发展的需要。三是创建学习型组织。彼得·圣吉认为，企业保持持久优势的关键在于拥有比竞争对手更强的学

---

① 《马克思恩格斯全集》（第 2 卷），人民出版社，1957，第 118—119 页。

习能力。企业人力资源管理应从决策、招聘、培训、激励等入手，创建学习型组织。① 四是保证员工拥有自主权，与员工共享企业资源，树立"使用而非拥有""越使用效率越高""放弃'我拥有'追求'我创造'"的共享理念，② 探索共享模式、路径及保障措施。

其次，企业与客户。客户是企业的战略性资产，努力提高客户满意度，充分满足客户的需求。一是确立以客户为中心的发展理念，运用现代营销手段，为客户提供优质产品或服务。二是协调各种营销目标。企业营销活动涉及诸多部门，如财务、物流、传播、公共关系、分销渠道等部门，面对不同的执行部门，统筹营销资源和营销支出。三是做好售后服务，培育一支训练有素的服务团队，及时有效地解决客户问题，提升企业服务质量。四是建立信息反馈系统，不断优化产品和服务，强化客户忠诚。社交媒介的蓬勃兴起，品牌信息的控制权已从公司转向客户。客户对品牌的评价主要来自消费体验，企业应把客户当作战略资产，改善营销环境和整体客户体验，充分运用社交媒体、电商平台收集客户信息并加以分析，掌握客户的需求动向，实现营销信息的精准推送，并与客户展开深入沟通，提高客户对企业产品和服务的感知质量，持续提升客户满意度。

最后，企业与竞争者。"以义为上"的企业文化价值观认为，企业应有大局观，积极履行社会责任，通过自身的行为，维护公平、公正、公开的市场竞争秩序。知识经济时代，科技进步、环境变化、需求变化等引发的各种不确定因素，有利于新兴企业打破旧有格局并迅速崛起，产品更新换代加快，市场产品生命周期缩短，行业竞争加剧。企业可以通过技术创新、开发新产品、拓展新需求、提高管理水平等措施，来降低经营成本，提高竞争优势，获取合理利润；坚决反对损人利己的不正当竞争行为。企业作为产业生态系统中的一员应有共生意识，行业的竞争并非一定要击败竞争对手，零和博弈的格局正在改变，与有发展潜力的竞争对手共存，互相施压、互相学习、互相促进正成为主旋律，良性的竞争有助于促进行业

---

① 彼得·圣吉：《第五项修炼——学习型组织的艺术与实务》，郭进隆译，上海三联书店，2002，第1页。

② 罗宾·蔡斯：《共享经济：重构未来商业新模式》，王芮译，浙江人民出版社，2015，第197页。

的转型升级，推动行业竞争力的全面提升。

（三）"以义为上"企业文化建设的对策

首先，走出义利对立的思维困境。决策和执行是企业管理的两大职能，决策正确、执行到位，企业营运才能成功。企业决策就是多种方案的抉择，而抉择的重要依据是价值观及其思维方式。企业决策者一定要走出直线性思维困境，直线性思维非此即彼，缺少中间道路，严重阻碍企业的发展。因此，企业决策应适时从直线性思维方式转换到新型价值思维方式上。如发散性思维，犹如树状，能够考虑到利益相关者；又如生态化思维，具有多样性、整体性和开放性特质，讲求人类与自然界价值共存，共生共荣；再如中庸思维，"过犹不及"，和合共存，是一种崇高境界和智慧。企业经营者应转变追求完美的思维方式，因为现实中不存在完美，不值得用一种虚拟的完美来捆住自己。因此，要实现企业内外和谐，达到义利统一，就必须倡导和确立中庸思维方法。①

其次，建立"以义为上"利益相关者决策监管机制。决策模式主要包括以下三类：利益相关者决策模式、企业伦理化决策模式和"以义为上"利益相关者监管机制模式。其中，主要针对决策的"以义为上"利益相关者监管机制模式，要求建立伦理委员会，在企业内部建立伦理管理监督决策机制，对企业重大决策进行道德与法律裁量，如引入社会审计SA8000，开展360度审计、平衡记分卡审计等管理审计，并定期发布社会责任报告。

最后，实施"以义为上"企业文化建设工程。随着内外经营环境如政策法规、经济社会、科学技术等的变化，企业价值观也在转变。企业价值观的进步，集中体现在义利观思维方式的转变上，如守法经营意识增强，道义论成为企业伦理进步的依据。面对激烈的市场竞争环境，企业不仅要提升经营能力和核心竞争力，而且要实施"以义为上"企业文化建设工程，树立"尚义"价值观，积极培育和提升道义实力。"以义为上"企业文化的建设应由企业高层发起，企业主和管理层作为重大决策制定者应充分理解义利观内涵，树立"以义为上"的处事准则，并将"以义为上"思

---

① 吕庆华：《文化资源的产业开发》，经济日报出版社，2006，第176页。

想融入企业各项规章制度中，通过高层引领和管理制度影响员工行为，逐步构建"尚义"企业文化。

第二节　史家司马迁"义从利出"义利观思想①

司马迁汲取先秦儒家义利论思想养分（参见本书附录三），形成其独特的"义从利出"即"义在利中、以利养义"义利论思想。司马迁充分认识到人类货殖求利的弊端，提倡用礼仪等办法防范唯利是图行为，并提出货殖求利的"本富为上、末富次之、奸富为下"货殖原则，以及"以德取财""诚壹""奇胜"等货殖路径。司马迁"义从利出"义利论，是先秦儒家"利从义出"义利论的发展。

一、司马迁义利论的内涵

司马迁（前145—约前90年），字子长，生于龙门（今陕西韩城），著《史记》。司马迁秉承唯物求实精神，心系社会民生发展，发前人所未发，不但是一位具有远见卓识的史学家，而且是一位杰出的货殖思想家。从义利论看，司马迁辩证汲取先秦儒家义利论思想精华，形成独具特色的"义从利出"即"义在利中、以利养义"义利论思想。司马迁义利论思想集中于《史记》卷一二九《货殖列传》。司马迁的义利论在一定程度上与马克思恩格斯"经济基础决定上层建筑"唯物史观及其辩证法思想契合，具有深刻的现实指导意义。

（一）义在利中

司马迁肯定人类追求物质财富的本性与权力，认为仁义道德是财富的派生物，即义从利出，利是义的基础条件。他认为生产经营出发点是"利"，"农工商贾畜长，固求富益货也"，即所谓"天下熙熙，皆为利来；

---

① 本节原载《边疆经济与文化》2023年第3期，题为《试论司马迁"义从利出"思想》，与龚诗婕、林炳坤合著，第一作者。

天下攘攘，皆为利往"（《史记·货殖列传》）。①

他赞成《管子·牧民》"仓廪实而知礼节，衣食足而知荣辱"的论断，犹如"渊深而鱼生之，山深而兽往之"，"人富而仁义附焉"，"故君子富，好行其德"，经济充裕是统治者践行德治教化的基础条件。司马迁以范蠡"十九年之中三致千金，再分散与贫交疏昆弟"为例说明，范蠡救助贫贱故交与族人的先决条件是聚致千金的物质条件，"此所谓富好行其德者也"；相反，若自身本非"岩处奇士"那样洁身自好的隐士，"而长贫贱，好语仁义"就成为不以为羞的空谈。

司马迁盛赞汉初社会经济休养生息，"天下殷富，粟至十余钱，鸣鸡吠狗，烟火万里，可谓和乐者乎！"他在《史记》卷三十《平准书》中亦曰："汉兴七十余年之间，国家无事，非遇水旱之灾，民则人给家足……故人人自爱而重犯法，先行义而后绌耻辱焉。"司马迁认为，伴随经济繁荣的不仅是社会稳定，更有道德文明的振兴，利应是实现义的重要物质基础。

与司马迁义从利出较为一致的，是恩格斯所表述的如下历史唯物主义观点。

> 人们自觉或不自觉地，归根到底总是从他们阶级地位所依据的实际关系中——从他们进行生产和交换的经济关系中，获得自己的伦理观念。②

恩格斯所言体现社会物质存在（利）是道德伦理观念（义）的基础条件，与司马迁义要以利为基础的观点不谋而合，即仁义道德的建立要以一定的经济条件为基础。

（二）以利养义

司马迁提倡以利养义，认为道德风尚与经济条件密切相关，如前所引

---

① 司马迁：《史记》，中华书局，1959，第3256页。注：本节《史记·货殖列传》篇及《史记》其他篇的引文，皆出自该书。

② 《马克思恩格斯选集》（第三卷），人民出版社，1995，第434页。

"仓廪实而知礼节，衣食足而知荣辱"，"礼生于有而废于无"，即物质条件的有无能直接影响上层建筑中道德建设的兴废。司马迁深刻认识到，物质基础必须优先得到保障，关乎上层意识形态的礼节荣辱才具备践行的必要条件。

战国儒家后期代表荀子提出礼对人物欲的平衡，他说："礼者断长续短，损有余，益不足。"礼的兴起就在于"养人之欲，给人之求"，最终做到"使欲必不穷乎物，物必不屈于欲，两者相持而长"。① 司马迁有关礼的阐述与荀子基本相同，他说：

> 礼由人起。人生有欲，欲而不得则不能无忿，忿而无度量则争，争则乱。先王恶其乱，故制礼义以养人之欲，给人之求，使欲不穷于物，物不屈于欲，二者相待而长，是礼之所起也。（《史记·礼书》）

司马迁受荀子影响，在物质利益与人生欲望的辩证关系中，承认礼衍生于物质基础，只有保证物质基础，礼义才能得以发扬光大。战国较荀子更早一些的思想家孟子借用阳虎之口提出的"为富不仁"②（《孟子·滕文公上》）观点，在某种程度上存在一定偏见。司马迁为富正名，从仁义道德的经济基础出发，提出"人富而仁义附焉"。谋利致富，不仅能够促进求义行义之心，而且有助于维持社会和谐、安定，实现国泰民安的大义。司马迁引用《周书》逸文"农不出则乏其食，工不出则乏其事，商不出则三宝绝，虞不出则财匮少"强调社会的民生基础，坚持"贫富之道，莫之夺予"，即发展经济要顺应其特定规律，不能过多地人为干预。

司马迁认为，社会既然"待农而食之，虞而出之，工而成之，商而通之"，国家不仅不应限制正常的货殖求富活动，而且要顺应民意，民众"各任其能，竭其力，以得所欲"，还要在必要时发挥市场的调节作用，

---

① 王先谦译注：《荀子译注》，中华书局，1988，第363、346页。
② 杨伯峻译注：《孟子译注》（简体字本），中华书局，2019，第127页。

"故物贱之征贵，贵之征贱。各劝其业，乐其事，若水之趋下，日夜无休时，不召而自来，不求而民出之。岂非道之所符，而自然之验邪？"市场供求与物品价格相互制衡，价格贵贱交替自动运行的结果，个人可以获得应有的财富，社会经济也逐渐向均衡的状态演变，这本是顺应自然之事。虽然也会出现"巧者有余，拙者不足"等贫富分化现象，但人的社会分工不同，才智相异，是不可能实现整齐划一的。

　　基于以上义利论思想，司马迁直言抨击汉武帝盐铁官营、酒榷、均输等经济政策，认为这些工商官营政策违背市场经济规律，不符合"不妨百姓，取与以时而息财富"自由经济义利论。因此，必须摒弃与民争利的"令吏坐市列肆，贩物求利"的官营产业。

二、人类货殖求利的弊端及其防范

（一）认识人类货殖求利活动的弊端

　　司马迁不主张限制货殖求利活动，因为货殖求利有助于社会经济的发展。[1] 司马迁认为，人们的货殖求利活动，只要不犯奸作科，不违背道义，能促进社会经济发展，就不应无端限制，但货殖求利涉及面广、事情繁杂，无法保证货殖求利活动都符合道义，当道义与私利发生矛盾时，司马迁也主张"以义取利、先义后利"。司马迁这一立场与孔子"不义而富且贵，于我如浮云"（《论语·述而》）[2] 的观点一脉相承，值得推崇。

　　司马迁在《史记》卷三十《平准书》中严厉批评桑弘羊、孔仅等"兴利之臣"推行的兴利之事，[3] 如盐铁官营、算缗、入谷补官、杨可告缗、立平准均输法、入粟补官赎罪等，并认为汉武帝穷兵黩武，花费庞大，为填补财政空缺，过于干涉市场经济自由发展，乃"乱之始也"。他在《史记》卷七十四《孟子荀卿列传》中说：

---

① 叶世昌：《司马迁经济思想新论》，《上海立信会计学院学报》，2004 年第 1 期。
② 朱熹：《四书译注》，陈戌国标点，岳麓书社，1997，第 138 页。
③ 《史记·平准书》"兴利之臣"桑弘羊等推行"兴利之事"的措施，主要包括 13 项：募田南夷入粟；募民入奴及羊；造皮币、白金三品；卖武功爵；盐铁官营；算缗；入谷补官；铸赤侧钱、输铜；杨可告缗；株送徒入财补官；出牝马；立平准均输法；入粟补官赎罪。

余读《孟子》书，至梁惠王问"何以利吾国"，未尝不废书而叹也。曰：嗟乎，利诚乱之始也！夫子罕言利者，常防其原也。故曰"放于利而行，多怨"。自天子至于庶人，好利之弊何以异哉！①

由此可以看出，司马迁依旧是儒家仁义信念的信奉者，将践行仁义道德本身看成是求大利，不会由于强调物质、赞同欲利，而否定和摒弃仁义道德的必要性。

（二）贬抑势利小人，赞扬忠勇义士

司马迁在《史记》卷一二四《游侠列传》中借鄙人之口所言"何知仁义，已飨其利者唯有德"，以及引用《庄子·胠箧》所说"窃钩者诛，窃国者为诸侯，诸侯之门而仁义存焉，则是非窃仁义圣知邪？"虽是愤激之语，但也道出他对唯利而自名仁义道德虚伪行径的反感。

首先，针砭唯利是图行径。司马迁无情揭露和鞭笞统治者口倡重义轻利，实则窃国飨利的虚伪性，并针砭"天下吏士趋势利者"的唯利是图行径。他在《史记》卷八一《廉颇蔺相如列传》中不无辛辣地记叙，赵国名将廉颇长平一役被短视的赵王黜免失去权势之时，门客纷纷散去；几年后他再获重用为将之际，昔日门客闻风悉数返回。这些趋利附势的门客，面对主人廉颇的责让，居然无耻地分辩："吁！君何见之晚也？夫天下以市道交，君有势，我则从君，君无势则去，此固其理也，有何怨乎？"完全一副市侩嘴脸，哪有丝毫的道德仁义可言。无独有偶，司马迁在《史记》卷一一七《魏其武安侯列传》中，记载西汉大臣窦婴得势与失势时不同的世态人情。外戚窦婴贵为窦太后之侄，在汉景帝时平灭七国之叛因功封侯，窦婴受宠得势时，"诸游士宾客争归魏其侯"，后被贬失势，而汉武帝时另一外戚王太后异父同母弟田蚡以新贵受封武安侯，"天下吏士趋利者，皆去魏其归武安"。

其次，赞扬重义轻利之士。司马迁十分赞扬将仁义置于个人生命之

---

① 司马迁：《史记·孟荀列传》，李全华点校，岳麓书社，1988，第567页。

上、重义轻利的忠勇之士，也包括民间侠客，这些人的共同特点就是尚义。他不愿意替桑弘羊立传，却为"义不苟合当世"的游侠立传。西汉名将李广奋战匈奴几十年，体恤士卒，家无余财，"及死之日，天下知与不知，皆为尽哀"。司马迁引用民谚由衷赞颂"桃李不言，下自成蹊"。（《史记·李将军列传》）

最后，肯定尚义轻命行为。司马迁在对待"义"和"生"之间的取舍时，决然把仁义看得比生命价值还重。《史记》将饿死不食周粟的伯夷和叔齐采入《伯夷列传》为列传之首，《史记》卷三九《晋世家》赞赏尚义赴死的公孙杵臼和程婴；《史记》卷八二《田单列传》歌颂王蠋"与其生而无义，固不如烹"的义节。可见，司马迁尚义观点，与孟子一致。

（三）用礼仪等办法防范货殖求利活动的弊端

司马迁认识到，可以用教育、礼仪等办法防范货殖求利所产生的弊端。他在《史记》卷三十《平准书》中指出：

> 故《书》道唐虞之季，《诗》述殷周之世，安宁则长庠序，先本绌末，以礼义防于利。事变多故而亦反是。是以物盛则衰，时极而转，一质一文，终始之变也。

借用《尚书》《诗经》提及唐虞殷周先世的治理机制，完善教化，以礼义规范唯利风气，若一味兴利难免步入乱世，治乱兴替说明礼义道德建设可以有力制约货殖求利的负面效应。

总之，司马迁的义利思想，汲取先秦儒家"利从义出"义利论思想的合理内容，认为求利求富的人性是推动社会发展的动力，反对官营工商与民争利等，同时又清醒地认识到，求利活动也会产生弊端，提倡"以礼仪防于利"，注意用兴教育、倡礼仪的办法防范求利的弊端，从而构建起独具远见卓识的"义从利出"义利论。

三、人类货殖求利的原则和途径

（一）人类货殖求利的原则

司马迁纵览历史社会发展，洞察民心，深刻总结人类货殖求利的原则。

首先，货殖求利基本原则。司马迁将追求财富的途径分为三种，即本富、末富和奸富，货殖求利基本原则是"本富为上，末富次之，奸富为下"。依照当时的看法，他将农业畜牧业归为正道本业，依据此类发家致富，即"本富"；将工商业归为正道末业，依靠工商致富，即"末富"。无论"本富"还是"末富"，都是社会所必需的正道产业。至于"奸富"，所从事的却是强盗、掘冢等作奸犯科为社会鄙弃的恶业。对于"奸富"，司马迁认为应当"严削以齐之"。司马迁还提出"以末致财，用本守之"的观点，即依靠商业获取财富，然后置地经营农牧业，用"本富"守住财富。

其次，遵循货殖常理。司马迁提出"货殖大经"："是以无财作力，少有斗智，既饶争时，此其大经也。"改善生存条件必须遵守的常规是：一个没有资产的人，应该凭借力气去赚取财富；少有资产的人，应该凭借智慧去增加财富；已经富足的人，要把握时机，与时俯仰，继续扩大财富。司马迁推崇范蠡、子贡、巴（蜀）寡妇清等货殖家，将其货殖致富之道比喻为为政与用兵，并将之上升为"治生之术——知时、知人与奇胜"理论。①

（二）人类货殖求利的路径

关于货殖求利的具体方法，先秦儒家孟子提到井田制和薄赋敛，荀子论述发展生产、足国之道，主张增加农业人口。司马迁提出以下货殖求利的基本路径。

其一，以德取财。所谓行德政，就离不开人才与物资。修德就是拥有良好的个人声望。德和利，在良性经济环境中，并非互相冲突，而是彼此助益。如陶朱公范蠡的经商取予之道，他广散钱财，并树立以义取利的家风传统，在他年长而将事业交给儿孙掌管之时，依旧拥有巨万家资，以致

---

① 吕庆华：《司马迁的货殖思想》，《光明日报》（理论版），2009 年 9 月 8 日，第 12 版。

"言富者皆称陶朱公"，可见追求仁义之士，良好的社会信誉就是其宝贵的无形资产，日积月累，最终"归于富厚"。

其二，商业是穷人致富的首选。司马迁认为，贫穷者本钱少，适合做经商做买卖。与农业、手工业相比，经商致富是一条良好途径，即所谓"夫用贫求富，农不如工，工不如商，刺绣文不如倚市门"。从事农业不如做工，做工不如经商，刺绣织锦的小手工业者不如开店或设摊的小商人。

其三，财富的增殖之道在于流通。财富在周转中增殖，要加速商品和货币周转；至于积贮货物，应当保证货物质量，防止以次充好，杜绝假冒伪劣产品；没有滞留的货币资金，"财币欲其行如流水"，即货物钱币的流通周转要如同流水那样，快速有效。避免商品积压和货币长期占用的主要措施：第一，坚持"务完物，无息币"质量标准；第二，坚持"无敢居贵"薄利多销原则。

其四，诚壹与奇胜。司马迁《史记·货殖列传》近尾列举了众多"诚壹"而富的成功案例，卖水浆的张氏、磨刀的郅氏、专营羊肚的浊氏、专治马病的张里等均以专心经营某项末技而成巨富。勿以业小利薄而不为，只要敬业守业，积少成多，就能获得厚利。[①] 精打细算、勤劳节俭，这是谋生的人都应该遵循的原则，但是若想发财则必须具备超群的本领才能达到目的，即充分利用自身聪明才智，遵循市场运行规律，出奇制胜。

其五，任能竭力。货殖求利必须竭尽全力，在自由竞争的环境下，人们各尽其力，由看不见的手推动，物质生产与流通的速度得以提升，最终实现社会物质财富总量的递增。

四、结语

纵观《史记》，司马迁的义利论大体可归纳为：第一，充分肯定人们对于物质利益的正当追求；第二，认为思想道德水平（礼）以物质财富为基础；第三，尚义，提倡用道德观念规范和引导人们货殖求利行为。

正确的义利观，不仅是个人的行为准则，也是企业或国家的行为准

---

① 　彭昊：《司马迁对先秦儒家义利观的继承与创新》，《湖南师范大学学报》，2006 年第 2 期。

则。企业行为必须吸收义利观的精髓，① 充分认识到企业偏执于义或利的任一方面，都会引发不良后果。企业在经营活动过程中，应遵循"义从利出"观念，利是义的企业本质要求和动力源泉，同时用商业伦理（义）规范和引导企业实际经营行为。个别企业违背上述观念，不顾企业实际能力，超负荷捐款赠物，减少企业正当运营投入，导致公司营运不力甚至破产，最终损害员工及社会利益。② 因此，司马迁"义从利出"即"义在利中、以利养义"义利论思想，对现代企业实现义利并举、互利共赢目标具有重要实际指导意义。

总之，以史为鉴，汲取司马迁义利论思想精髓，正确处理义和利的关系，是实现共同富裕、谋求自身发展的必要条件，也是维护共同利益和实现自身利益的辩证统一。

第三节　《大学》"以义为利"义利观思想

曾子是我国春秋末年思想家，撰述《大学》，系统阐发其"修齐治平"的政治观，并从治国理政的视角，着重提出"以义为利"的义利观思想，参与先秦第一阶段的义利之辨探讨，具有重要的历史价值和现实指导意义。

一、"以义为利"思想命题的提出

《大学》由曾子③所撰，是学术界共识。《大学》系统阐述儒家"内圣外王""修齐治平"的政治观。朱熹在《四书集注·大学章句》第十章中，主

---

① 刘刚：《先秦儒家义利观与企业社会责任建设标准》，《中国人民大学学报》，2008 年第 2 期。
② 童泽林、黄静、张欣瑞等：《企业家公德和私德行为的消费者反应：差序格局的文化影响》，《管理世界》，2015 年第 4 期。
③ 曾子（前 505—前 435 年），名参，字子舆，鲁国南武城（今山东平邑）人。春秋末年思想家，孔子晚年弟子之一，儒家学派的重要代表人物，夏禹后代。曾子所倡导的以"孝恕忠信"为核心的儒家思想，"修齐治平"的政治观，"内省慎独"的修养观，以及"以孝为本"的孝道观，仍具有宝贵的历史价值和现实意义。曾子参与编制《论语》，独撰《大学》《孝经》《曾子十篇》等作品。曾子在儒学发展史上占有重要地位，后世尊为"宗圣"，成为配享孔庙的四圣之一，仅次于"复圣"颜渊。

要论述"治平天下"的理财问题，并提出"以义为利"的义利观思想。

首先，阐述生财与用财的辩证关系。曾子提出：

> 生财有大道，生之者众，食之者寡，为之者疾，用之者舒，
> 则财恒足矣。

意思是说，创造财富的人多，消耗财富的人少，管钱的人勤快，花钱的人谨慎，则天下财富就会取之不尽，用之不竭。朱熹《大学章句》引吕氏说："国无游民，则生者众矣；朝无幸位，则食者寡矣；不夺农时，则为之疾矣；量入为出，则用之舒矣。"

这段话生动概括了生财（聚财）与用财（散财）的辩证关系。一方面，生财（聚财）是用财（散财）的基础和条件。生财有道，只有生好财，聚好财，才有条件用好财。正如《易经·系传上》所言："富有之谓大业，日新之谓盛德。"另一方面，用财（散财）是生财（聚财）的目的和保障。陈焕章早年曾入万木草堂受学于康有为，著《孔门理财学》一书，专论孔子及其儒家学派的经济学说及其在消费、生产、分配、社会政策、公共财政等思想，多涉及《大学》财经思想。[①]

朱熹严正指出："此因'有土''有财'而言，以明足国之道在乎务本而节用，非必外本内末而后财可聚也。"[②] 曾子所说"未有好义其事不终者也"，[③] 人人好义，自然就有和乐美善的结果。朱熹注说："仁者散财以得民，不仁者亡身以殖货。上好仁以爱其下，则下好义以忠其上。所以事必有终，而府库之财无悖出之患也。"

义字的繁体为"義"，从"羊"（吉祥）从"我"，二者合在一起，就是"为善最乐"的意思。曾子以后，孟子重义，主张"舍生而取义"。接

---

① 陈焕章（1881—1933 年），广东高要人，字重远，1911 年以《孔门理财学》一文，获哥伦比亚大学哲学博士学位。该书是 20 世纪早期中国学者在西方刊行的第一部中国经济思想名著。陈焕章：《孔门理财学》，韩华译，商务印书馆，2017。

② 朱熹：《四书集注》，陈戍国标点，岳麓书社，1997，第 19—20 页。

③ 参见《大学章句》。"仁者以财发身，不仁者以身发财。未有上好仁而下不好义者也，未有好义其事不终者也，未有府库财非其财者也。"

着曾子又引用孟献子的话：

> 畜马乘，不察于鸡豚；伐冰之家，不畜牛羊；百乘之家，不
> 畜聚敛之臣。与其有聚敛之臣，宁有盗臣。（《大学》）

孟献子是春秋后期的鲁国名臣，极力反对在位权臣以权谋私、以官图利，史称其"为卿不骄，礼贤下士，士以是归之"（《国语·晋语九》）。朱熹注说："畜马乘，士初试为大夫者也。伐冰之家，卿大夫以上，丧祭用冰者也。百乘之家，有采地者也。君子宁亡己之财，而不忍伤民之力，故宁有盗臣，而不畜聚敛之臣。"[1]

其次，提出"以义为利"义利观思想命题。曾子引述孟献子言说之后，着重强调提出"以义为利"思想命题：

> 此谓国不以利为利，以义为利也。（《大学》）

这就是说，国家不以聚集财富为利益，而以实行道义为利益。掌握着国家命运而专以聚集财富为目的，一定是从任用小人开始。小人自以为得意，若让他们来治理国家，天灾人祸就会一起到来。纵使有好人能人，也无法挽救。即所谓国家不以聚集财富为利益，而以实行道义为利益。

曾子看到当时鲁国及诸侯各国，都以胡乱增加赋税、搜刮民间财富来满足诸侯权贵欲望，从而导致内政争权夺利，到处天灾人祸，因此提出富有针对性的"国不以利为利，以义为利"的义利观思想命题。

二、曾子及历史财政名臣的践行

首先，曾子践行"以义为利"思想。

曾子为家贫亲老而仕的故事，《韩诗外传》记载如下。

---

① 朱熹：《四书集注》，陈戍国标点，岳麓书社，1997，第20页。

曾子仕于莒。得粟三秉。方是之时，曾子重其禄而轻其身。亲没之后，齐迎以相。楚迎以令尹。晋迎以上卿。方是之时，曾子重其身而轻其禄。怀其宝而迷其国者，不可与语仁；窘其身而约其亲者，不可与语孝；任重道远者，不择地而息；家贫亲老者，不择官而仕。故君子桥褐趋时，当务为急。《诗》曰："夙夜在公，实命不同。"①

曾子任鲁国莒邑地方官时，父母在世，为了尽孝，重俸禄而轻得失。父母去世后，齐、楚、晋三国都曾请他为相，皆被推辞。此时，没有孝养父母的经济负担，自身学养精进最重要，而官俸的多寡、官职的高低居其次。一个人隐藏才学道德而听任国家迷乱为不仁，自命清高而不顾父母生活窘困为不孝。重担在身而尽职尽责的人，无暇择地；家贫而需要赡养年迈双亲的人，为求俸禄而难伸己意，心为形役。因此，君子求道，首先得顺情势，解决迫切需求。正如《诗经》所言：尽管昼夜为公事而忙，但对生命意义看法有异。

以上《韩诗外传》引言，首先提出曾子为家贫亲老而仕的故事和评论，有助于理解《大学》"国不以利为利，以义为利"命题的针对性，曾子力行其道，自做榜样，体现真实儒行风格。

其次，历史财政名相名臣践行"以义为利"思想。

中国历史上，特别注重以国家财政经济发展立国的人，秦汉以前，突出的主要有以下三人。第一，姜太公。姜太公吕尚任齐相，根据齐国临海的特点，以"渔盐之利"为方略，富国强兵，使齐国称霸中原，盛况空前，历春秋、战国与秦汉，近八百年而不衰。第二，管仲。管仲为齐相，也从发展经济入手，齐国发展快速，"一匡天下，九合诸侯"，称霸中原。第三，陶朱公范蠡。师法"计然之策"，帮助越王句践复仇雪耻，然后飘然隐遁，货殖生财，三聚三散，以货殖"游世"。

中国历史上，与财政经济相关的论著，主要有汉宣帝时代桓宽所著

---

① 韩婴：《韩诗外传集释》，许维遹校释，中华书局，1980，第1页。

《盐铁论》，后魏贾思勰所著《齐民要术》，① 以及《资治通鉴》对唐代名臣刘晏的财经实践的记录。《资治通鉴·唐纪四十二》记载：

> 初，安史之乱……所费不赀，皆倚办于晏。……晏有精力，多机智，变通有无，曲尽其妙。……晏又以为户口滋多，则赋税自广，故其理财以养民为先。……晏专用榷盐法充军国之用。……晏于扬子置十场造船，每艘给钱千缗。……后来言财利者皆莫能及之。

总之，刘晏精力旺盛，足智多谋，善于管理财政。刘晏理财，"以爱民为先"，促进人口繁殖，增益税基；合理调节四方物价和各地收成；设置船场，畅通漕运；控制盐价等，所以"后来言财利者皆莫能及之"。

三、子贡：自古儒商第一人

子贡，孔子弟子，春秋末卫国人。姓端木，名赐，字子贡，孔门七十二贤人之一。子贡擅长经商致富，"废著鬻财于曹、鲁之间"（《史记·货殖列传》），在曹国和鲁国之间做生意，为孔门"最为富益"者。子贡经商所到之国，君主都以平等礼节会见他。子贡信守儒家伦理，践行"以义为利"义利观，亦儒亦商，堪称"儒商第一人"。②

子贡还擅长外交与谋略。《越绝书·陈成恒》记载，齐国伐鲁，鲁国危急，子贡受孔子之命出使多国，开展"说齐安鲁"的外交活动，取得"乱齐、破吴、强晋、霸越"的外交成果，彻底解除鲁国危机。③ 孔子去世，子贡守墓长达六年，并亲自管理孔子曲阜墓地。

孔门弟子如果都像颜渊、原宪，甘于清贫，"家贫亲老"，家业不继，

---

① 汉武帝时代，以商人出身参与财政、经济政策的桑弘羊、车千秋等，历代不受儒者待见，甚至鄙薄漠视。

② 1997 年，在"马来西亚第二届儒商学术研讨会"上，骆承烈首次称子贡为"自古儒商第一人"。子贡在历史上还有"儒商鼻祖""孔门首富"等称谓，深受历代商人的尊崇，流传至今的著名商业楹联有"经商不让陶朱富，货殖当属子贡贤"。

③ 张仲清译注：《越绝书》，中华书局，2020，第129—145 页。

孔孟之道也难以为继。治国之道，在于民裕财丰，财政经济充足则政权稳固，这是古今不易的大原则。各朝各代的兴衰、存亡，皆源于财政经济的兴盛或衰退。

司马迁《史记·货殖列传》传述子贡说：

> 夫使孔子名布扬于天下者，子贡先后之也。此所谓得埶而益彰者乎！

司马迁为货殖家立传，撰写《货殖列传》，夹叙夹议，切中肯綮。其结论说：

> 此皆诚壹之所致。由是观之，富无经业，则货无常主，能者辐凑，不肖者瓦解。千金之家比一都之君，巨万者乃与王者同乐。（《史记·货殖列传》）

经商致富靠的是勤奋努力和精诚专一，可致富的行业与财富的归属，并非固定不变，财富向有能力的人集聚，没有能力的人往往倾家荡产。人一旦富有就自然显贵，千金之家可以与有领地的贵族相比，财产上亿的人像帝王一样快乐。

第六章　儒商企业善行构念及量表开发①

儒商企业善行是企业遵循性善论、推恩说及"以义为上"义利观思想，所做的既符合消费者对义的期望，又符合社会礼法道德要求，并助益企业永续发展的明智之举。儒商企业善行由仁民爱物、以义制利、循礼守约和明智无欺四个维度构成，其中，仁民爱物是儒商企业善行的思想内涵，以义制利是儒商企业善行的根本任务，循礼守约是儒商企业善行的行为准则，明智无欺是儒商企业善行的理性原则。本书采用《论语》《孟子》《荀子》等儒家经典文句，深度访谈二十一位企业家，获得第一手资料；采用扎根理论方法，对资料进行筛选、编码（开放性编码、主轴编码、选择性编码）和分析，探索儒商企业善行概念及结构维度，建构儒商企业善行概念模型；经由初始量表构建、探索性因子分析和验证性因子分析等步骤，从定量分析角度验证儒商企业善行二阶四维度因子模型，成功开发出儒商企业善行测量量表。

第一节　研究方法与数据来源

儒商企业善行，既是一个抽象概念，涉及义利、礼法及诸多利益相关者，又是一个多维概念，结构维度反映其本质特征，影响企业善行作用机

---

① 第六至八章初稿由龚诗婕撰写，其中部分内容编译成论文"Impact of Chinese Corporate Social Responsibility on Purchase Intention：Insights from Traditional Chinese Culture"，发表于 *Social Behavior and Personality*（2022 年 3 月 15 日出版），作者：龚诗婕、吕庆华（通讯作者）、王伟。

理。厘清企业善行构念，应把握以下两个关键问题。

第一，考虑儒家文化对企业善行的影响。不同文化背景下，消费者企业善行感知存在明显差异，企业善行核心构念及量表的研发，应选择适合儒家善行文化背景的研究方法，分析企业善行构念的特殊性。[①] 这样的研究结果，解释力更强，实践效果更好，能为企业善行及营销管理提供实际帮助。

第二，儒商企业善行量表开发，应基于扎实的质性分析，注重从儒家文化情境中发现有意义的研究命题，深入剖析企业善行概念及构成维度。对此，扎根理论无疑是很好的选择，扎根理论已成为"中国管理研究必要且适宜的工具"。[②] 扎根理论质化分析的总体过程，分原始素材收集、编码、形成自然类别、将不同类别置于对应研究问题中、理论构建、效度检验等步骤，如图 6-1 所示。

图 6-1　质化分析过程图解

一、扎根理论方法及其实质

扎根理论最早由美国学者格拉泽（Glaser）和施特劳斯（Strauss）于 1967 年提出，[③] 后被广泛应用于教育学、宗教学及管理学等诸多领域，国内以管理学和经济学领域应用最广。依据认识论基础和操作要求划分，扎根理论主要存在三个版本：经典扎根理论（由 Glaser 等提出）、程序化扎根理论（由美国学者科尔宾、施特劳斯等[④]提出）和建构型扎根理论（由

---

① 王静一、王海忠：《企业社会责任活动中感知伪善的结构与量表开发》，《心理科学进展》，2014 年第 7 期。

② 王智宁、刘雪娟、叶新凤：《基于扎根理论的儒家自省构念开发研究》，《管理学报》，2017 第 6 期。

③ Barney G. Glaser, Anselm L. Strauss. *The Discovery of Grounded Theory：Strategies for Qualitative Research*. Chicago：Aldine, 1967.

④ Juliet Corbin, Anselm Strauss. *Basics of Qualitative Research：Techniques and Procedures for Developing Grounded Theory*. New York：Sage Publication, Inc. 1998.

英国学者卡麦兹等①提出)。程序化扎根理论引入较早,备受关注与认同,该理论更看重人的主观认识能力,通过因果关系把既有经验和假设理论紧密联系在一起,其操作原则、分析步骤和评价标准较成熟。本书采用该版本,操作步骤亦采用开放性编码、主轴编码和选择性编码"三步法"。

扎根理论适合应用于构建"中国管理扎根研究范式",包括理论构建(定性研究为主)和理论检验(定量研究为主)两个阶段。理论构建着重从本土文化情境中,挖掘有意义的研究现象,经过对比已有文献,确定研究问题;采用深入文化情境的田野调查、深度访谈等方式采集数据,经科学规范的编码程序分析处理原始数据,呈现核心范畴。②

运用扎根理论,有助于提高中国管理研究国际化水平。③ 例如,苏勇等深度访谈 21 家行业领先企业,收集第一手经验数据,运用扎根理论编码技术,探索传统文化对当代企业管理实践的影响,认为儒商企业管理的精髓在于:源自"仁爱之心"的客户导向,"诚信"的工匠精神,以及"义气"的家长式领导,揭示了儒家传统文化对企业管理的影响机制。④

二、资料收集与整理

第一,儒家经典著作。儒家经典著作《论语》《孟子》《荀子》是本书基础文献资料,三部著作包含大量"善的四端"(仁、义、礼、智)的论述,在《论语》正文中,"仁"共记录 109 次,"义"共记录 24 次,"礼"共记录 75 次,"知"(同"智")出现 25 次。在《孟子》正文中,"仁"字出现 157 次,"义"字出现 108 次,"礼"字出现 64 次,"智"字出现 31 次。在《荀子》正文中,"仁"字出现 133 次,"义"字出现 316

① Kathy Charmaz. *Constructing Grounded Theory*: *A Practical Guide through Qualitative Analysis*. Thousand Oaks: Sage Publications, 2006.
② 贾旭东、何光远、陈佳莉等:《基于"扎根精神"的管理创新与国际化路径研究》,《管理学报》,2018 年第 1 期。
③ Barney G. Glaser. The Grounded Theory Perspective: Its Origins and Growth. *Grounded Theory Review*, 2016. 15(1): 4—9.
④ 苏勇、李倩倩、谭凌波:《中国传统文化对当代管理实践的影响研究》,《管理学报》,2020 年第 12 期。

次，"礼"字出现342次，"智"字出现9次。以"仁、义、礼、智"作为关键词提取相关语句，其中所有涵盖"仁、义、礼、智"的原句均做摘录，成为分析样本。由于摘录语句皆为古文，语义描述和随后编码有一定困难，需要今译，因此参考朱熹、杨伯峻等学者的权威译本，[1] 把握不准处，随时征求专家意见。"仁、义、礼、智"在《论语》《孟子》《荀子》正文中出现的次数及含义，见表6-1。

表6-1　"仁义礼智"在《论语》《孟子》《荀子》正文中出现的次数及含义

著作	仁	义	礼	智
《论语》	109： （1）孔子的道德标准（105次）：求仁而得仁（7.15），人而不仁（3.3），仁者安仁（4.2） （2）仁人（3次）：泛爱众而亲仁（1.6），殷有三仁焉（18.1） （3）同"人"（1次）：观过，斯知仁矣（4.7）	24： （1）名词，合理的，有道理（21次）：信近于义（1.13） （2）叙述词，合宜，有道理（3次）：君子义以为质，礼以行之（15.18）；其使民也义（5.16）	75： 礼意、礼仪、礼制、礼法：礼之用（1.12）	25： "知"同"智"，聪明、有智慧（25次）：知者不失人，亦不失言（15.8）
《孟子》	157： 仁义、仁德：亦有仁义而已矣（1.1），仁者无敌（1.5），仁则荣（3.4）	108： （1）合于某种道和理的叫义（98次）：亦有仁义而已矣（1.1）； （2）道理，正理（10次）：天下之通义也（5.4）	64： （1）礼意、礼仪，礼制（60次）：奚暇治礼义哉（1.7）；非礼之礼（8.6） （2）动词，待人以礼（2次）：礼人不答反其敬（7.4） （3）礼文，礼书（2次）：礼曰（4.2）	31： 聪明、智慧：惟智者为能以小事大（2.3）；虽有智慧，不如乘势（3.1）

---

① 朱熹撰：《四书章句集注》，中华书局，2016。杨伯峻译注：《论语译注》（简体字本），中华书局，2017。杨伯峻译注：《孟子译注》（简体字本），中华书局，2019。张觉撰：《荀子译注》，上海古籍出版社，2012。

续表

著作	仁	义	礼	智
《荀子》	133： (1) 仁义、仁德、仁爱（131 次）：将原先王，本仁义，则礼正其经纬、蹊径也（1.12）仁，爱也，故亲（27.22） (2) 同"人"（2 次）：天下之行术，以事君则必通，以为仁则必圣（7.7）	316： (1) 合于某种道和理的叫义，仁义、道义、礼义（297 次）：先义而后利者荣，先利而后义者辱（4.7） (2) 有道理、原则、合宜（11 次）：少事长，贱事贵，不肖事贤，是天下之通义也（7.8）；是事圣君之义（13.5） (3) 意义（8 次）：故学数有终，若其义则不可须臾舍也（1.8）	342： (1) 礼意、礼法、礼义（329 次）：体恭敬而心忠信，术礼义而情爱人，横行天下，虽困四夷，人莫不贵（2.6） (2) 礼文，礼书、礼经（13 次）：故学至乎《礼》而止矣，夫是之谓道德之极（1.8）	9： 聪明、智慧：若夫智虑取舍则无衰（18.5）

资料来源：依据文献整理。注：表中原句后括弧里的编码为权威译本中对应的章节段落号。

第二，企业家深度访谈。深度访谈企业家，便于得知其感知和想法，为扎根理论方法的运用提供原始资料，为抽象范畴和概念的萃取做铺垫。2018 年 8 月到 11 月期间，从 40 名候选人中，选择 21 位企业中高层管理者作为深度访谈对象。受访者都参与或组织过企业善行，都读过儒家经典著作。受访者基本信息，见表 6-2。

表 6-2　受访者基本信息

项目	类别	人数	比例
性别	男	13	61%
	女	8	39%
年龄	30 岁及以下	2	10%
	31—40 岁	7	33%
	41—50 岁	7	33%
	51 岁及以上	5	24%

项目	类别	人数	比例
职位	中层管理者	9	43%
	高层管理者	12	57%
学历	本科以下	5	24%
	本科	8	38%
	研究生及以上	8	38%

为创建良好的沟通环境，提升访谈质量，采取如下访谈措施。首先，在访谈前两周，通过电话、短信、微信、邮件、登门拜访等方式与受访者提前沟通，消除不信任感，提前创建良好的互信关系。其次，大致交代访谈问题，提请受访者提前思考和准备。再次，明确时间和地点，保障访谈的顺利进行。最后，依据半结构化的访谈提纲逐步展开，引导受访者回答问题。在访谈过程中，有相关研究人员负责协助记录访谈内容。研究者尽量与受访者保持同一立场，充分尊重其意见，努力做到共情倾听。

访谈内容主要围绕以下话题展开：一是对儒家思想的总体认识；二是对儒家思想中"善"理念的认知；三是引导企业家回忆企业善行的含义及儒家善行文化情境下的特点；四是不同类型企业善行的异同点；五是消费者对企业善行的反馈。访谈最后向受访者反馈总结内容，进一步修正和补充。

正式时间最长为 2 小时，最短为 0.5 小时。依据访谈笔录和录音资料，共整理文本文档近 7 万字（略）。

第二节　范畴挖掘与提炼

遵循扎根理论方法，认真整理收集到的资料，对资料内容进行筛选、编码和分析，获取有关企业善行的概念、范畴及其属性，构建范畴并发展范畴，整理范畴之间的互相关系，形成儒商企业善行的结构维度理论初始范式。通过反复修正，完善理论模型，直至范畴和范畴间的关系稳定。编码由两名受过训练的该研究领域博士生做背对背的独立归类，并由研究小组判定归纳的成果。为了检验归类的科学性，再次经过反向归类法做复核校验，即先让评判者了解各个类别及代表的含义，再由评判者把相关条目归类到恰当的类别中。反向归类经由没有参与过上述归类工作的研究人员进行。

一、开放性编码

开放性编码是指把所获取的原始资料数据加以概念化和范畴化，以概念和范畴来表明资料内容。其目的在于指认现象、界定概念及发现范畴。为了方便后续的索引与校验，对来自不同渠道的原始资料加以阐释。

首先，对于来源于儒家经典著作《论语》《孟子》《荀子》的摘录语句进行编号时，首字母代表四个不同的范畴，其中 R 代表仁的范畴，Y 代表义的范畴，L 代表礼的范畴，Z 代表智的范畴；第 2 位字母 C 表示来自儒家经典；第 3 位数字表示该典籍的代号，其中，1 代表《论语》，2 代表《孟子》，3 代表《荀子》；第 4 位数字表示该典籍中，该范畴出现的顺序。如 R-C-1-1 表示儒家经典《论语》（代号为 1）中涉及仁的第一条语句，[①]即"孝弟也者，其为仁之本与！"（《论语·学而》）。Y-C-1-1 表示儒家经典《论语》（代号为 1）中涉及义的第一条语句。L-C-2-1 表示儒家经典《孟子》（代号为 2）中涉及礼的第一条语句。

其次，运用逐段编码的方法，对企业家深度访谈所形成的企业善行资料进行编号。即首字母 I 表示资料来源于企业家深度访谈，第 2 位用数字表示，代表接受访谈企业家的顺序，第 3 位数字用来描述受访企业家，对应的访谈文本段落，例如，I-2-3-3 代表经由深度访谈的，从第 2 位企业家访谈资料中，整理出的文本资料第 3 个自然段落的第 3 条语句。

---

① 部分原始资料编号来源于段落。基于原书上下文语境和语义，单独句子无法体现完整意思，故适当选取上下文形成一个原始编号。

　　在实施编码过程中，研究秉承贴近数据、保持开放、原词为上和注重关联的原则，在充分理解原始数据信息的基础上，尽量采用相似的语句建构初始概念。对源自儒家典籍中涉及仁、义、礼、智的语句，采用逐句编码，力求不丢失关键信息，最后收集到 61 条涉及"仁"的初始概念，54 条涉及"义"的初始概念，61 条涉及"礼"的初始概念，以及 52 条涉及"智"的初始概念，总计 228 条初始概念。逐行编码管理者企业善行表述，最终得到 433 条初始概念，部分结果见表 6-3。

　　由于这些初始概念数量众多，层次相对低，有交叉重叠部分，同时较为口语化且未能悉数体现行为的过程，需要进一步提炼相关概念，实现概念范畴化。多次对比、分析和总结初始概念，对于没有体现具体行为的初始概念，经作者判断并请教专家予以剔除，对于体现具体行为且出现次数多于两次的初始概念予以保留分析。经过对初始概念多次对比、研究和聚拢之后，共得到 35 个范畴，获得不同编码者共同认可的范畴 27 个，存在不同看法的 8 个，经多次探讨，最终达成共识的范畴 29 个，分别是：修己、正己、推己及人、体谅、爱人、爱物、安人、见利思义、取之有义、先义后利、义利并举、适其时、合其道、克制、奉公守法、礼貌文雅、辞让、恭敬、重视、和谐、人和、明是非、行仁义、自知、知人、知事、知利、使人知己。开放性编码的初始概念化和范畴化分析（部分实例）参见表 6-3。

表 6-3　开放性编码的初始概念化和范畴化分析（部分实例）

范畴	原始资料语句（初始概念）
修己	R-C-1-9 子曰："富与贵，是人之所欲也，不以其道得之，不处也。"（端正自己的思想） R-C-1-35 樊迟问仁。子曰："居处恭，执事敬，与人忠。虽之夷狄，不可弃也。"（做事认真，为人忠诚） I-18-3-1 企业要有善念，方可做出更好的社会贡献。（保存善念——修己）

范畴	原始资料语句（初始概念）
推己及人	R-C-1-30 己所不欲，勿施于人。（自己不喜欢的东西不要强加给他人） I-4-1-1 做善行各方面，它是一个自然而然的事情，平常看到社会上需要救助的事情，企业就会去捐赠。（善发自内心——推己及人，理解） I-6-1-4 善行不能当作任务给员工，我们提倡自愿自觉地去做这事，就是让他们发自内心地愿意去干这个事情。（理解员工做慈善——推己及人）
体谅	R-C-2-52 恻隐之心，仁也。（同情心属于仁） I-10-4-6 例如我们建有"劳动者港湾"，对于那些清洁工，他们比较辛苦，我们专门提供一片场所，给他们休息，或者给他们提供一些必要的帮助和服务。（理解他人的辛苦——体谅他人）这就是"劳动者港湾"。（I-10-4-7 满足需求——安人）
爱人	R-C-3-58 仁，爱也，故亲。（仁是一种爱，能够和人互相亲近） I-12-11-1 就是我们企业做善事的时候，要以真诚为先。（发自内心助人——爱人） I-1-7-2 社会和谐需要大家付出爱心，我觉得这样子做让那些在最基层的人感觉到我们对他们是关心和关爱的。（对基层群众体现关爱的思想——爱人） I-1-9-1 我觉得对任何一个企业来说，一定要有爱心，懂规矩，有仁爱的思想。（有爱心，体现仁爱的思想——爱人）
爱物	R-C-2-72 亲民而爱物（仁爱也包括爱惜万物）
安人	R-C-1-58 子曰："因民之所利而利之，斯不亦惠而不费乎？"（满足他人需求，不浪费） I-19-1-2 做出实质性的结果，让他们能得到切实的帮助，这个很重要。（切实地帮助对方——安人） I-5-3-5 比如说在各个学校，我们去办很多这种傲农班，校企合作，提供奖学金和助学金，为他们职业生涯培训提供课程。最终有直接作用，比如说，一些学生可以让他更好地了解这个行业，了解社会，将来他也更容易在这个行业里工作。此外，也有相当一部分人加入我们这边来，我觉得这相对还是算比较直接的效益。（帮助他人满足他人需求——安人）
见利思义	Y-C-1-1 见得思义。（看见利益考虑是否该得——见利思义） Y-C-2-10 羞恶之心，义之端也。（羞耻之心是义的萌芽——见利思义）

续表

范畴	原始资料语句（初始概念）
先义后利	Y-C-3-56 巨用之者，先义而后利。（先考虑道义再考虑财利） Y-C-3-17 先义而后利者荣。（先考虑道义而后考虑利益的就会得到光荣） I-11-1-35 其实还是要长期持续的一个过程，不能说是一下子就想要得到什么利益。（先思义再考虑利——先义后利） I-19-2-5 善是我们中国的传统信念，也是企业的义务。就连我们习近平总书记都在提倡：积善之家，必有余庆。（积善之家，必有余庆——先义后利）
义利并举	Y-C-1-13 义然后取，人不厌其取。（应该取才取，别人不厌恶他的取） I-1-6-1 顾客确实对咱们的这个产品的好感提升了，然后也表示愿意，挺希望过来购买的。（企业善行提升购买意愿——义利并举） I-2-2-1 对一个正常企业而言，做这些活动，既是为公，也是为私，这就是儒家管理思想里面的人之为人。（儒家管理思想的影响，利他——义利并举） I-2-6-3 其实我们现在想要的是合作共赢，即双方都能从这种关系或者从这种交互中获取共同利益或是各取所需，即消费者获得好的产品，企业赢得声誉和利润。（互取所需——义利并举） I-2-6-5 如果在这个过程中，也能够让消费者获得利益，那对双方都是好的，这是一种共赢的行为。（行善是双方共赢的行为——义利并举） I-19-2-11 把这该做的都做了，我们的企业文化和凝聚力会越做越好。（提升企业凝聚力——先义后利，义利并举）
……	
人和	Y-C-1-1 礼之用，和为贵。（礼的作用在于人和） I-18-2-1 与政府加强联合联动。（与政府联系——人和） I-10-2-3 一些顾客，他们会看到我们做些慈善活动，从而增加他们对我们的好感。（提升顾客好感——人和）
明是非	Z-C-2-15 是非之心，智也。（是非之心属于智） Z-C-3-40 蓝直路作，似知而非（注解：对人狙伺欺诈，好像明智而并不是明智）。（对人欺诈，看似明智却不明智） I-2-7-5 最重要的是我觉得这是企业的价值观排序。最重要的是什么？其次是什么？最后才是什么？是赚钱最重要，还是为社会做贡献最重要？（分辨义和利的重要性——明是非） I-14-1-1 传统造纸行业污染很多，当初刚把厂迁过来的时候，很多居民担心说会给周围带来污染，一出现环保异常现象就认为是我们公司出现问题，公司不会只为了利益不顾环境，而是致力于提升环保监控。（改进，提升自己——明是非）

范畴	原始资料语句（初始概念）
……	
知利	Z-C-1-3 知者利仁。（智者识得仁德带来的长远利益） I-2-2-2 对于一个眼光和思想更远的企业而言，看的不是短期利益。（不要在乎短期利益——知利） I-2-7-2 就是企业不盈利的话，你就不能够生存和发展。所以对于企业而言，它的存在就是一种利益驱动，是为了获利。（明确企业首先应当生存，获取经济利益——知利）
使人知己	Z-C-3-45 知者使人知己。（使他人了解自己） I-8-8-1 以前的善行都是用文稿形式来表示，现在都是网络展示的多，而且会提供图片，体现它的真实性，不会让人觉得你好像是假的那种。（借助网络展示真实性——使人知己）。 I-13-2-2 慈善宣传方式很重要——使人知己 I-13-3-1 消费者对慈善的接纳度源于信息公开透明程度。（善行信息公开——使人知己）

二、主轴编码

经由开放性编码涵盖的范畴含义与关系依然不是很明朗，主轴编码注重把每个独立的范畴彼此相连，通过意义对比及整理聚类，探讨与构建不同范畴之间的内在联系。并根据彼此关联与逻辑结构，重新进行归类阐述，归纳出 11 个主范畴及 29 个对应范畴，分别是忠、恕、博施济众、义以生利、合宜权变、约束之礼、谦让之礼、尊敬之礼、和合之礼、辨仁义和明得失。主范畴各自所代表的意义及对应范畴见表 6-4。

表 6-4　主轴编码形成的主范畴

主范畴	对应范畴	范畴内涵
忠	修己	修养品德
	正己	端正行为，自己想要变好，也会促使他人变好

续表

主范畴	对应范畴	范畴内涵
恕	推己及人	有同理心，理解他人，设身处地为顾客着想
	体谅	能够体谅他人
博施济众	爱人	爱护他人，乐善好施
	爱物	爱惜万物，不浪费
	安人	满足他人的需求
义以生利	见利思义	认识上，先考虑是否合适再考虑利益
	取之有义	行动上，以是否合乎道义作为获取利益的标准
	先义后利	顺序上，讲求义利的先后
	义利并举	实际效果上，义利统一，重利不轻义
合宜权变	适其时	行义适应客观时势，充分考虑企业的内外部环境，审时度势，做出正确决策
	得其宜	能遵守根本的原则，又能适应环境的变化，取得合理恰当的效果
	合其道	所作所为合乎道理
约束之礼	克制	不合于礼的事情不做，言语行动合于礼
	奉公守法	遵守社会规则、礼法
礼让之礼	礼貌文雅	做事遵循礼节，礼貌对待他人
	辞让	谦虚，对他人关爱、予以恩惠
尊敬之礼	恭敬	谦恭而有礼
	重视	尊重利益相关者，重视循礼带来的效益
和合之礼	和谐	促使不一样的事物包括对立事物相辅相成、互利互惠、共同发展
	人和	人心所向，民心和乐
辨仁义	明是非	分得清是非对错，不疑惑，不欺诈他人
	行仁义	谋虑英明，坚持行事仁德宽厚，促使他人行义

续表

主范畴	对应范畴	范畴内涵
明得失	自知	认识自己，明确自己知道和不知道的事
	知人	能识人，了解对方心理，善于用人
	知事	能够明辨事物性质，说话做事符合规律、场合，行事周到，考虑周全
	知利	考虑问题明智，做事稳妥，知晓所行仁义之事能光荣，并有利于促进社会安定
	使人知己	言论容易理解，使他人了解自己

三、选择性编码

主范畴明确后，需系统处理范畴和范畴之间的联系。通过选择性编码，将展示情境的"故事线"放在整理和探索核心范畴，并将核心范畴、主范畴与其他范畴联结起来，建构系统的理论框架。

经过上述步骤，主范畴的故事线（典型关系结构），见表6-5。通过修己、正己、推己及人、体谅、爱人、爱物、安人、见利思义、取之有义、先义后利、义利并举、适其时、得其宜、合其道、克制、奉公守法、礼貌文雅、辞让、恭敬、重视、和谐、人和、明是非、行仁义、自知、知人、知事、知利、使人知己29个对应范畴的继续剖析，以及忠、恕、博施济众、义以生利、合宜权变、约束之礼、礼让之礼、尊敬之礼、和合之礼、辨仁义和明得失等11个主范畴的详细剖析，对比分析儒家典籍与企业家访谈的原始资料，深入提炼"儒商企业善行概念与维度"核心范畴。围绕这一核心范畴，故事线概括为：儒商企业善行由仁民爱物、以义制利、循礼守约和明智无欺四个维度共同构成。其中，仁民爱物是儒商企业善行的根基，以义制利、循礼守约和明智无欺是在这一基础上的进一步延伸。四者相互作用，共同影响着儒商企业善行的实现。在此故事线基础上，构建儒商企业善行概念模型。

表 6-5　主范畴的典型关系结构

典型关系结构	关系结构的内涵	代表性语句
忠→仁民爱物	忠是尽己之心，是企业善行中仁民爱物的重要组成部分。	己欲立而立人，己欲达而达人。（《论语·雍也》）仁德是一个人或者企业能否长期发展的根本。
恕→仁民爱物	恕是如人之心，是推己及人的考量，属于仁民爱物的类别。	己所不欲，勿施于人。（《论语·雍也》）作为一个消费者，他们不会想购买质量堪忧、逃避本身义务的企业的产品。
博施济众→仁民爱物	博施济众是给予他人以恩惠接济，直接体现仁民爱物的思想。	因民之所利而利之。（《论语·尧曰》）惠而不费（给人民以好处，自己却无所耗费）。（《论语·尧曰》）成立专门的资金管理，妥善安排善行的各个事项，切实满足消费者需求。
义以生利→以义制利	义以生利是以合乎道义作为获利的标准，是以义制利的核心思想。	见利思义。（《论语·宪问》）义然后取，人不厌其取。（《论语·宪问》）就制作陶瓷原料来说，目前煤改气这块，烧气成本还是增加了不少，但是虽然我们价格高，但是质量好一个等级，从而能够进入欧洲、日本等市场。因为欧洲人、日本人要求非常高，对原材料的工艺方面、环保性都有要求。原材料符合环保性能，客户的购买意愿就会大幅提升。
合宜权变→以义制利	合宜权变是指能够秉承根本的管理原则，依据环境变化采取适宜的方法。义者，宜也。合宜权变是以义制利的有效方法。	义者，宜也（义，正确适宜的道理或举动）。（《中庸》）企业是不是有把握去做这些，怎么做，如何做好，要去认识趋势、洞察趋势，符合时势。
约束之礼→循礼守约	约束之礼是要遵守一定的社会规范，其中信守承诺是循礼守约的重要组成部分。	不知礼，无以立也（不懂得礼，没有可能立足于社会）。（《论语·尧曰》）企业不要去违反法律，不做一些违规的事情，我觉得都算是善行。
谦让之礼→循礼守约	谦让之礼是遵循礼节，是循礼守约的重要体现。	辞让之心，礼之端也。（《孟子·公孙丑上》）公司实践善行过程中，应该懂得文明礼仪，了解社会公德倡导的情况。

典型关系结构	关系结构的内涵	代表性语句
尊敬之礼→循礼守约	尊敬之礼是尊敬利益相关者，是循礼守约的重要内容。	有礼者敬人；敬人者，人恒敬之。（《孟子·离娄下》） 企业应尊重社会规则，重视礼的作用，就像有些报道提到某外国企业因宣传片中的"辱华信息"导致其产品在中国被大范围抵制，也是因为他们不懂得尊重中国消费者。 尊重利益相关者的需求，维护他们的利益，这本身就是一种善行。
和合之礼→循礼守约	和合之礼即促进企业、消费者、社会互利共赢，属于循礼守约重要组成部分。	礼之用，和为贵。（《论语·学而》） 善行可以改变跟周边社会、周边村庄的一些关系，我觉得不管怎么说，对业绩也是好的，有一些正面的影响，可能在潜移默化中就可以实现。
辨仁义→明智无欺	明辨是非，坚持行善事，也促使他人行善，是明智无欺的基础。	是非之心，智也。（《孟子·告子上》） 公司不会只为了利益不顾环境，而是致力于提升环保监控；带村民来不断参观，展示良好的工艺包括污水处理系统；次数多了，村民也就相信我们了，这是一个不断磨合的过程。
明得失→明智无欺	明得失是考虑问题明智，能够分析利弊，做出正确、有效决策。	知者利仁。（《论语·里仁》） 通过一些短期的劣质产品，劣质行为，企业只能获得短期的利益，对于一个眼光长远的企业来说，看的不是短期。长期实践善行，方法得当，终究能提高企业被认可的程度，进而提升业绩，这是一个善报的过程。

第三节 儒商企业善行概念模型及阐释

一、儒商企业善行概念模型

（一）儒商企业善心向善行演变的路径

经前述分析，儒商企业善心向善行的演变路径，见表6-6。

表6-6　善心向善行的演变路径

四心	四德	善行维度	内涵	经句表达	出处
同情心（恻隐之心）	仁	仁民爱物	忠	己欲立而立人，己欲达而达人	《论语·雍也》
			恕	己所不欲，勿施于人	《论语·颜渊》
			博施济众	亲亲，仁也	《孟子·告子下》
羞耻心（羞恶之心）	义	以义制利	义以生利	义然后取，人不厌其取	《论语·宪问》
				见利思义	《论语·宪问》
			执经达权①	君子义以为质，礼以行之	《论语·卫灵公》
恭敬心（恭敬之心）	礼	循礼守约	约束之礼	君子博学于文，约之以礼	《论语·雍也》
			谦让之礼	辞让之心，礼之端也	《孟子·公孙丑上》
			尊重之礼	有礼者敬人；敬人者，人恒敬之	《孟子·离娄下》
			和合之礼	礼之用，和为贵	《论语·学而》
是非心（是非之心）	智	明智无欺	辨仁义	问知（"智"），子曰："知人"	《论语·颜渊》
			明得失	知者明于事，达于数，不可以不诚也	《荀子·大略》

资料来源：依据相关文献汇总整理而成。

（二）儒商企业善行概念模型的提出

依循前文扎根理论方法而获得的故事线，儒商企业善行概念的逻辑体系为：经由3级编码，获得涵盖1个核心范畴、4个主范畴及11个副范畴，并提出儒商企业善行的概念与四维内容结构（如图6-2所示）。本书认为，儒商企业善行是企业遵循性善论、推恩说及"以义为上"义利观思

---

① "执经达权"一词，源于"义者，宜也"（《礼记·中庸》），"宜"即合理、恰当。孔子将"通权达变"当作人生行为的理想境界，并身体力行。儒家强调权不离经，通经才能达权。在管理活动中，"经"指管理原则，"权"指管理技巧。"通经达权"儒商企业管理，既符合管理原则，又适应内外部环境变化，真正做到因地制宜、因人制宜、因时制宜。

想，所做的既符合消费者对义的期望，又符合社会礼法道德要求，并助益企业永续发展的明智之举。儒商企业善行实际上是一个动态行为过程，由"仁民爱物""以义制利""循礼守约"和"明智无欺"四个相互联系、互相渗透的主体内容构成。其中，仁民爱物是儒商企业善行的思想内涵，以义制利是儒商企业善行的根本任务，循礼守约是儒商企业善行的行为准则，明智无欺是儒商企业善行的理性原则。

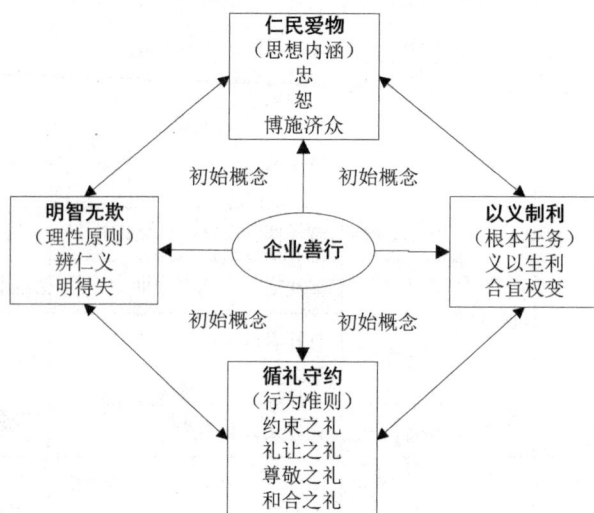

图 6-2　儒商企业善行概念模型

二、儒商企业善行概念模型阐释

综上，由扎根理论"三步法"得到的故事线，所构建的儒商企业善行概念模型（如图 6-2 所示），模型由仁民爱物、以义制利、循礼守约、明智无欺四个维度构成，四者相辅相成，共同作用于儒商企业善行实践。

（一）"仁民爱物"是儒商企业善行的思想内涵

"仁"的本质内涵在于"爱人"，"爱人"是实践"仁"过程的指导思想和具体运用。忠、恕、博施济众共同构成仁民爱物的核心内容。儒商企业善行真实诚恳，才能在长期实践中取得良好效果。恕是"如人之心"，其内涵体现为"己所不欲，勿施于人"（《论语·雍也》），是推己及人的考量。充分考虑利益相关者的利益及感受非常重要。访谈中多数受访者均提到，一个企业如果产品质量堪忧，又不承担应尽义务，那么消费者很难去购买这家企业生产和销售的产品。博施济众是指企业乐善好施，能够妥善安排善行事宜，做到"惠而不费""因民之利而利之"（《论语·尧曰》）。

儒家性善论推崇"仁者，爱人"价值体系，强调"亲亲而仁民，仁民而爱物"。因此，"仁民爱物"是一种内发的推爱过程，充满浓郁的人情味。这种人情味源于内心的尊重和理解，向消费者传达一种确实的关爱，或实质性的帮助。总之，企业实行忠恕仁爱之道，社会便充满真情，消费者与企业就能够和谐共处、互利共赢。

（二）"以义制利"是儒商企业善行的根本任务

基于儒家义利观的划分与讨论，① 提出"以义制利"善行维度。以义制利是以是否合乎道义作为获利的标准，同时依据环境变化采取合宜权变的方式方法，主要由义以生利和合宜权变两部分构成。义以生利为义利观提供辩证的视角，即义与利二者不是非此即彼的关系，而是可以实现转化的。儒商企业提倡"君子爱财，取之有道"，认为通过不正当手段获得的财富不可持续，在后续交易中终将失去，即所谓"货悖而入者，亦悖而出"（《大学》）。因此，儒商企业强调"以义为上"的商业经营理念，在对待群己关系上，重视以道义原则为基础，强调群体发展和群体利益。

儒商企业应遵循"以义为上"义利观，以贡献社会为己任，以提高企业文化境界为目的，谋利与道义平衡，企业运营目的与手段统一，注重社会生态利益和企业长远利益。此外，儒商企业还应遵循"义者，宜也"的合宜原则，依据经济社会环境发展需要，采用合宜权变的方法，把善行做实做透。

（三）"循礼守约"是儒商企业善行的行为准则。

儒商企业善行行为准则，要求善行企业遵循社会规则，维护相关者的利益，信守企业承诺，促进企业、消费者及社会互利共赢。礼的含义有两层：一是礼意或礼仪，即各种仪式的程序和规则；二是礼制和礼法，即各

---

① 吕庆华：《先秦儒家"义利观"及其商业伦理价值》，《东南学术》，1999 年第 3 期。

种制度和法规。由于不同文化背景的影响，不同地区，其社会风俗存在明显差异，儒商企业行善，应充分了解当地法律法规和道德规范，做事合于礼的标准。

循礼守约的核心内容由约束之礼、谦让之礼、尊敬之礼及和合之礼四个方面构成。约束之礼，即企业应当遵守一定的社会规范，信守承诺，即所谓"不知礼，无以立也"（《论语·尧曰》）。谦让之礼，是指有辞让之心，善行不夸大、认真实践。尊敬之礼，是指尊重利益相关者的需求。和合之礼，是指善行能够促进人与社会、环境的和谐共生。传统儒家倡导共容和共享等经济思想，强调家与国共荣、民族复兴及社会和谐。循礼守约中的"和合之礼"尤其体现儒家文化情境下的和合思想；"天下之本在国"（《孟子·离娄上》），儒商企业有家国情怀，其善行以国家利益为先，容易赢得消费者的积极响应，激发其购买动机和消费意愿。

（四）"明智无欺"是儒商企业善行的理性原则

"明智无欺"是指企业能够明辨是非，坚持行善，分析利弊，深刻认识到企业善行所带来的长远收益。明智无欺由辨仁义和明得失两部分构成。前者包括明是非和行仁义两个要素，后者包括自知、知人、知事、知利和使人知己等要素。"是非之心，智也"（《孟子·告子上》），"知者利仁"（知通智，有智慧的人知道仁所能带来的利益）（《论语·里仁》）。儒商企业应当明辨智取，注重消费者感性认识，注意善行宣传的信仰因素，根据"明智无欺"的各要素，实现义和利的辩证统一。

明智无欺中的"无欺"，体现儒家"诚信"理念。诚信，强调发自内心的诚意，代表守诺的道德品行。儒家所言之"信"，"可欲之谓善，有诸己之谓信"（《孟子·尽心下》），侧重于德性层面，是一种发自内心的善良道德动机。不仅"信于约"，而且"信于义"。这个"义"，包含道义、公义与情义。[①] 儒商企业源于内心的诚信善行，必然赢得消费者的尊重和支持。

---

① 陈丽君、王重鸣：《中西方关于诚信的诠释及应用的异同与启示》，《哲学研究》，2002 年第8 期。

三、扎根理论饱和度检验

理论饱和度检验是研究可以停止采样的衡量标准，意谓在新的材料中，相同信息重复出现，且不再有新的概念类属。基于扎根理论的研究结论理论饱和度的检验，研究继续访谈其他 5 名企业管理者作为补充，并对相关访谈资料再次进行开放性编码、主轴编码和选择性编码。研究结果并没有发现全新的概念范畴，各范畴发展全面，内部也未发现全新的初始概念。综合考虑研究精力及新资料获取等因素，参照基于传统儒家善行文化、运用扎根理论编码技术构建理论模型的相关研究，[①] 确认研究结果通过理论饱和度检验。

第四节　儒商企业善行量表开发

一、儒商企业善行初始量表构建

（一）初始量表题库的整理

编制儒商企业善行测量量表是检验儒商企业善行结构维度的关键环节。基于《论语》《孟子》和《荀子》以及 21 位企业家访谈资料，扎根理论研究结果已明确儒商企业善行初始概念、副范畴、主范畴和核心范畴，可成为儒商企业善行量表开发的重要依据。

基于文献回顾，参照以往构念维度建构及对应量表开发的相关研究，[②]从儒商企业善行消费者感知角度切入，初步构建儒商企业善行测量条目 80 条，分别归属儒商企业善行 4 个维度的 11 个子类别（对应初始概念及编号）。为进一步检验归类的合理性，采用反向归类法进行复核校验，即邀

---

① 张党珠、王晶、齐善鸿：《基于扎根理论编码技术的道本领导理论模型构建研究》，《管理学报》，2019 年第 8 期。

② 刘锐剑：《高校教师师徒关系及其对青年教师职业成功的影响研究》，北京交通大学博士论文，2018 年。

请 2 位研究人员作为评判人员,他们知悉企业善行核心范畴和副范畴的含义,同样具有扎根理论编码知识但未曾参与前述归类工作,并邀请评判者把条目放到合适的归类中。

比较 3 组反向归类的结论:完全相同,研究人员把条目放到预期的归类中,一共 61 题,占比 76.2%;不完全相同,只有一位研究人员把条目放到预期的类别中,一共 12 题,占比 15.0%;完全不同,没有一位研究人员将该条目放入预期的归类中,一共 7 题,占比 8.8%。为保障题项设定的严谨和规范,删除两位研究人员看法不同或完全不同的 19 题,保留61 题。

(二) 专家评鉴

首先,剔除无效题项。为保证量表的内容效度,在初始量表题库整理的基础上,邀请 1 位管理学教授、3 位管理学副教授和 1 位管理学博士研究生,共计 5 位专家学者,一起讨论初始量表的语言表述和格式规范,剔除概念宽泛、语义冗余的题项。

其次,重访其中 3 名企业高层管理人员,依据企业实践情况,修改容易引发语义混淆的词汇,提升量表可读性。

最后,确定儒商企业善行初始量表题目的测量条目共计 55 项(含 1 项反义题项)。初始量表采用李克特七级评分,从"非常不同意 (1) 到非常同意 (7)"。儒商企业善行初始测量量表条目,见表 6-7。

表 6-7　儒商企业善行初始测量量表条目

编号	题号	量表条目
r11	1	企业善行初衷应是仁爱之心
r12	2	企业应将仁德作为立身之本
r13	3	己欲立而立人(企业想要立身,也要让他人立身)
r14	4	己欲达而达人(企业想要事业通达,也要让他人事业通达)
r21	5	己所不欲,勿施于人
r22	6	企业不能为了一己私利而损害公众利益

续表

编号	题号	量表条目
r23	7	企业能充分考虑消费者内心感受
r24	8	推己及人
r31	9	乐善而好施
r32	10	节用而爱人
r33	11	努力为他人（组织、社会）创造经济、生态和社会等效益
r34	12	惠而不费（给消费者带来好处，自身资源却无过多消耗）
r35	13	亲民而爱物
r36	14	因民之所利而利之
y11	15	见利思义
y12	16	勿以恶小而为之
y13	17	勿以善小而不为
y14	18	君子爱财，取之有道
y15	19	义然后取，人不厌其取
y16	20	君子之能以公义胜私欲也
y17	21	先义而后利者荣，先利而后义者辱
y18	22	义以生利，利以平民
y19	23	善行项目应与主营业务、品牌地位契合，实现义利并举
y21	24	审时度势，顺势而为
y22	25	义者，宜也（应根据不同场合和对象采取灵活适宜的应对方法）
y23	26	企业所行之事当名正言顺
l11	27	非礼无行也
l12	28	不知礼，无以立也
l13	29	奉公守法，不做违法犯罪之事
l21	30	有辞让之心
l22	31	遵循礼节，礼貌对待消费者

编号	题号	量表条目
l23	32	不刻意夸大善行义举，虚假宣传
反	33	应刻意夸大善行义举
l31	34	尊重当地社会规则，做事循礼
l32	35	有礼者敬人
l33	36	敬人者，人恒敬之
l34	37	礼修而士服（做好礼义，消费者自然会信服）
l41	38	穷则独善其身，达则兼济天下
l42	39	礼之用，和为贵
l43	40	天下兴亡，匹夫有责（企业应维护国家利益，促进祖国繁荣）
z11	41	能够明辨是非对错
z12	42	顾大局，深明大义
z13	43	诚实守信，不生产伪劣产品，不欺诈消费者
z14	44	善行贵在持久
z15	45	言必信，行必果
z16	46	致力于仁义宣传
z17	47	鼓励更多企业或个人参与善行
z21	48	智者自知（企业了解当前阶段能力，善行义举量力而行）
z22	49	识人善用，尊重人才
z23	50	有效借助专业慈善机构管理善款
z24	51	明确企业善行性质及当下形势
z25	52	知者利仁（有智慧的企业知道仁所能带来的长远利益）
z26	53	善行项目应能帮助企业实现可持续发展
z27	54	智者使人知己（善行应有适当有效的宣传方式）
z28	55	企业应构建透明有效的善行项目监督制度

二、儒商企业善行量表提纯和结构检验

（一）数据统计分析方法

第一，信度分析。信度检验分析采用 Cronbach's α 系数值大小判断：首先，Cronbach's α 系数高于 0.7，量表信度高；Cronbach's α 系数在 0.7—0.35 之间，表示量表信度可以接受，能够对题项做一些调整以提高 Cronbach's α 值；Cronbach's α 系数小于 0.35，意味着量表信度低，达不到应有的信度分析标准，问卷需要重新设计。[1] 其次，采用单项—总量修正系数（CITC 系数）判定单个题项信度，CITC 系数小于 0.5 的题项一律删除。[2]

第二，效度分析。因子分析法可用于检验企业善行量表的建构效度，包括探索性因子分析（EFA）与验证性因子分析（CFA）两种。首先运用探索性因子分析方法，从众多能够观察到的变量中挖掘个别不能观测的"潜变量"。从数据的 KMO 值和 Bartlett's 球形检验值进行判别。依照 Kaiser 提出的判别值，KMO 数值显示越高，说明变量间的共同拥有的成分就越高，可以采用探索性因子分析。标准如下：KMO 值>0.9，意味着非常合适做因子分析；0.9≥KMO 值>0.8，意味着很合适做因子分析；0.8≥KMO 值>0.7，意味着适合做因子分析；0.7≥KMO 值>0.6，意味着不大合适做因子分析；KMO 值<0.5，意味着不合适做因子分析。

经探索性因子分析可初步验证儒商企业善行量表的建构效度，并对量表加以提纯精炼。因为探索性因子分析（EFA）在理论的构建和推演中，具备一定主观性，故必须采用验证性因子分析（CFA）做进一步校验和确认。[3] 研究运用 Mplus 统计软件，对基于探索性因子分析提炼的儒商企业善行各变量做验证性因子分析，验证儒商企业善行各变量的因子结构。模

---

[1] Joy Paul Guilford. *Fundamental Statistics in Psychology and Education* (*4th ed*). New York：Mc Graw-Hill, 1965.

[2] Gilbert A. Churchill, Jr. A Paradigm for Developing Better Measures of Marketing Constructs. *Journal of Marketing*, 1979, 16（1）：64—73.

[3] 郝旭光、张嘉祺、雷卓群等：《平台型领导：多维度结构、测量与创新行为影响验证》，《管理世界》，2021 年第 1 期。

型拟合度评判指标及标准，见表6-8。

表6-8　模型拟合度评判指标及标准

类别	指标	取值范围	评判标准
绝对拟合指数	x^2/df	>0	$x^2/df<2$，模型拟合度良好
			$2<x^2/df<5$，模型拟合度尚可接受
			$x^2/df>5$，模型拟合度较差
	RMSEA	>0	RMSEA<=0.05，模型拟合度良好
			0.05<RMSEA<0.08，模型拟合度较好
			$x^2/df>0.08$，模型拟合度较差
	GFI	0—1，可能<0	GFI>0.9，模型拟合度良好
	AGFI	0—1，可能<0	AGFI>0.9，模型拟合度良好
相对拟合指数	NFI	0—1	NFI>0.9，模型拟合度良好
	IFI	0—1，可能<0	IFI>0.9，模型拟合度良好
	CFI	0—1	CFI>0.9，模型拟合度良好

（二）取样

开发基于消费者感知的儒商企业善行测量量表，调研对象理应选择消费者。调研目的是提纯、净化和修订初始测量量表，从而得到可用于正式调研的消费者企业善行感知测量量表。问卷主要运用电子版的形式，包括基本信息、儒商企业善行试测量表（55个测量题项）两部分内容，参见本书附录四。

问卷编制完成后，采用问卷星调研平台和线下两种方式发放问卷。问卷星调研平台主要依据注册会员人口统计特征、地域分布及其他相关注册信息向会员推荐问卷，平台依据会员问卷填写记录和时长等因素控制问卷质量。

2019年1月进行问卷抽样。删除填写时间过短及逻辑不一致（反义题项验证）的问卷，进一步确保问卷质量。累计发放问卷258份，回收有效问卷228份，有效问卷率88.3%。探索性因子分析样本，参见表6-9。

表 6-9　探索性因子分析样本基本信息（N=228）

类别	选项	人数（个）	占比
性别	男	105	46.05%
	女	123	53.95%
年龄（岁）	18—26	49	21.49%
	27—35	123	53.95%
	36—45	41	17.98%
	46—55	13	5.7%
	55 以上	2	0.88%
月收入（元）	1000 以下	7	3.07%
	1000—3000	18	7.89%
	3001—5000	32	14.04%
	5001—8000	66	28.95%
	8001—10000	66	28.95%
	10000 以上	39	17.11%
教育程度（学历）	大专及以下	19	8.33%
	本科	184	80.7%
	硕士研究生及以上	25	10.96%

（三）儒商企业善行量表信度检验

研究结果表明，初始量表的 Cronbach's α 值为 0.925（>0.9），意味着消费者感知儒商企业善行量表信度较高，量表整体信度可以接受。同时从 CITC 数值最小的题项开始，删除相关题项并检验新量表的 Cronbach's α 值大小，以及剩下其他题项的 CITC 值。在删减 13 个题项之后，消费者儒商企业善行感知量表的 Cronbach's α 系数由 0.925 上升至 0.927，同时其他剩余问项的 CITC 值大于 0.5。对应地，消费者儒商企业善行感知初始量表的题项从 54 题减至 41 题。依据信度检验分析结果说明该量表一致性很高，且具有很好的稳定性。

（四）探索性因子分析

为了确保探索性因子分析结果的有效性，Gorsuch 指出实施探索性因子分析的样本数量条件，需达到的以下两个方面条件：一是有效样本的数量超过量表题项数的 5 倍；二是有效样本的数量应大于 100。共收集 228 个有效样本数据，符合 Gorsuch 提出的探索性因子分析样本应达到的条件。

经由 KMO 值和 Bartlett's 球形检验值分析样本数据，观测其能否进行探索性因子分析。数据分析结果表明，初始量表 KMO 值为 0.862，接近 0.9，Bartlett's 球形检验显著，适合做探索性因子分析。检验结果见表 6-10。

表 6-10　KMO 和 Bartlett's 球形检验

项目		结果
Kaiser-Meyer-Olkin（KMO）	测量取样适当性	0.862
Bartlett's 球形检验	大约卡方	4026.068
	df	1431
	显著性	0.000

考虑研究结果与实际情况，按照特征值大于 1 的标准，对因子进行抽取，采用方差极大正交旋转，获取最后的因子载荷矩阵。实证研究过程中，按照共同度小于 0.5、因子载荷小于 0.5、跨载荷超过 0.4 三个条件删除题项。由数据结果分析，共删除 27 个题项，获取拥有良好区分度的因素结构。据此，完善后的消费者企业善行感知量表共涵盖 14 个题项。

依据受访消费者的意见，总计修正润色 9 个题项的语言表述，进一步明确量表的可阅读性及准确性，提升量表的内容效度。通过预调研提升初始量表的质量，最终获取包括 13 个题项的消费者感知企业善行量表。在此基础上编制调研问卷。13 个题项的探索性因子分析结果见表 6-11。

表6-11　儒商企业善行探索性因子分析结果

题项	因子 F1	因子 F2	因子 F3	因子 F4
l12	0.705			
l42	0.661			
l32	0.637			
l31	0.630			
y14		0.810		
y16		0.715		
y18		0.648		
z25			0.812	
z12			0.773	
z27			0.718	
r35				0.746
r14				0.737
r31				0.675

注：抽取方法为主体元件分析，转轴方法为具有 Kaiser 正规化的最大变异法。

通过探索性因子分析共提取如下四个因子。

第一个因子包含四个测项，分别是 l12（"不知礼，无以立也"）、l42（"礼之用，和为贵"）、l32（"有礼者敬人"）和 l31（"尊重当地社会规则，做事循礼"）。该因子反映儒商企业善行"礼"的方面，与扎根理论中"循礼守约"内涵基本一致，故命名为"循礼守约"。

第二个因子包含三个测项，分别是 y14（"君子爱财，取之有道"）、y16（"君子之能以公义胜私欲也"）和 y18（"义以生利，利以平民"）。该因子反映儒商企业善行"义"的方面，与扎根理论中"以义制利"内涵基本一致，故命名为"以义制利"。

第三个因子包含四个测项，分别是 z25（"知者利仁"）、z12（"顾大局，深明大义"）和 z27（"智者使人知己，善行应有适当有效的宣传方式"）。该因子反映儒商企业善行"智"的方面，与扎根理论中"明智无欺"内涵基本一致，故命名为"明智无欺"。

第四个因子包含三个测项，分别是 r35（"亲民而爱物"）、r14（"己欲达而达人，即企业想要事业通达，也要让他人事业通达"）和 r31（"乐善而好施"）。该因子反映儒商企业善行"仁"的方面，与扎根理论中"仁民爱物"内涵基本一致，故命名为"仁民爱物"。

（五）验证性因子分析

验证性因子分析阶段共收集 485 份研究样本。在实施探索性因子分析时，经由专家意见和调研反馈，修订样本基本信息。包括年龄层次的调整和月薪水平的区分，① 以更好贴合研究目的和实际情况。验证性因子分析调研问卷通过网上调研平台问卷星实现。抽样时间为 2019 年 3 月。删除填写时间过短和逻辑不一致的问卷，进一步确保问卷质量。

第一，测量工具。验证性因子分析采用修订后的儒商企业善行测量量表，共包含 13 个题项，依然采用李克特 7 点评分量表，从"非常不同意（1）到非常同意（7）"。

第二，取样。由表 6-12 可见，调查样本消费者共 485 名，性别分布上，男性占比 42.3%，女性占比 57.7%；年龄分布上，18 至 24 岁（青年）占比 27.5%，25 至 39 岁（中青年）占比 62.9%，40 至 55 岁（中年）占比 8.0%，55 岁以上（中老年）占比 1.6%，这与我国社会劳动力结构分布大体相似；月薪分布上，2000 元以下占比 14.0%，2000 至 5000 元占比 25%，5001 至 8000 元占比 36.5%，8000 元以上占比 24.5%；受教育程度（学历）分布上，大专及以下占比 10.7%，本科占比 74.2%，硕士研究生及以上占比 15.1%。

---

① 目前，中国居民月收入总和大约占年收入的 1/3 到 2/3。年底的薪酬参考工作绩效上下浮动，多数消费者在填写问卷时并未将年底薪酬平均分配到月薪中，样本收入较实际水平偏低。基于这一点的调研反馈，结合专家意见，验证性因子分析阶段，问卷中人口统计特征"月薪"一项，对探索性因子分析阶段的问卷设计做相应调整。

表 6-12 验证性因子分析样本基本信息 (N=485)

类别	选项	人数 (人)	百分比 (%)
性别	男	205	42.3
	女	280	57.7
年龄	18—24 岁	133	27.4
	25—39 岁	305	62.9
	40—55 岁	39	8.0
	55 岁以上	8	1.6
月薪	2000 元以下	68	14.0
	2000—5000 元	121	24.9
	5001—8000 元	177	36.5
	8000 元以上	119	24.5
受教育程度 (学历)	大专及以下	52	10.7
	本科	360	74.2
	硕士研究生及以上	73	15.1

第三，验证性因子分析过程与结果。在模型分析的过程中，需要依据一定标准构建若干个竞争性假设模型。通过分析和比较竞争性模型和样本值拟合大小，按照理论以及样本值寻找最优拟合模型，构建三个竞争性模型：一阶单因子模型 M1（图略），由 13 条测量条目直接构成；一阶斜交四因子模型 M2（图略），由 4 个互相关联因子（仁民爱物、义以生利、循礼守约、明智无欺）构成；二阶四因子模型 M3（图略），由 4 个互相关联因子（仁民爱物、义以生利、循礼守约、明智无欺）构成。

模型评价的关键是观测对比各个模型的拟合效果。基于 Mplus 8.0 软件，采用绝对拟合指数（x^2/df、RMSEA）和相对拟合指数（TLI、CFI）验证上述三个竞争性模型拟合效果，比较结果见表 6-13。

表 6-13　竞争性模型拟合效果比较

模型	x^2/df	RMSEA	TLI	CFI
M1	2.74	0.060	0.956	0.963
M2	2.03	0.046	0.974	0.980
M3	1.96	0.045	0.975	0.981
评价标准	<3	<0.08	>0.9	>0.9

注：由于 Mplus 中，模型拟合系数代表值主要为 x^2/df、RMSEA、TLI 和 CFI，故选取以上代表性指标作为评价参考。

由表 6-13 可知，研究构建的儒商企业善行二阶四因子模型（M3）在拟合效果和数据匹配性上明显优于另外两个竞争性模型（M1 和 M2）。x^2 与自由度 df 的比值（x^2/df）为 1.96<3。RMSEA 值为 0.045<0.08，TLI 值为 0.975 大于 0.9，CFI 值为 0.950 大于 0.9。据此可以判定，本书构建的儒商企业善行二阶四因子模型对于数据的拟合情况良好，拟合的路径系数如图 6-3 所示。

由图 6-3 路径系数可知，儒商企业善行四个维度各因子载荷值均大于 0.5，其中大部分大于 0.7，表明观测指标和测量的潜变量指标二者之间拥有良好的效度。

第四，信度和效度分析。经过验证性因子分析，总体验证儒商企业善行由仁民爱物、以义制利、循礼守约和明智无欺四个维度构成。得到儒商企业善行测量量表由 13 个测量条目构成，其中仁民爱物包含 3 个测量题项，以义制利包含 3 个测量题项，循礼守约包含 4 个测量题项，明智无欺包含 3 个测量题项。研究采用探索性和验证性因子分析，深入探索儒商企业善行正式测量量表的信度和效度。

对量表信度的判断主要考察两个内容：量表整体信度和潜变量信度。量表整体信度的检验参照 Cronbach's α 值大小，该值大于 0.7，说明量表信度高。[1] 对潜变量信度的检验根据潜变量 Cronbach's α 值和组合信度 CR

---

[1] Joy Paul Guilford. *Fundamental Statistics in Psychology and Education*（*4th ed*）. New York：Mc Graw-Hill，1965.

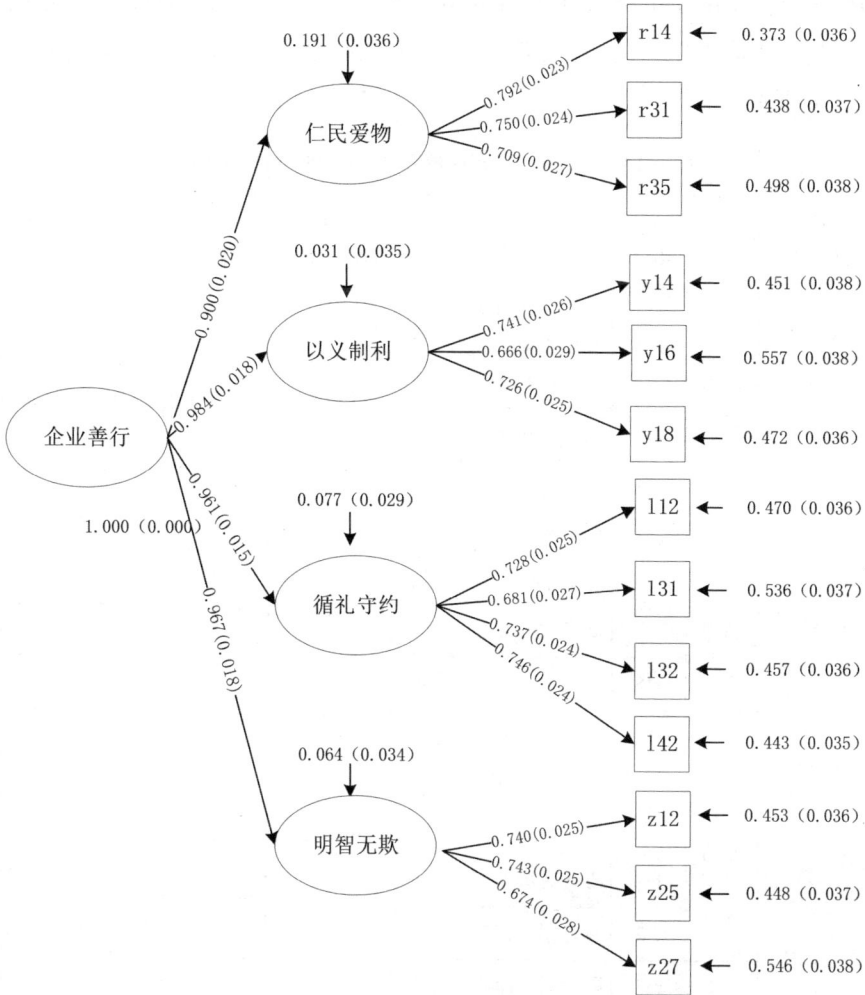

图 6-3 儒商企业善行二阶四因子模型标准化路径系数

两个指标评估，组合信度 CR 值代表观测变量和对应潜变量内部一致性程度，一般需要大于 0.6 的标准。[①] 经过数据分析，消费者感知儒商企业善行量表的总体信度值 Cronbach's α 为 0.925，量表整体信度可靠。验证一阶潜变量的信度指标，仁民爱物 Cronbach's α 值为 0.790，CR 值为 0.795；以义制利 Cronbach's α 值为 0.748，CR 值为 0.755；循礼守约

---

① Richard P. Bagozzi, Youjae Yi. On the Evaluation of Structural Equation Models. *Journal of the Academy of Marketing Science*, 1988, 16 (1)：74—94.

Cronbach's α值为 0.812，CR 值为 0.814；明智无欺 Cronbach's α 值为 0.762，CR 值为 0.763；均大于 0.7，因此儒商企业善行量表具有良好的信度，见表 6-14。

表 6-14　儒商企业善行测量量表信度检验（N＝485）

总体 Cronbach's α	维度	项目编号	题项	单维度 Cronbach's α	C.R 组合信度	AVE	AVE 平方根
0.925	仁民爱物	r14	己欲达而达人（企业想要事业通达，也要让他人事业通达）	0.790	0.795	0.564	0.751
		r31	乐善而好施				
		r35	亲民而爱物				
	以义制利	y14	君子爱财，取之有道	0.748	0.755	0.507	0.712
		y16	君子之能以公义胜私欲也				
		y18	义以生利，利以丰民				
	循礼守约	l12	不知礼，无以立也	0.812	0.814	0.512	0.716
		l31	尊重当地社会规则，做事循礼				
		l32	有礼者敬人				
		l42	礼之用，和为贵				
	明智无欺	z12	顾大局，深明大义	0.762	0.763	0.518	0.720
		z25	知者利仁（有智慧的企业知道仁所能带来的长远利益）				
		z27	智者使人知己（善行应有适当有效的宣传方式）				

　　对量表效度的检验主要来自两个指标：内容效度与结构效度。内容效度表明量表可以有效衡量研究者的问题，主要运用定性方法加以衡量。通过文献回顾及深度访谈所获取的原始素材，构建初始量表，并邀请兼具管

理学和儒家善行文化研究背景的专家对问卷的设计多次修订，继而实施预调研，故可以判定，消费者感知儒商企业善行的测量量表编制认真细致，其内容效度良好和有效。

结构效度的验证主要从消费者儒商企业善行感知量表的收敛效度及区分效度进行评判。量表效度应当满足以下两个条件。第一，潜变量和观测变量二者间的标准载荷值>0.5。第二，潜变量平均方差抽取量 AVE 值>0.5 时，表明量表的收敛效度可靠；当潜变量的 AVE 值平方根大于该潜变量和其他变量之间的相关系数时，说明量表的区分效度良好。① 实证研究结果各题项的因子载荷值均大于 0.5，AVE 值亦均大于 0.5，说明量表收敛效度良好；各因子 AVE 值平方根取值，分别为仁民爱物 0.751、以义制利 0.712、循礼守约 0.716、明智无欺 0.720（见表 6-14），总体大于该因子和其他因子之间的相关系数值，量表区分效度良好。②

综上实证分析可见，儒商企业善行概念维度由仁民爱物、以义制利、循礼守约和明智无欺构成。其中，仁民爱物包含 r14、r31 和 r35 三个题项，以义制利包含 y14、y16 和 y18 三个题项，循礼守约包含 l12、l31、l32 和 l42 四个题项，以及明智无欺包含 z12、z25 和 z27 三个题项。数据分析结果证明，消费者感知儒商企业善行量表具备良好的信度和效度。

---

① Claes Fornell, David F. Larcker. Structural Equation Models with Unobservable Variables and Measurement Error: Algebra and Statistics. *Journal of Marketing Research*, 1981, 18（3）: 382—388.
② 后续样本的进一步验证，见表 7-7。

第七章 儒商企业善行实证分析

基于儒商企业善行概念模型及量表开发，提出实证研究假设，探索儒商企业善行对消费者购买意愿的影响效应，包括直接和间接影响效应。间接影响效应还包括消费者—企业认同的中介作用及文化认同的调节作用。通过回归分析及结构方程检验，验证企业善行对消费者购买意愿的正向促进作用。运用 SPSS22.0 和 Mplus8.0 等数据分析工具，经由层次回归分析、Bootstrap 检验和结构方程模型等统计方法，验证消费者—企业认同的中介效应，以及文化认同的调节效应。实证分析表明，文化认同的调节效应经由消费者—企业认同的中介作用得以实现。从而，成功验证了如下三个研究假设。H1：儒商企业善行感知正向影响消费者购买意愿，即消费者所感知的企业善行四个维度程度越高，越容易提升其购买意愿；H2：消费者—企业认同在儒商企业善行和购买意愿之间起到中介作用；H3：文化认同在儒商企业善行和消费者—企业认同之间起到调节作用。

第一节 研究假设与样本选择

一、理论分析与研究假设

善心源于社会心理学概念，其衍生的行为必然与社会传统和文化密不可分。在儒商企业善行量表开发的基础上，以儒家性善论、推恩说及"以义为上"义利观为理论基础，结合文献回顾推断，提出研究假设，并进行实证分析。

（一）儒商企业善行感知对消费者购买意愿直接影响的理论分析与研究假设

已有研究发现，伦理消费者愿意以更高的价格购买行善企业生产的产品，并以此表示对善行的激励，就是说，消费者对儒商企业善行的感知可以正向影响善意的捐赠和对企业的购买行为。① 莫尔（Mohr）等以运动鞋为试验品，检验消费者对企业善行的反应。研究结果表明，消费者对行善企业有好感，善行声誉正向影响消费者的购买行为。② 还有学者采用半结构化访谈方式，探寻中国消费者对企业善行的反应。研究结果表明，对企业善行持正面支持的消费者占比高达44%，企业善行有助于提升消费者的认可度和购买意愿。③ 马龙龙研究发现，儒家文化情景下，企业善行正向影响消费者购买意愿。④

企业善行的主要动机在于，善行感知能够促进消费者购买决策，蕴含巨大的潜在收益。消费者对企业善行内在响应的首要阶段就是善行感知。善行感知是消费者能否感知到善行，及其感知差异程度。⑤ 也就是，企业善行能否在消费者响应上取得预期效果，关键在于消费者对企业善行的感知程度。良好的善行感知是消费者积极响应的基础，从消费者感知角度探讨企业善行的实践效果具有现实指导价值。⑥

消费者对企业善行的感知程度越高，善行活动就越容易对消费者购买行为产生影响。龙贤义等借用社会交互理论、理性人假设以及"态度-行

---

① Donald R. Lichtenstein, Minette E. Drumwright, Bridgette M. Braig. The Effect of Corporate Social Responsibility on Customer Donations to Corporate-supported Nonprofits. *Journal of Marketing*, 2004, 68（4）：16—32.

② Lois A. Mohr, Deborah J. Webb. The Effects of Corporate Social Responsibility and Price on Consumer Responses. *Journal of Consumer Affairs*, 2005, 39（1）：121—147.

③ 马龙龙：《企业社会责任对消费者购买意愿的影响机制研究》，《管理世界》，2011 年第 5 期。

④ 骆紫薇、吕林祥：《善因营销对消费者态度的影响及其理论解释》，《心理科学进展》，2019 年第 4 期。

⑤ C. B. Bhattacharya, Sankar Sen. Doing Better at Doing Good：When, Why, and How Consumers Respond to Corporate Social Initiatives. *California Management Review*, 2004, 47（1）：9—24.

⑥ 蔡依恒：《消费者感知的企业社会责任与消费者响应的关系研究——以饮料消费者为例》，南京师范大学硕士论文，2014。

为-情境"模型，通过情景化的自我报告问卷调查方法，描述虚拟企业及其相关企业善行，检验企业善行、消费者购买意愿和消费者购买行为之间的关系。研究结果显示，企业善行感知对购买意愿具有显著影响，购买意愿在企业善行感知和实际购买行为中发挥部分中介作用。努力提升消费者购买意愿的企业善行，是促使消费者实施购买行为的有效市场战略。①

据此，提出以下假设及理论分模型，如图 7-1 所示。

H1：儒商企业善行感知正向影响消费者购买意愿

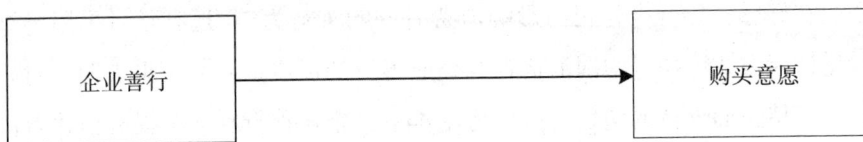

图 7-1　儒商企业善行对消费者购买意愿直接影响理论模型②

(二) 消费者—企业认同中介作用的理论分析与研究假设

消费者与企业的交换关系中，其购买意愿的产生机理，亦可以从消费者—企业认同等相关研究中探寻。消费者—企业认同，是指消费者出于自我感知及企业感知一致性，对企业心理上的依恋。③ 消费者对有吸引力的企业，能够产生认同感。

依据利益相关者理论，消费者是企业重要的利益相关者，常依据企业善行表现评估企业价值和企业形象。④ 企业善行与消费者切身利益相关，这一相关性促使消费者认为，企业活动不只是为了盈利，而且有助于提高消费者福利，因而增强消费者认同，进而认可和支持企业行为，并愿意与企业关联互动。因此，企业善行感知能够促进消费者企业认同。此外，基

---

① 龙贤义、邓新明、杨赛凡等：《企业社会责任，购买意愿与购买行为——主动性人格与自我效能有调节的中介作用》，《系统管理学报》，2020 年第 4 期。

② 自变量"企业善行"即"消费者企业善行感知"，是消费者对企业善行四个维度实施程度的感知。

③ Shuili Du, C. B. Bhattacharya, Sankar Sen. Reaping Relational Rewards from Corporate Social Responsibility: The Role of Competitive Positioning. *International Journal of Research in Marketing*, 2007, 24 (3): 224—241.

④ Jin L Y. The Effects of Consumers' Company Identification on Their Evaluation of Products and Behavioral Responses. *Nankai Business Review*, 2006, 9 (3): 16—21.

于自我认同的角度，除了认为自己是经济个体，还认为自己是社区的一员。积极实践善行表明企业注重提升社区广大成员的利益，消费者不仅关心个人的体验和感知，而且关心利益相关者的福利。① 基于这一特性，消费者对行善企业具有更积极的评价和认同感。②

李元淑等探索善行形式如捐赠、善因营销和慈善活动等，研究结论表明善行对消费者—企业认同有显著的正向影响。③ 齐丽云等认为，消费者对企业的认同程度越高，越支持企业善行。他们选取食品行业为研究样本，探讨责任采购、经济责任、人权、环境保护、社会发展、产品责任、劳动实践及动物保护八个维度对消费者购买意愿的影响。实证研究结果发现，企业善行维度所获得的认同感并不一致，其中经济责任、人权、环境保护、社会发展和动物保护五个维度对购买意愿有正向积极影响。④

社会成员对善行的感知及评价体现对企业存在价值的肯定和认同。⑤ 只有积极实践企业善行的公司，才能得到广大消费者的认同。研究表明，当消费者认同一个企业时，他们会在自己和企业间产生精神上的联系，积极帮助企业获取利润。在消费者对企业行为的解构过程中，消费者—企业认同可以发挥长期影响，如持续购买公司产品。依据社会认同理论，当人们认同某群体时，将做出有利于该群体的行为以表示支持，如积极购买该企业产品。⑥ 黄光等运用组织认同理论，从个体消费行为差异视角，揭示不同消费者对企业善行响应机制和内在过程。采用实验研究方法，以日用

---

① Isabelle Maignan, O. C. Ferrell, Linda Ferrell. A Stakeholder Model for Implementing Social Responsibility in Marketing. *European Journal of Marketing*, 2005, 39 (9): 956—977.

② 肖海林、李书品：《企业社会责任感知与消费者归因对服务性企业服务补救满意度的影响——基于顾客认同的中介作用》，《南开管理评论》，2017 年第 3 期。

③ Yuan-Shuh Lii, Monle Lee. Doing Right Leads to Doing Well: When the Type of CSR and Reputation Interact to Affect Consumer Evaluations of the Firm. *Journal of Business Ethics*, 2012, 105 (1): 69—81.

④ 齐丽云、张碧波、郭亚楠：《消费者企业社会责任认同对购买意愿的影响》，《科研管理》，2016 年第 5 期。

⑤ Van Herpen E, Pennings J M E, Meulenberg M T G. Consumers' Evaluations of Socially Responsible Activities in Retailing. Mansolt Working Paper, 2003.

⑥ Ahearne Michael, Bhattacharya C. B., Gruen Thomas. Antecedents and Consequences of Customer-company Identification: Expanding the Role of Relationship Marketing. *Journal of Applied Psychology*, 2005, 90 (3): 574—585.

化工行业为研究样本，研究结论表明，企业善行有助于提升企业整体社会形象，并促使消费者由内而外产生对企业的强烈认同感。平时越支持善行的消费者，认同程度越高，因为他们感同身受，把对企业的认同转化为积极的宣传方式，做出热烈响应。[1] 谢佩洪等基于儒家文化情境的样本调研，亦得出消费者—企业认同在企业善行和消费者购买意愿关系中起中介作用。[2]

据此，提出以下假设及理论分模型，如图 7-2 所示。

H2：消费者—企业认同在儒商企业善行和消费者购买意愿之间起到中介作用

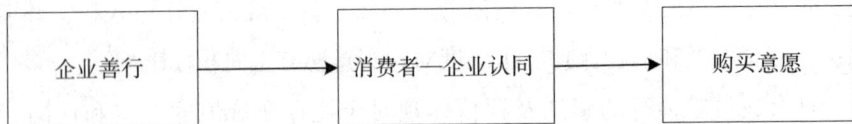

图 7-2　消费者—企业认同中介效应理论模型

（三）文化认同调节作用的理论分析与研究假设

管理心理学认为，文化影响群体行为的态度、行为准则和价值观。跨文化管理理论从文化比较的视角，研究国别文化差异及其管理模式差异。跨文化研究方法的重点在于国别变量分布水平对比，或国别文化特殊维度对变量的影响研究。相关研究的切入点分客位和主位两种，客位研究基于外部视角，对多种文化做比较分析，探讨共性和异质性；主位研究基于主位立场探索问题，采取地方性标准和具有国别文化意义的模型，来分析本土化问题。[3] 本书采用主位方法探讨文化认同作用。按照社会认同理论的观点，文化认同体现个体对其所处文化群体的积极感受，属于亲内群体构

---

[1] 黄光、夏文静、周延风：《消费者社会责任消费行为对企业社会责任行为响应的影响》，《广东财经大学学报》，2014 年第 6 期。

[2] 谢佩洪、周祖城：《中国背景下 CSR 与消费者购买意向关系的实证研究》，《南开管理评论》，2009 年第 1 期。

[3] 刘军：《管理研究方法：原理与应用》，中国人民大学出版社，2008，第 130—148 页。

念。① 文化认同代表个体归属于某特定族群，个体之间拥有共同的认同感和价值观。儒家文化情境下的文化认同包含对本民族自我认同、民族之间相互的文化认同及对中华民族共性文化认同三个方面。②

全球化背景下，儒家文化与自我文化身份认同的研究成果日益增多。黄益军等通过质性访谈和实证分析，认为非遗产品文化认同对消费者购买意愿有显著正向影响。③ 黄海洋等以全球品牌产品为样本，研究文化认同对购买可能性的影响机制，结果显示，儒家文化情境下文化认同对购买可能性具有显著正向影响。④ 高文化认同的消费者因为对国家文化象征性的高度重视，对国产品牌保持积极正向态度，这种发自内心的积极感受有助于促成消费者购买该品牌，⑤ 即消费者通过实际行动表达"愿意相信什么"来实现对组织的认同，从而增强文化归属感和购买意愿。

据此，提出以下假设及理论分模型，如图7-3所示。

H3：文化认同在儒商企业善行和消费者—企业认同之间起到调节作用

图7-3　文化认同调节效应理论模型

---

① He J X, Wang C L. Cultural Identity and Consumer Ethnocentrism Impacts on Preference and Purchase of Domestic Versus Import Brands: an Empirical Study in China. *Journal of Business Research*, 2015, 68 (6): pp. 1225—1233.

② 王希恩：《中华民族建设中的认同问题》，《西南民族大学学报》（人文社科版），2019年第5期。

③ 黄益军、吕庆华：《非遗产品文化认同的测量及其对购买意愿的影响》，《大连海事大学学报》（社会科学版），2019年第3期。

④ 黄海洋、何佳讯：《融入中国元素：文化认同对全球品牌产品购买可能性的影响机制研究》，《外国经济与管理》，2017年第4期。

⑤ Aaker Jennifer Lynn, Benet-Martínez Verónica, Garolera Jordi. Consumption Symbols as Carriers of Culture: a Study of Japanese and Spanish Brand Personality Constucts. *Journal of Personality and Social Psychology*, 2001, 81 (3): 492—508.

综上，基于已开发的消费者儒商企业善行感知测量量表，将实证分析儒商企业善行对消费者购买意愿的直接影响，引入消费者—企业认同作为中介变量，文化认同作为调节变量，从消费者感知视角，探索并检验儒商企业善行对消费者购买意愿的影响机理。

二、儒商企业善行实证分析样本选择

（一）儒商企业善行感知样本产品选择与分类

借鉴情境问卷设计方式，通过描述儒商企业善行相关信息，检验消费者善行感知对结果变量的影响机理。企业情境问卷的行业选择通过量化统计的方式确定，参照相关研究，[①] 并依据《国民经济行业分类代码表》确定行业，考虑实施对象是个人消费者，故剔除组织客户行业，经筛选余下15个行业，涵盖食品行业、家居行业、化学制品业、医药制品业、房地产业及电器行业等（见表7-2）。按照分层抽样原则，随机抽取100名消费者作为测试人员。请100名测试人员按照认为该行业是否需要履行善行的重要性程度，将行业降序排列。最终得到有效样本71份，问卷有效率为71%。

有效样本的分布总体符合消费群体分布。性别分布上，男性31名，占比43.7%；女性40名，占比56.3%。年龄分布上，18至24岁（青年）13名，占比18.3%；25至39岁（中青年）51名，占比71.8%；40至55岁（中年）7名，占比9.9%。月薪分布上，2000元以下8名，占比11.3%，2000至5000元25名，占比35.2%，5001至8000元23名，占比32.4%，8000元以上15名，占比21.1%。受教育程度（学历）分布上，大专及以下17名，占比23.9%，本科41名，占比57.7%，硕士研究生及以上13名，占比18.3%，见表7-1。

---

① 肖捷：《企业社会责任项目的消费者感知研究》，湖南大学硕士论文，2013年。

表 7-1 测试样本基本信息（N=71）

类别	选项	人数	百分比
性别	男	31	43.7%
	女	40	56.3%
年龄	18—24 岁	13	18.3%
	25—39 岁	51	71.8%
	40—55 岁	7	9.9%
月薪	2000 元以下	8	11.3%
	2000—5000 元	25	35.2%
	5001—8000 元	23	32.4%
	8000 元以上	15	21.1%
受教育程度（学历）	大专及以下	17	23.9%
	本科	41	57.7%
	硕士研究生及以上	13	18.3%

数据分析采用 SPSS 非参数检验部分的秩和检验来完成。把排序变成被试对每种行业的分值（分值=16-排列位置），例如位列第一的行业赋值 15，位列第二的行业赋值 14，逐一给分，排名最后的行业赋值为 1。15 个行业排序得分及相关统计信息，见表 7-2。

表 7-2 行业企业善行得分排序及相关说明

行业	平均数	最大值	最小值	中位数
食品行业	12.634	3.681	1	14
医药制品业	12.211	3.5007	1	14
化学制品业	8.803	4.0765	1	9
文教体育用品业	8.31	4.1078	1	9
汽车行业	8.085	3.8275	1	8
烟草行业	8	4.8018	1	8

行业	平均数	最大值	最小值	中位数
金融业	7.592	4.1389	1	8
服装制业	7.31	3.8899	1	7
家居行业	7.31	3.8899	1	7
房地产业	7.014	4.8211	1	7
电器行业	6.901	3.3728	1	6
通信行业	6.746	3.324	1	6
金属制业	6.535	3.4052	1	6
零售业	6.197	3.7668	1	6
计算机制造	6.141	3.6579	1	6

首先，采用 Friedman 检验方法，渐进显著性为 0.000，表明消费者对每个行业善行的关注程度不同，见表 7-3。

表 7-3　Friedman 显著性结果显示

检验统计量	
N	71
卡方	187.554
Df	14
渐进显著性	0.000
a. Friedman 检验	

其次，通过秩平均数大小区分关注度，检验结果显示，在消费者心中，企业善行关注度的前四个行业分别是食品行业（秩平均值 12.61）、医药制品业（12.21）、化学制品业（8.76）和文教体育用品业（8.24）。Friedman 秩检验结果，见表 7-4。消费者对儒商企业善行较为关注的行业具备产品差异化程度为中等、产品满足需求类型为实用性的两大特点，而

食品行业正属于此类,[①] 鉴于消费者对食品行业的企业善行实践情况最为关注,因此,本实验模拟消费者面临食品行业品牌选择的情境。

表7-4 Friedman 秩检验结果

行业	平均等级	排名
食品行业	12.61	1
医药制品业	12.21	2
化学制品业	8.76	3
文教体育用品业	8.24	4
汽车行业	8.1	5
烟草行业	8.07	6
金融业	7.63	7
服装制业	7.35	8
家居行业	7.35	9
房地产业	7.04	10
电器行业	6.93	11
通信行业	6.75	12
金属制业	6.56	13
零售业	6.23	14
计算机制造	6.18	15

（二）研究样本

依据研究目的,发布调研问卷（参见本书附录五）,收集调研样本。调研问卷通过网上调研平台问卷星实现。历时3周,共收集问卷501份,抽样时间为2020年1月。依据同一IP地址是否重复提交、填写问卷时间长短、问卷答案的认真度及反义题题项设置等标准,剔除无效问卷86份,获得有效问卷415份,有效问卷回收率为82.8%。

正式调研样本基本信息,性别分布上,415名消费者男性占比44.1%,女性占比55.9%。年龄分布上,18至24岁（青年）占比16.4%,25至39

---

① 田志龙、王瑞、杨文等:《中国情境下消费者CSR反应的行业比较研究》,《管理科学》,2011年第2期。

岁（中青年）占比 72.3%，40 至 55 岁（中年）占比 9.4%，55 岁以上（中老年）占比 1.9%，这和我国社会劳动力结构分布大体相似。月薪分布上，2000 元以下占比 8.0%，2000—5000 元占比 21.9%，5001—8000 元占比 41.7%，8000 元以上占比 28.4%。受教育程度（学历）分布上，大专及以下占比 12.3%，本科占比 76.1%，硕士研究生及以上占比 11.6%。正式调研样本基本信息，见表 7-5。

表 7-5　正式调研样本基本信息（N=415）

类别	选项	人数（人）	百分比
性别	男	183	44.1%
	女	232	55.9%
年龄	18—24 岁	68	16.4%
	25—39 岁	300	72.3%
	40—55 岁	39	9.4%
	55 岁以上	8	1.9%
月薪	2000 元以下	33	8.0%
	2000—5000 元	91	21.9%
	5001—8000 元	173	41.7%
	8000 元以上	118	28.4%
受教育程度（学历）	大专及以下	51	12.3%
	本科	316	76.1%
	硕士研究生及以上	48	11.6%

第二节　儒商企业善行对消费者购买意愿的直接影响

一、测量工具

（一）自变量：儒商企业善行

儒商企业善行依据前文扎根理论研究方法所开发的测量工具，包括四个维度：仁民爱物、以义制利、循礼守约和明智无欺。其中，仁民爱物测量题项包括：r14（"己欲达而达人"），即企业想要事业通达，也要让他人事业通达；r31（"乐善而好施"）和 r35（"亲民而爱物"）。以义制利测量题项包括：y14（"君子爱财，取之有道"）、y16（"君子之能以公义胜私欲也"）和 y18（"义以生利，利以平民"）。循礼守约测量题项包括l12（"不知礼，无以立也"）、l31（"尊重当地社会规则，做事循礼"）、l32（"有礼者敬人"）和 l42（"礼之用，和为贵"）。明智无欺测量题项包括 z12（"顾大局，深明大义"）、z25（"智者利仁"）和 z27（"智者使人知己"），即善行应有适当有效的宣传方式。每个题项均采用 7 点李克特量表测量，数值 1 表示"非常不同意"，数值 7 表示"非常同意"。消费者企业善行感知测量量表汇总，见表 7-6。

表 7-6　儒商企业善行感知测量量表

变量	维度	项目编号	题项	量表来源
儒商企业善行	仁民爱物	r14	己欲达而达人（企业想要事业通达，也要让他人事业通达）	自制
		r31	乐善而好施	自制
		r35	亲民而爱物	自制
	以义制利	y14	君子爱财，取之有道	自制
		y16	君子之能以公义胜私欲也	自制
		y18	义以生利，利以平民	自制
	循礼守约	l12	不知礼，无以立也	自制
		l31	尊重当地社会规则，做事循礼	自制
		l32	有礼者敬人	自制
		l42	礼之用，和为贵	自制
	明智无欺	z12	顾大局，深明大义	自制
		z25	智者利仁（有智慧的企业知道仁所能带来的长远利益）	自制
		z27	智者使人知己（善行应有适当有效的宣传方式）	自制

（二）因变量：消费者购买意愿

消费者购买意愿的测量主要借鉴服务营销先驱泽瑟姆尔（Zeithaml）等的研究，[①] 包括三个问项，内容分别是"A 企业的相关产品和服务是购买的第一选择""我会在 A 企业购买大部分相关的产品和服务"与"我更愿意尝试 A 企业推出的新产品和服务"。每个题项均采用 7 点李克特量表测量，数值 1 表示"非常不同意"，数值 7 表示"非常同意"。

儒商企业善行整体量表 Cronbach's α 值为 0.841，购买意愿整体量表 Cronbach's α 为 0.701，二者均大于 0.7，表示量表信度达到要求。

二、消费者购买意愿对儒商企业善行的回归分析

（一）研究变量的相关性分析

运用 Pearson 相关分析检验变量之间的相关性，用 R 代表仁民爱物，Y 代表以义制利，L 代表循礼守约，Z 代表明智无欺，I 代表购买意愿。相关矩阵分析结果，见表 7-7。

表 7-7　儒商企业善行与消费者购买意愿相关矩阵（N=415）

变量	R	Y	L	Z	I
R	0.381（0.617）				
Y	0.446＊＊	0.310（0.556）			
L	0.490＊＊	0.545＊＊	0.345（0.587）		
Z	0.443＊＊	0.553＊＊	0.555＊＊	0.333（0.577）	
I	0.402＊＊	0.294＊＊	0.347＊＊	0.425＊＊	0.442（0.665）

注：＊表示 P<0.05，＊＊表示 P<0.01。对角线为该潜变量的 AVE 值（括号里为 AVE 值的平方根）

表 7-7 可知，消费者购买意愿（I）与儒商企业善行及其四个维度之间都有显著正相关关系。

[①] Valarie A. Zeithaml, Leonard L. Berry, A. Parasuraman. The Behavioral Consequence of Service Quality. *Journal of Marketing*, 1996, 60（2）：31—46.

（二）儒商企业善行对消费者购买意愿的直接影响检验

运用回归分析的方法，检验儒商企业善行整体对购买意愿的直接影响。首先，共线性问题诊断。回归分析之前，采用SPSS22.0进行共线性诊断。当消费者购买意愿为因变量时，儒商企业善行（自变量）的方差膨胀因子（VIF值）为1.017，小于10的标准，说明不存在多重共线性问题。其次，均值中心化处理。以消费者购买意愿为因变量，分别将性别、年龄、月薪和教育程度等控制变量和儒商企业善行（自变量）代入回归方程，回归分析结果见表7-8。

表7-8　消费者购买意愿对儒商企业善行的回归分析

变量	消费者购买意愿	
	模型1	模型2
	标准化系数 Beta	标准化系数 Beta
性别	0.063	0.028
年龄	0.015	−0.008
月薪	0.047	0.011
受教育程度	0.067	0.057
儒商企业善行	—	0.458 ***
R2	0.012	0.218
调整后的 R2	0.003	0.209
F 值	1.273	22.814 ***

注：＊表示 P<0.05，＊＊表示 P<0.01，＊＊＊表示 P<0.001。

表7-8表明，在控制消费者性别、年龄、月薪和受教育程度后，儒商企业善行对消费者购买意愿的影响依然显著（β=0.458，P<0.001），即儒商企业善行水平越高，消费者购买意愿越强。因此，研究假设 H1 得到验证。

（三）分析与讨论

回归分析的结果有力验证假设 H1，即儒商企业善行对消费者购买意愿具有正向影响作用。儒商企业善行水平越高，越刺激消费者购买意愿。该情况与实际相符，善及善行是儒家文化精髓，儒商企业基于仁爱与推恩精神，遵循"以义为上"义利观，所做的既符合消费者对义的期望，又符合社会礼法道德，且有利于企业长远发展的明智之举，必然提升消费者的购买意愿。因此，研究假设 H1 理应通过验证。

第三节　儒商企业善行对消费者购买意愿的间接影响

一、测量工具

（一）测量量表的来源

第一，自变量和因变量：儒商企业善行和消费者购买意愿的自变量和因变量的测量，与上文相同，不再重复检验其信效度。

第二，中介变量：消费者—企业认同。中介变量的测量，参考梅尔（Mael）和阿什福斯（Ashforth）等的研究成果，[①] 采用五个测量题项，见表 7-9。

表 7-9　消费者—企业认同初始测量量表

测量编号	测量题项	量表来源
CI1	我比较关注这家公司的相关信息和发展状况	Mael&Ashforth（1992）
CI2	有人批评这家公司时，我会感到被人身攻击	
CI3	我很有兴趣知道别人对这家公司有何看法	
CI4	当有人赞赏这家公司时，我会感受到同样的个人赞誉	
CI5	我会向他人传播有利于这家公司的正面信息，抵触不利于这家公司的负面信息	

① Fred Mael, Blake E. Ashforth. Alumni and Their Alma Mater: A Partial Test of the Reformulated Model of Organizational Identification. *Journal of Organizational Behavior*, 1992, 13 (2): 103—123.

五个题项均采用 7 点李克特量表测量，1 表示"非常不同意"，7 表示"非常同意"。得分越高，企业认同感越强。

第三，调节变量：文化认同。儒家文化背景下，文化认同包括本民族自我认同、民族之间的文化认同及对中华民族共性文化认同等三个方面。[1] 文化认同的测量借鉴 Keillor 等的 NATID 量表，[2] 以及何佳讯等的研究成果，[3] 采用四个测量题项，参见表 7-10。

表 7-10　文化认同初始测量量表

测量编号	测量题项	量表来源
CH1	中国的优势之一在于它强调历史事件的重要性	Keillor 等（1996）何佳讯等（2017）
CH2	中国人通常认为他们来自共同的历史文化背景	
CH3	中国人为自己的国籍感到骄傲	
CH4	中国人经常参加一些能表明他们是"中国人"的活动	

四个题项均采用 7 点李克特量表测量，1 表示"非常不同意"，7 表示"非常同意"。得分越高，文化认同越强。

（二）中介、调节和结果变量测量量表的信效度分析

第一，消费者—企业认同（中介变量）测量量表的信效度检验。

消费者—企业认同测量量表信度检验结果，见表 7-11。

表 7-11　消费者—企业认同测量量表信度检验

测量编号	测量题项	删除该项后的 Cronbach's α	初始 Cronbach's α	调整后的 Cronbach's α
CI1	我比较关注这家公司的相关信息和发展状况	0.780（最终删除）		

---

① 王希恩：《中华民族建设中的认同问题》，《西南民族大学学报》（人文社科版），2019 年第 5 期。

② Bruce D. Keillor, G. Tomas M. Hult, Robert C. Erffmeyer, et al. NATID: The Development and Application of a National Identity Measure for Use in International Marketing. *Journal of International Marketing*, 1996, 4（2）：57—73.

③ 何佳讯、吴漪、丁利剑等：《文化认同，国货意识与中国城市市场细分战略——来自中国六城市的证据》，《管理世界》，2017 年第 7 期。

续表

测量编号	测量题项	删除该项后的 Cronbach's α	初始 Cronbach's α	调整后的 Cronbach's α
CI2	有人批评这家公司时，我会感到被人身攻击	0.597		
CI3	我很有兴趣知道别人对这家公司有何看法	0.693	0.721	0.780
CI4	当有人赞赏这家公司时，我会感受到同样的个人赞誉	0.590		
CI5	我会向他人传播有利于这家公司的正面信息，抵触不利于这家公司的负面信息	0.660		

由表7-11可知，消费者—企业认同测量题项初始Cronbach's α值为0.721，大于0.7，删除CI1项后，总体Cronbach's α值上升到0.780。因此，消费者—企业认同最终题项保留CI2、CI3、CI4和CI5。消费者—企业认同测量量表通过信度检验。

消费者—企业认同测量量表取自以往研究中经过信效度检验的良好测量量表，内容效度高；且由图7-5可知，消费者—企业认同各因子载荷值均大于0.5，故消费者—企业认同量表具备良好的效度。

第二，文化认同（调节变量）测量量表的信效度检验。

文化认同测量量表信度检验结果，见表7-12

表7-12　文化认同测量量表信度检验

测量编号	测量题项	删除该项后的 Cronbach's α	Cronbach's α
CH1	中国的优势之一在于它强调历史事件的重要性	0.684	
CH2	中国人通常认为他们来自共同的历史背景	0.673	
CH3	中国人为自己的国籍感到骄傲	0.641	0.708
CH4	中国人经常参加一些能表明他们是"中国人"的活动	0.573	

由表 7-12 可知，文化认同测量量表初始 Cronbach's α 值为 0.708，删除任意一项都无法显著提升总体 Cronbach's α 值。因此，最终测量保留 CH1、CH2、CH3 和 CH4。文化认同测量量表信度通过检验。

文化认同测量量表源于以往研究的成熟量表，具备良好的内容效度；且由图 7-5 可知，文化认同测量题项各因子载荷值均大于 0.5，故文化认同量表具备良好的效度。

第三，消费者购买意愿（结果变量）测量量表的信效度检验。

消费者购买意愿测量量表信度检验结果，见表 7-13。

表 7-13　消费者购买意愿测量量表信度检验

测量编号	测量题项	删除该项后的 Cronbach's α	Cronbach's α
I1	A 企业的相关产品和服务是购买的第一选择	0.645	
I2	我会在 A 企业购买大部分相关的产品和服务	0.604	0.700
I3	我更愿意尝试 A 企业推出的新产品和服务	0.573	

由表 7-13 可知，消费者购买意愿测量量表初始 Cronbach's α 值为 0.700，删除任一项都无法显著提升总体 Cronbach's α 值。因此，最终测量保留 I1、I2 和 I3。消费者购买意愿测量量表信度通过检验。

消费者购买意愿量表源于以往开发的成熟量表，内容效度良好；且由图 7-5 可知，消费者购买意愿测量题项各因子载荷值均大于 0.5，故消费者购买意愿量表具备良好的效度。

二、共同方法偏差

共同方法偏差来源于共同的数据源和调研对象，以及一样的测试环境、项目语境和项目本身特征。如果存在共同方法偏差，则影响研究结论的效度。测量消费者的企业善行的感知，由于数据源自同一主体，且采用横截面数据，共同方法偏差可能混淆理论建构中变量之间的关系，故需要加以预防和检验。

借鉴前人研究成果采用多种方式控制共同方法偏差,[①] 分述如下。

第一,在问卷卷首语中表明回答无对错之分,且采用匿名测度,鼓励被访者如实填写答案,降低社会期望效应可能产生的偏差。

第二,调整测项顺序,例如,问卷设计应注意先测试因变量,后测试自变量,合理设置问卷长度,避免题目特征可能造成的偏差。

第三,采用间隔采样的方法收集问卷,减少由于同时段测量环境相似而导致的偏差。

第四,最后采用 Harman 单因素分析方法检测共同方法偏差。将研究涉及的自变量、因变量、中介变量和调节变量做未旋转主成分分析,共提取四个因子,第一个因子的方差解释率占比小于 50%,据此,可以认为共同方法偏差对研究没有威胁。

三、消费者—企业认同中介效应检验

通过大规模问卷发放获取数据进行实证研究。第一,运用 SPSS22.0 以及 Mplus8.0 进行中介变量(消费者—企业认同)和调节变量(文化认同)量表的信效度检验。第二,运用 SPSS22.0 分析研究变量间的相关性。第三,运用回归分析方法、Bootstrap 检验,以及结构方程模型探索消费者—企业认同的中介效应、文化认同的调节效应,以验证前文提出的研究假设。

采用 Pearson 相关分析检验变量之间的相关性。用 QYSX 代表儒商企业善行,I(Intention)代表购买意愿,CI(Corporate Identification)代表消费者—企业认同,CH(Cultural Homogeneity)代表文化认同,Gender 代表性别,Age 代表年龄,Salary 代表月薪,Education 代表受教育程度。变量相关矩阵见表 7-14。

---

① 周浩、龙立荣:《共同方法偏差的统计检验与控制方法》,《心理科学进展》,2004 年第 6 期。

表 7-14　研究变量相关矩阵（N=415）

变量	QYSX	I	CI	CH	Gender	Age	Salary	Educ-ation
QYSX	1							
I	0.462＊＊	1						
CI	0.305＊＊	0.308＊＊	1					
CH	0.504＊＊	0.259＊＊	0.416＊＊	1				
Gender	0.065	0.060	−0.061	−0.064	1			
Age	0.075	0.027	0.025	−0.040	−0.040	1		
Salary	0.092	0.060	0.081	0.039	−0.125＊	0.346＊＊	1	
Education	0.041	0.080	−0.011	0.018	0.046	−0.035	0.228＊	1

　　目前，中介效应检验方式，主要有巴伦（Baron）等人的经典三步法[1]和 Bootstrap 自主重复抽样检验法两种。Baron 等中介效应检验三步：检验自变量和因变量之间的关系，检验自变量和中介变量之间的关系，以及在控制中介变量对因变量影响的情况下，观察自变量对因变量初步影响的减弱或消失。相关研究表明，Baron 等三步法科学性尚不足，因为该方法不能满足"抽样总体符合正态分布"假设前提，所以需要采用自主重复抽样法（Bootstrap 方法）进行补充检验。[2] 本书采用侯杰泰等结构方程技术与 Bootstrap 相结合的方法检验直接效应。

　　（一）检验自变量和因变量之间的关系

　　前文已通过回归分析方法验证消费者儒商企业善行整体感知对购买意愿具有显著正向影响。后文运用结构方程技术进一步验证该研究假设。结构方程模型路径如图 7-4 所示，模型拟合结果见表 7-15。

---

[1]　Reuben M. Baron, David A. Kenny. The Moderator-mediator Variable Distinction in Social Psychological Research: Conceptual, Strategic, and Statistical Considerations. *Journal of Personality and Social Psychology*, 1986, 51 (6): 1173—1182.

[2]　David P. MacKinnon, Matthew S. Fritz, Jason Williams, Chondra M. Lockwood. Distribution of the Product Confidence Limits for the Indirect Effect: Program PRODCLIN. *Behavior Research Methods*, 2007, 39 (3): 384—389.

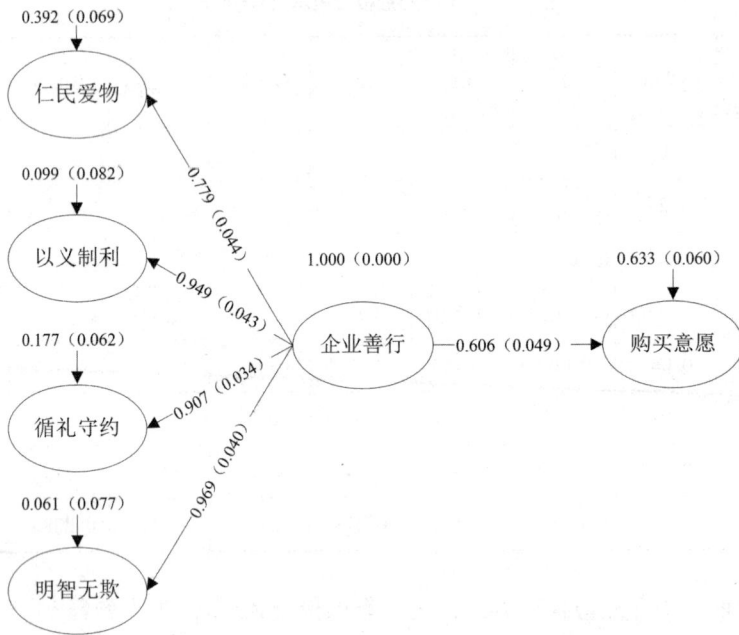

图 7-4 儒商企业善行对消费者购买意愿影响模型

表 7-15 儒商企业善行对消费者购买意愿影响模型的拟合指数

路径	标准化估计值	标准误	P	假设检验效果
购买意愿←儒商企业善行	0.606	0.049	0.000	支持
拟合值指标：$\chi^2/\mathrm{df}=1.919$，RMSEA$=0.047$，CFI$=0.940$，TLI$=0.927$				

表 7-15 结果显示 $\chi^2/\mathrm{df}=1.919$，小于3；RMSEA$=0.047$，小于0.08；CFI 和 TLI 等指标均大于0.9，由此可见儒商企业善行对消费者购买意愿影响模型拟合指标均达到拟合标准，模型拟合程度良好。由图 7-4 可知，儒商企业善行对购买意愿影响的标准化路径系数为0.606（$P<0.000$），验证通过假设 H1 儒商企业善行感知正向影响消费者购买意愿，即消费者所感知到的儒商企业善行程度越高，越容易提升其购买意愿。

（二）检验消费者—企业认同中介效应

消费者—企业认同中介效应模型检验依然采用结构方程技术验证。结构方程模型路径如图 7-5 所示，模型拟合结果见表 7-16。

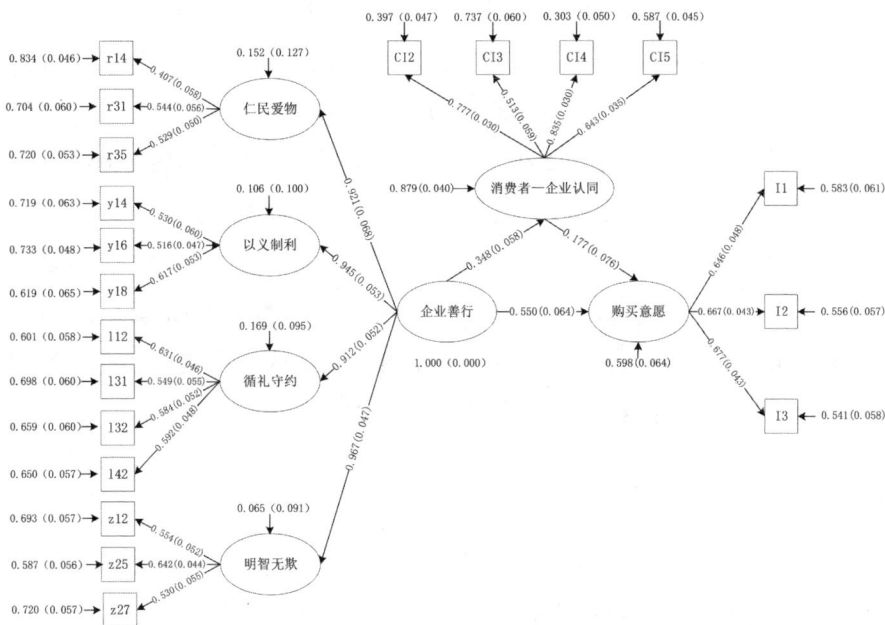

图 7-5 儒商企业善行、消费者—企业认同和购买意愿关系模型

表 7-16 儒商企业善行、消费者—企业认同、购买意愿关系模型拟合指数

路径	标准化估计值	标准误	P	假设检验效果
购买意愿←儒商企业善行	0.556	0.065	0.000	支持
消费者—企业认同←儒商企业善行	0.371	0.059	0.000	支持
购买意愿←消费者—企业认同	0.163	0.077	0.035	支持
拟合值指标：$x^2/df=2.404$，RMSEA$=0.058$，CFI$=0.902$，TLI$=0.900$				

表 7-16 结果显示 $x^2/df=2.404$，小于 3；RMSEA$=0.058$，小于 0.08；CFI 和 TLI 等指标均大于或等于 0.9，由此可见儒商企业善行、消费者—企业认同和购买意愿关系模型拟合指标均达到拟合标准，模型拟合程度良好。由图 7-5 和表 7-16 可知，消费者—企业认同对购买意愿影响的标准化路径系数为 0.163（P<0.05），因此初步判断消费者—企业认同在企业善行和购买意愿之间起到部分中介作用。

（三）Bootstrap 方法再检验消费者—企业认同中介效应

Bootstrap 方法表示从给定样本集中做有放回的均匀抽样，每次选中一个样本时，它再次被选中的机会均等，且会被再次添加到训练集中。Boot-strap 方法来自 Bradley Efron 在 20 世纪 70 年代发表在 *Annals of Statistics* 上的一篇论文。当样本来自能以正态分布描述的总体时，其抽样分布为正态分布；但当样本来自的总体无法以正态分布描述时，则可以用 Bootstrap 等方法分析。对于小数据集而言，自助法能取得良好效果。

运用 Mplus8.0 软件，采用 Bootstrap 方法进一步检验消费者—企业认同的中介作用。消费者—企业认同中介效应回归系数的 95% 置信区间为 [0.008, 0.124]，不包括 0。因此，消费者—企业认同在儒商企业善行和购买意愿之间的中介效应显著，即 H2 得到验证。

四、文化认同的调节效应检验

采用层次回归模型验证文化认同的调节作用。首先对所有变量进行均值中心化处理。采用 SPSS22.0 软件进行共线性诊断。当消费者—企业认同为因变量时，自变量：儒商企业善行、文化认同以及儒商企业善行与文化认同的交互项，其 VIF（方差膨胀因子）值均小于 10，表明不存在多重共线性问题。

以消费者—企业认同为因变量，分别将控制变量、儒商企业善行、文化认同、儒商企业善行和文化认同的交互项依次代入回归方程以检验调节效应，检验结果见表 7-16。由表 7-17 可知，在模型（1）控制性别、年龄、月薪和受教育程度等变量后，模型（2）加入儒商企业善行这一变量，回归结果显示儒商企业善行对消费者—企业认同（简称企业认同）标准回归系数为 0.307，t 值为 6.507，在 1% 的显著水平上显著。这表明儒商企业善行对购买意愿具有正向促进作用。

在模型（2）中，加入文化认同这一变量，回归结果显示文化认同与消费者—企业认同之间的回归系数值为 0.349，t 值为 6.686，在 0.1% 的显著水平上显著。

在模型（3）中，继续加入儒商企业善行与文化认同的交互项。回归结果显示文化认同和儒商企业善行的交互项与消费者—企业认同之间的回归系数值为 0.134，t 值为 2.850，在 1% 的显著水平上显著（此处调整后

的 R^2 值虽不高，但是系数显著性却很强，这一结果表明调节效应的确存在且十分显著）。以上结果表明，文化认同在儒商企业善行和消费者—企业认同之间起到正向调节作用，即 H3 得到验证。

表 7-17 文化认同的调节效应检验

变量	因变量			
	消费者—企业认同	消费者—企业认同	消费者—企业认同	消费者—企业认同
自变量	模型（1）	模型（2）	模型（3）	模型（4）
性别	−0.049 （−0.986）	−0.072 （−1.525）	−0.038 （−0.829）	−0.029 （−0.641）
年龄	−0.007 （−0.126）	−0.022 （−0.442）	0.008 （0.159）	0.012 （0.249）
月薪	0.084 （1.537）	0.060 （1.141）	0.056 （1.132）	0.061 （1.236）
受教育程度	−0.029 （−0.561）	−0.035 （−0.721）	−0.034 （−0.728）	−0.031 （−0.675）
企业善行		0.307 *** （6.507）	0.127 * （2.433）	0.146 ** （2.785）
文化认同			0.349 *** （6.686）	0.380 *** （7.196）
企业善行 * 文化认同				0.134 ** （2.850）
R2	0.010	0.103	0.191	0.207
调整后的 R2	0.000	0.092	0.180	0.194
调整后的 F	1.032	42.341 ***	44.708 ***	8.120 **

总之，儒商企业善行符合消费者个人认同观念时，消费者情感无缝连接，容易产生文化认同或消费者—企业认同，愿意购买企业的产品和服务，儒商企业善行对消费者购买意愿的影响正向积极，该积极影响往往通过消费者—企业认同中介、文化认同调节得以实现。

第八章　研究结论与管理启示

　　基于前文的文献综述、理论建构和实证检验结果，本章归纳整理研究结论、阐述理论贡献和管理启示，为未来理论研究和企业实践提供参考。

第一节　主要研究结论

一、儒商企业善行概念模型构建及测量量表开发

　　在阐释儒商善行理论基础之性善论、推恩说、义利观，梳理相关研究动态及学术史梳理的基础上，笔者对儒商企业善行构念进行基于扎根理论的质性研究。通过摘录儒家《论语》《孟子》《荀子》经典著作文句，以及深度访谈 21 位企业中高层管理人员，整理获得的近 7 万字文本资料，采用扎根理论方法，对资料进行筛选、编码（开放性编码、主轴编码、选择性编码）和分析，得到涵盖 11 个主范畴，29 个副范畴的儒商企业善行逻辑体系，提炼"儒商企业善行概念和维度"核心范畴，建构儒商企业善行概念模型（如图 6-2 所示）。

　　儒商企业善行概念由仁民爱物、以义制利、循礼守约和明智无欺四个相互联系、互相渗透的维度构成，四个维度诠释了儒商企业善行维度建构的精髓。其中，仁民爱物是儒商企业善行的思想内涵，以义制利是儒商企业善行的根本任务，循礼守约是儒商企业善行的行为准则，明智无欺是儒商企业善行的理性原则。总之，认为儒商企业善行，是指企业基于儒家

"仁爱"思想及其推恩"仁术",遵循"以义为上"义利观,所做的既符合消费者对义的期望,又符合社会礼法道德,且有利于企业长远发展的明智之举。

仁民爱物,要求儒商企业善行以儒家"仁爱"思想为根本。仁民爱物的核心内容,由忠、恕和博施济众三者共同构成。忠,是"尽己之心",真诚行善,必获善果。恕,是"如人之心",其核心内涵为"己所不欲,勿施于人"(《论语·雍也》),换位思考,推己及人,利益顾及众多相关者。博施济众,是指企业乐善好施,妥善安排善行事宜,做到"因民之利而利之"(《论语·尧曰》)。以义制利,由义以生利和合宜权变两个部分构成,是指企业以道义为准则,依据经济社会环境变化采取适宜的权变方法。循礼守约,是指儒商企业善行能够遵循社会规则,尊重相关者的利益,信守企业承诺,促进企业、消费者及社会各方互利共赢。明智无欺,由辨仁义和明得失两个部分构成,是指儒商企业明辨是非,分析利弊,持续行善,洞察企业善行长效机制。

在质性研究基础上,通过探索性和验证性因子分析方法,经由初始量表构建、探索性因子分析和验证性因子分析等步骤,从定量分析角度验证儒商企业善行二阶四维度因子模型,检验消费者感知儒商企业善行四个维度的信度和效度,成功开发出儒商企业善行测量量表。

二、儒商企业善行感知对消费者购买意愿具有显著正向影响作用

文化情境和社会环境不同,企业善行感知存在差异。基于儒家性善论、推恩说及"以义为上"义利观思想,以及现实经济社会环境现状,建构儒商企业善行概念模型,开发儒商企业善行测量量表,并实证分析儒商企业善行对消费者购买意愿的影响机理。

运用 Pearson 相关分析检验变量之间的相关性,用 R 代表仁民爱物,Y 代表以义制利,L 代表循礼守约,Z 代表明智无欺,I 代表购买意愿。相关矩阵分析结果,消费者购买意愿(I)与儒商企业善行及其四个维度之间都有显著正相关关系(见表7-7)。运用回归分析的方法,首先进行共线性诊断和均值中心化处理。其次以消费者购买意愿为因变量,分别将性别、

年龄、月薪和教育程度等控制变量和儒商企业善行（自变量）代入回归方程。回归分析结果（见表7-8）显示，儒商企业善行对消费者购买意愿具有正向促进作用，即儒商企业善行水平越高，越能够激发消费者购买意愿。

以上实证研究结论与企业善行情况相符，儒商企业行善积德，"以义为上"，守信经营，明智无欺，必然勉励和激发消费者的购买意愿。

三、儒商企业善行通过消费者—企业认同中介，间接影响消费者购买意愿

由相关文献梳理可以发现，在不同文化情境下，儒商企业善行对消费者购买意愿影响机理尚不清晰。社会认同理论和组织认同理论认为，人们通过对社会的分类，对所在群体容易产生认同，对不同群体容易产生偏见。从认同理论角度看，当企业善行符合消费者个人认同观念时，消费者对企业产生情感连接，即产生对企业的认同，这样的观念被称为消费者—企业认同，从而"爱屋及乌"，支持该企业的生产经营活动，并购买该企业的产品和服务。

收集415份样本数据，运用SPSS22.0及Mplus8.0检验消费者—企业认同（中介变量）量表的信效度、变量间的相关性，以及采用结构方程技术验证消费者—企业认同中介效应模型。实证研究结果（见表7-16）显示，$x^2/df = 2.404$，小于3；RMSEA = 0.058，小于0.08；CFI和TLI等指标均大于或等于0.9，可见儒商企业善行、消费者—企业认同和购买意愿关系模型拟合指标均达到拟合标准，模型拟合程度良好，消费者—企业认同对购买意愿影响的标准化路径系数为0.163（P<0.05），最终验证了消费者—企业认同在儒商企业善行和消费者购买意愿之间起到部分中介作用。

四、文化认同在儒商企业善行对消费者—企业认同影响之间，发挥调节作用

深入研究发现，儒商企业善行对消费者购买意愿的影响程度存在一定

差异，为厘清影响其关系的情境因素，从儒家性善文化视角，引入文化认同变量，探讨其在儒商企业善行与购买意愿之间的调节作用。

收集 415 份样本数据，采用层次回归模型验证文化认同的调节作用。首先对所有变量进行均值中心化处理、诊断其共线性；其次以消费者—企业认同为因变量，分别将控制变量、儒商企业善行、文化认同、儒商企业善行和文化认同的交互项依次代入回归方程以检验调节效应，检验结果（见表 7-17）表明，文化认同在儒商企业善行和消费者—企业认同之间起到调节作用，即消费者对企业善行文化认同程度越高，企业善行感知对消费者—企业认同及购买意愿的影响效应越大。

第二节　理论贡献

一、探究构建儒商企业善行概念模型

采用扎根理论质性研究方法，对儒商企业善行概念和维度进行探索性研究。以往相关研究建立在西方一般社会理论基础上，而产生这些理论的社会环境、宗教背景和合法性制度，都与中国存在很大差别。通过汲取儒家性善论、推恩说及"以义为上"义利观思想，运用扎根理论方法，界定儒商企业善行内涵，并划分其维度，形成具有可比性的企业善行概念模型，得到仁民爱物、以义制利、循礼守约和明智无欺四个重要维度，所构建的从心善到性善的儒商企业道德体系，对当代儒商企业善行具有积极作用。

通过探究儒商企业善行概念，及其仁民爱物、以义制利、循礼守约、明智无欺四个维度的作用，帮助儒商企业更好地理解善行作用，阐释儒商企业善行各维度内涵及实际效果，为企业善行实践提供切实、高效的理论依据，促进儒家善行文化发展，及其现代企业管理转化和应用。

二、研究开发儒商企业善行量表

在文献梳理及理论研究的基础上，开发并验证儒商企业善行量表。通过扎根理论及专家甄别等定性研究方法，构建初始测量题库；通过大样本调研，运用探索性因子分析法（EFA）和验证性因子分析法（CFA）探究儒商企业善行量表的建构效度；通过分析量表的收敛效度和区分效度，确定量表各题项能够代表潜在理论建构的程度；通过量表的信度分析，进一步提高量表的可靠性。从而成功开发出儒商企业善行量表，量表内容由仁民爱物、以义制利、循礼守约和明智无欺四个维度构成。其中，仁民爱物包含"己欲达而达人"等三个题项；以义制利包含"君子爱财，取之有道"等三个题项；循礼守约包含"不知礼，无以立也"等四个题项；明智无欺包含"顾大局，深明大义"等三个题项。数据分析结果证明，儒商企业善行量表具备良好的信度和效度。儒商企业善行量表的有效开发，为后续实证研究奠定了坚实基础。

三、实证分析儒商企业善行对消费者购买意愿的影响机理

消费者的企业善行感知，可以有效预测其购买意愿。以认同理论为基础，从消费者—企业认同、文化认同的理论视角，揭示儒商企业善行对消费者购买意愿的影响机理。经过大样本调研，实证检验了消费者—企业认同在儒商企业善行与消费者购买意愿之间的中介效应，文化认同对消费者购买意愿的调节效应。研究结论表明，儒商企业善行可以引发消费者对企业的认同，提升消费者对企业行为的支持水平，消费者对认同企业所生产和销售的产品具有较高的购买意愿。

文化认同在儒商企业善行和消费者—企业认同之间的调节作用表明，消费者感知到儒商企业善行后，对儒家善行文化认同越深，对企业的认同感就越强。价值观影响消费者个体的行为和态度，儒商企业善行对消费者购买行为有积极影响。这些研究成果，对儒家善行文化影响消费者购买行为的拓展研究，以及营销理论的本土化研究，具有重要参考价值。

第三节 管理启示

一、儒商企业善行：仁民爱物（思想内涵）的管理启示

善，体现企业对利益相关者的爱，强调儒商企业在经营过程中，对人的关心与爱护。仁民爱物，是儒家性善论思想的核心内容，也是儒商企业善行思想内涵，即所谓"仁者，爱人"（《孟子·离娄下》）。企业具有经济组织和社会组织双重属性，涉及众多利益相关者，如员工、消费者和替代品生产商等。作为商品生产者的企业，其善的行为包括为消费者提供优质产品和服务，保证商品经济运行秩序，推进市场经济健康持续发展。二战后，日本经济的重振和发展，除了引进先进技术与管理手段，更重要的是企业推崇儒家仁爱精神，为民众和社会创造物质和精神财富，增强员工和消费者对企业的认同感。例如，稻盛和夫倡导的"敬天爱人"企业经营理念，就受到员工和消费者的普遍认同，为社会发展做出重大贡献。

儒商企业对消费者的爱，主要通过所生产经营的产品或服务，为消费者承担相应责任。正如孔子所说："因民之所利而利之，斯不亦惠而不费乎？"（《论语·尧曰》）。儒商企业的"惠而不费"，具体表现为企业的生产经营活动与消费者利益高度一致，既充分满足消费者的需求和欲望，又从产品销售中获取合理利润。儒商企业只有一以贯之地遵循儒家"忠恕之道"善行标准，做到既"忠"——"己欲立而立人，己欲达而达人"（《论语·雍也》），又"恕"——"己所不欲，勿施于人"（《论语·颜渊》），充分满足消费者的需求和欲望，才能获得消费者对企业的认同，从而提升消费者的购买意愿，真正实现与消费者"互利共赢、和谐共生、可持续发展"的理想目标。

二、儒商企业善行：以义制利（根本原则）的管理启示

儒商企业善行研究，必然涉及"义利之辨"重要命题。儒商企业善行

与企业业务能力之间，一方面存在竞争关系，企业资源有限，善行投入增加，生产经营投入则减少；另一方面存在促进关系，企业从事善行（义），对利益相关者产生作用，提高他们对企业的良好感知，以实现更多的购买，招聘更优秀的员工，从而有利于企业能力的不断提升（利）。

当今社会，人与人之间的联系愈益加深，每个人的利益都受到他人的影响。个体的"义"逐步推广到全社会，"义"范畴中的"正义"概念也得到强化。先秦儒家义利观强调"先义后利"。孔子指出，"义然后取，人不厌其取"（《论语·宪问》）；荀子认为，"先义而后利者荣，先利而后义者辱"（《荀子·荣辱》）。民间也有"谈钱伤感情"的俗语，遵循"先行义，再谈利"的办事原则。因此，儒商企业应培养战略眼光，讲求"先义后利"原则，关注企业长远利益，遵循"以义为上"企业义利观，真正实现义与利的辩证统一。

从现代管理学以及经济学视角看，义利相生是儒商企业善行的根本要义。现代企业若能将"义"当作企业行为战略制定的道德标准，则能显著提升社会公众对企业的信任度和美誉度。信任度和美誉度是珍贵的无形资产，有助于企业实现重大商机和产生高额利润。一般来说，企业社会绩效和财务绩效呈正相关关系。从短期看，承担善行责任越多的企业，短期利润可能降低；但从长期看，承担善行责任并不一定降低企业绩效。相反，知假卖假、偷税漏税和污染环境等不义行为，短期内可能给企业带来巨大的经济利益，却无法让企业走上长远的发展道路。

实践儒商企业善行必须汲取儒家"以义为上"义利观精髓，其中见利思义是底线标准，而义利并举、互利共赢是重点关注的普适原则。孟德斯鸠指出："凡是习俗温良的地方，必定有贸易；凡是有贸易的地方，习俗必定温良。"[1] 儒商企业善行观念的演进总体反映当代儒商企业善行研究以义务发展为策略的趋势，实现从"做好事"向"必须做"再向"做得好"的转变。

---

[1] ［法］孟德斯鸠：《法的精神》，许明龙译，商务印书馆，1992，第387页。

三、儒商企业善行：循礼守约（行为准则）的管理启示

儒商企业善行实践，应以礼待人，符合当地文化风俗、道德规范及法律法规。从长远利益看，行仁义的商贾将会树立口碑信誉，提升无形资本，降低风险而"归于富厚也"（《史记·货殖列传》）。

善的要义是亲善、友好，融和人与人之间的关系。儒家强调"与人为善"与"和为贵"的思想。孔子说："礼之用，和为贵，先王之道斯为美。"（《论语·学而》）孔子说的是治国，而俗语"和气生财"说的道理与之相通，就是通过和善的态度将人我联系起来，从而实现发家致富的生财目标。

儒家传统经济思想倡导共生、共容、共享等观念，强调家族、宗族、国族、万物的繁荣昌盛和永续发展。因此，和合共生经济发展观念，已成为现代企业可持续发展的重要指导思想。消费者普遍具有家国情怀，儒商企业善行符合国家利益，能够提升消费者购买意愿。比如，守护国家利益、确保用户隐私的"华为精神"，极大激发消费者对华为手机的购买欲望。2019年，华为公司对全球200多起重大事件和自然灾害提供网络保障，确保通信畅通。支持和保障170多个国家数千亿美元存量网络的稳定运行，为全球30多亿人口持续提供领先的ICT产品和服务，是华为最大的善行。其"善聚者众，善行者远"一系列行动，也赢得国人的大力支持。

体现儒家思想的儒商企业善行，不再是唯利是图，企业目标、宗旨定位体现企业自身利益与社会长期利益的平衡。现代市场经济中，企业规模、行业和生命周期各不相同，面临的市场环境与社会文化形态也各异其趣，因此，儒商企业善行需要"合宜权变"，依据企业特点而动态调整，因时变动，因势革新，使企业基业长青，善行永续。

四、儒商企业善行：明智无欺（理性原则）的管理启示

儒商企业善行受资源限制，所涉及的领域是有限的，合理分配生产经营与善行领域的资源，洞悉不同消费人群的心理特征，把企业善行收益转化为新的商机，实现良性循环，并通过有效的传播方式让消费者"知己"，

是企业理性"明智"的应有之义,也是对儒商企业善行的更高要求。

明智无欺中的"无欺",实则体现为"诚信"二字。诚信是传统道德的内在要求,也是重要的儒家善行文化价值观。孔子认为"信近于义"(《论语·学而》),强调诚信发自内心,与道义接近;诚信还重在求真守诚,所谓"民无信不立"(《论语·颜渊》)。因此,儒商企业必须信守道义和诺言,诚实无欺,不取不义之财。

首先,传承和谐理念,树立企业诚信意识。企业是营利性经济组织,是社会组织的重要组成部分,企业的兴衰与社会命运紧密相连,儒商企业应秉承明智无欺的理性原则,有效整合诚信与日常商业实践活动及长远战略决策,关注自身善行对社会经济秩序和福利的伦理影响,从而加强消费者对企业经营行为的支持力度。

其次,融合儒家善行文化价值传统,提升企业自律的道德水准。在市场经济转型发展过程中,企业利益与社会目标难免存在冲突,儒商企业应在规范治理的基础上,提升自律的道德水准,积极履行企业善行责任。孟子提出:"可欲之谓善,有诸己之谓信。"(《孟子·尽心下》)儒商企业应当遵循"商无信不兴""商亦不必奸"等古训,树立诚实守信价值观,把善行作为一种内发的自觉行为,不断提升道德水准,真正做到诚信无欺,达到"不义而富且贵,于我如浮云"(《论语·述而》)的理想境界。

五、消费者—企业认同及文化认同的管理启示

一直以来,很多企业都把顾客满意当成维系顾客长期关系的关键因素,但在具体生产经营活动中,满意顾客的对象皆局限于企业已有顾客群体。实际上,消费者—企业认同感内涵广泛,它不只是一种满意的心理状态,而且是一种久远的情感联系,是消费者和企业长期稳定关系的切实基础。此外,善行文化认同正向影响消费者对产品的购买意愿,儒商企业善行通过引发消费者—企业认同而提升消费者购买意愿。因此,儒商企业可以从善行的"仁民爱物、以义制利、循礼守约和明智无欺"四个维度入手,提升消费者对企业的认同感及购买意愿。

一国或地区主流文化在多大程度上影响个体,取决于个体文化身份的

多元性及其对这些文化的认同感。儒商企业可通过舆论宣传和社会活动，引导民众跨越文化障碍，建立"心理共同体"，实现文化认同，从而激发消费者的购买意愿。实证研究表明，文化认同是一种内发的文化喜爱情感，在儒商企业善行与消费者—企业认同之间起调节作用。

总之，消费者善行文化认同感，对提升消费者—企业认同及购买意愿，具有切实的营销实效与现实指导意义。深入了解儒家善行文化和消费者心理，把握消费者对企业及其善行文化的喜爱情感，将之转换为对企业产品的实际购买。

散财：货殖家的"哲商"境界

散财，相当于奉献，即放下为之奋斗而得到的东西。实际上，人最难的是舍弃，尤其是舍弃为之期盼、奋斗，并付出艰辛才得到的东西，如金钱、名誉、地位。中外文学作品也揭示不少吝财的故事。《儒林外史》描述严监生至死悭吝，世界文学名著描述葛朗台、阿巴贡、泼留希金、夏洛克四大吝啬鬼。司马迁在《史记·货殖列传》中生动描述一个人散财的艰难，他说："农工商贾畜长，固求富益货也。此有知尽能索耳，终不余力而让财矣。"就是说，农工商牧都极力追求财富，只要是活着（有知）就要尽力去求财，到死（终）都不愿留半点力气让财。

一、货殖家散财是一种"哲商"境界

货殖家或商家分草商、儒商、哲商三个层次。哲商的境界最高，其智慧高，思辨力强。哲商突出商家的大智慧、大聪明，是哲人和商人的完美结合。哲商谈"买卖是爱""吃亏是福"以及"散财境界"，[①] 关注商业的社会责任。华人慈善家邵逸夫有句名言："一个企业家的最高境界就是慈善家。"

（一）散财是德：君子先慎乎德

《大学》明确指出："君子先慎乎德。"君子必须首先修炼自己的美德，因为拥有美德，才能凝聚民众；拥有民众，才能垦殖土地；拥有土地，才有可供使用的财富。并认为"德者本也，财者末也。是故财聚则民散，财散则民聚"。就是说，道德是立国的根本，而财富只是枝末。因此，国君

---

① 黄福华：《哲商——新加坡纸业大王的商道暨人生智慧》，东方出版社，2006。

敛财，民众离散；国君散财，民众归心。新加坡《海峡时报》曾经报道盖茨夫妇和巴菲特的"散财语录"。比尔·盖茨说："慈善是人们作出的一种选择。我们要向大家显示，它能带来许多乐趣，会产生很大影响。不管在什么国家，我们都要鼓励更多的慈善行为。"①

（二）散财是义：生而不有，为而不恃

义，即义举，指仗义疏财，也就是用自己的财富帮助别人，讲义气；乐善好施，以"给与"为乐。《老子》第十章说："生而不有，为而不恃，长而不宰，是谓玄德。"意思是说，圣人生养万物而不据为己有，为万物尽力而不恃其能，助万物成长而不宰割它们，这就是最深的德。也就是，对自己拥有的东西，不要放不下。中国禅宗所要参破的，主要是人所"放不下"的念头，"放得下"反而能够更好地拥有，即所谓"舍得"。《吕氏春秋》《说苑》等典籍，记述子贡出巨资赎回鲁国奴隶的善举。子贡出资赎回在他国为奴的鲁国人，不向鲁国官府领取任何赎金，这不仅为子贡博得"博施于民而能济众"的美名，也为子贡带来良好的口碑和更多客户。梅兰芳在《舞台生活四十年》一书中说："我能够有这一点成就，还是依靠先祖一生疏财仗义，忠厚待人。"

（三）散财是智：财聚则民散，财散则民聚

《太公兵法》认为，军国之要在于"获城割之，获地裂之，获财散之。"治理国家、统领军队也必须遵循"财聚人散、财散人聚"辩证法。放弃也是一种智慧，能放弃的时候舍得放弃，实在是一种人生智慧。②

吕不韦"囤积居奇"大获成功的正例。吕不韦，战国末期人，商贾出身。因辅佐始皇登基有功，被始皇尊称为仲父，任秦国相国，一时权倾朝野，府中食客三千。司马迁《史记·吕不韦列传》记载他的"奇货"计划：子楚是秦王庶出的孙子，在赵国当人质，他乘的车马和日常的财用都不富足，生活困窘，很不得意。吕不韦在邯郸做生意，见到子楚后非常喜欢，说："子楚就像一件奇货，可以囤积居奇，以待高价售出。"吕不韦为

---

① 《盖茨夫妇和巴菲特的"散财语录"》，新浪网，http://news.sina.com.cn/w/2006-07-10/11159418973s.shtml。

② 唐雪健：《放弃也是一种智慧》，《光明日报》，2008年10月10日，第11版。

了给自己留名，还组织编著著名的《吕氏春秋》一书。

《史记·越王句践世家》记载范蠡长子惜财断送其弟性命的反例。范蠡二子在楚国杀人被捕将斩，他欲派幼子进财抵罪，但长子以死相激坚持要去，范蠡之妻也从旁劝说。不得已，长子去见关键人物庄生。进千金，庄生受了，便在楚王面前称星相不利，需要大赦天下才能补救，于是大赦。但范蠡长子获知大赦天下消息，认为二弟本该被释放，舍不得千金，找庄生要回。庄生怒，在楚王面前进言，说天下百姓流言，大赦是因为楚王受贿，要赦范蠡二子。楚王大怒，仍赦天下，独诛范蠡二子。范蠡长子惜财而不肯弃财，反而断送其弟的命，是为大不智。

（四）施恩不图报，也是散财的重要境界

《庄子·列御寇》说："施于人而不忘，非天布也，商贾不齿。虽以事齿之，神者弗齿。"意思是说，商人做买卖是为了获利，而"施于人而不忘"的人，也是为了收买名利，而又装着收买人心的样子，故连商人都不如。商贾所做的（买卖）表面上与他们相似，但思想上并不像他们那样。[①]就是说，一个人做了好事，不应该念念不忘，更不应该希望别人回报。《菜根谭》说："为善而急人知，善处即是恶根。"一个人做点善事就急着让世人知道，说明做善事是为了虚名，是一种伪善，存在祸害的根源。清人冯班曾说："为惠而望报，不如勿为，此结怨之道也。"总之，人际交往中，施恩图报是一个大忌讳；而施恩不图报是散财的重要境界，也是人类经济社会进步的重要标志。

二、货殖家散财的形态及现状

（一）捐资

捐，弃也（《说文》），捐资即献出财物。

巴（蜀）寡妇清，今长寿千佛人，中国最早的女企业家，出巨资修筑长城，为秦始皇陵提供大量水银。晚年被接进宫，封为"贞妇"。据《史记·货殖列传》记载，巴（蜀）寡妇清一家，因擅丹穴之利数世，积聚数

---

① 曹础基：《庄子浅注》，中华书局，2007，第380页。

不清的资财。她掌管经营家业以后，发展到"僮仆千人"。她死后，埋葬在家乡今千佛寨沟龙寨山。随后，秦始皇又下令在其葬地筑"女怀清台"，以资表彰。《一统志》《括地志》《地舆志》《舆地纪胜》《州府志》等书，也记载她的事迹。

2006 年度国家最高科技奖得主李振声，把国家奖给他的 50 万元，全部捐出建立"助学基金"，这一事件引起新华网网民的热烈讨论，得到大部分网民好评。

（二）赠送

无代价地把东西送给别人，即无偿转让属于自己的财物的所有权，如慈善赠送。慈善赠送，基于人道主义动机，是赠予或资助慈善事业的社会活动，具有企业公共关系功能。不仅赠送金钱和物品，而且宣传慈善事业，常常通过互联网、电视、报刊等媒体，普及和宣传慈善事业和社会公益思想，同时完善企业自身的社会形象。

（三）义举

国家兴亡，匹夫有责。春秋战国时期，诸侯争强，随时可能爆发战争。国难当头，为了使祖国免遭战乱，商人义举时有发生，司马迁《史记》记载三则商人义举的感人故事。

一是郑国商人弦高的义举。《史记·郑世家》记载："缪公元年春，秦缪公使三将将兵欲袭郑，至滑，逢郑贾人弦高诈以十二牛劳军，故秦兵不至而还。"弦高急中生智，诈称犒劳秦军，倾其所有，用十二头牛的代价，竟使秦军生疑，兵不敢前，有效避免祖国的战难。

二是鲁国巨商子贡的义举。《史记·仲尼弟子列传》记载："田常欲作乱于齐……故移其兵欲以伐鲁。孔子闻之，谓弟子曰：'夫鲁，坟墓所处，父母之国，国危如此，二三子何为莫出？'子路请出，孔子止之。子张、子石请行，孔子弗许。子贡请行，孔子许之。"子贡先后说服田常、齐王、吴王、越王、晋君，回到鲁国。子贡不顾个人安危，舍生取义，周游列国，"存鲁，乱齐，破吴，强晋而霸越"。致使各诸侯国相互攻伐，无暇顾鲁，因而保全了鲁国。

三是西汉商人卜式的义举。《史记·平准书》记载，国家受到北方游牧民族匈奴的不断骚扰，商人卜式愿意贡献一半家产给国家做防务费用，他说："天子诛匈奴，愚以为贤者宜死节于边，有财者宜输委，如此而匈奴可灭也。"2008 年 5 月 12 日四川汶川 8 级地震，中宣部等七部门于 2008 年 5 月 18 日，发起举办央视赈灾晚会，获得空前响应，500 余名各界名人和行业代表参加赈灾，社会各界如潮水般踊跃捐款，募款 15 亿元，成为历史上最大规模的一次义演。① 中国明清时期的十大商帮，如闽商、晋商、徽商等，捐资办学、修路、救济灾民等"义举"，也留下许多美名，并收到商业经营效益日益增长的长远效果。

（四）基金会

基金会以从事公益事业为目的，是非营利性法人。基金会分为公募基金会和非公募基金会两类。其宗旨是通过无偿资助，促进文化教育、社会科学及社会福利救助等公益性事业的发展。20 世纪，基金会得以蓬勃发展，卡内基基金会、洛克菲勒基金会，都成立于 1900 年。拥资十亿美元、世界最大的福特基金会，成立于 1936 年。此外，约翰·古根海姆纪念基金会、丹福思基金会、凯洛格基金会等，都很著名。20 世纪初，穷小子安德鲁·卡内基，成长为一代"钢铁大王"——美国首富。卡内基曾说：人生必须有目标，而赚钱是最坏的目标。没有一种偶像崇拜比崇拜财富更坏的了。还说：富有着死去的人，死得可耻。1919 年去世前，他捐建图书馆近 3000 座，各类项目捐献总额高达 3.3 亿多美元。美国金融家 J. P. 摩根，晚年购买大量艺术品用于捐赠，死后仅留下数千万美元。

世界首富比尔·盖茨和世界第二富沃伦·巴菲特，宣布将生活重心转向慈善事业。盖茨和巴菲特分别计划把 580 亿美元和近 370 亿美元的财产，捐给"盖茨梅琳达基金会"，成为美国史上最牛的慈善捐赈人，捐款数额位列冠、亚军。比尔·盖茨于 2008 年淡出微软日常管理工作，实现从生财（聚财）到散财的转型，把主要精力集中于"盖茨梅琳达基金会"的经营管理。1988 年，国务院通过基金会管理办法，标志着中国基金会获得长足

---

① 郑照魁：《央视昨举行救灾募晚会 募得善款 15. 1429 亿元》，http：//news. cctv. com/society/20080519/102630. shtml.

发展。已建立中国老年基金会、中国残疾人福利基金会、中国福利基金会、宋庆龄基金会、中国青少年发展基金会、中国煤矿尘肺病治疗基金会等。

三、货殖家散财的思想基础

（一）货殖家散财的哲学思想基础

货殖家散财理念，植根于《周易》的圜道思想和古代道家思想。

《易经》首次以确切的文字形式并结合卦象将圜道思想表述出来，《易·说卦》就有"乾为天，力圜"之说。爻辞"无平不陂，无往不复"表达万事万物都处于平陂往复的循环之意。《易经》认为，天地、日月、四时、昼夜、阴晴……无不在做着各自的循环运动，一切生物和人事都在循环运动中得以生化发展，走完自己的历程。

《楚辞·天问》也有"圜则九重，孰营度之"的问询。而《吕氏春秋·圜道》则从天道地道、日月星辰、云运水流、万物生杀、四枝九窍、音乐声律诸方面展开对"圜道"的论述。"何以说天道之圜也？精气一上一下，圜周复杂，无所稽留，故曰天道圜。""日夜一周，圜道也……物动则萌，萌而生，生而长，长而大，大而成，成乃衰，衰而杀，杀而藏，圜道也。"（《白虎通义》）"周而复始，穷则返本。"圜道观认为，一切宇宙万物周而复始，无论是自然现象，还是社会人事，其起源、成长、成熟和消亡，都在循环运动中进行。

圜道观作为一种内生驱动因素，渗透到物质和精神文明各个方面，成为影响久远的思维定式，而与中华文化相融合。凡是有中国传统文化的地方，就可以发现圜道观的踪迹与影响。从生财（聚财）到用财（散财），再到生财（聚财），符合《易经》圜道思想。

老子《道德经》第九章说："功成名遂，身退，天之道。"就是说，一个人功成名就之后，不要再贪恋权位和金钱，否则会有不虞之灾。唐朝大臣张说，为官好物贪财，排斥异己，事发被贬，痛定思痛作《钱本草》，精辟地指出聚（积）财与散财的辩证关系。他说，金钱"一积一散谓之道"。并说，"如积而不散，则有水火盗贼之灾生；如散而不积，则有饥寒困厄之患至。"又说,以金钱"博施济众,谓之仁"。

范蠡一生聚财无数,"范蠡三徙,成名于天下","三迁皆有荣名,名垂后世"。(《史记·越王句践世家》)① 范蠡淡泊名利,智高一筹,得之而不喜,舍之而不惜,始终保持清醒的头脑。"功成名遂"而"身退",既保全性命,又治产致富。

(二)货殖家散财的行为经济学思想基础

货殖家散财,捐资、赠送、义举及创办基金会,从行为经济学角度分析,都符合经济人理性自利行为假设。亚当·斯密在《国民财富的原因与性质研究》一书假定,个体行为由人的利己心驱动。利己心,是新古典经济学经济人假设的基础。但在《道德情感论》一书中,亚当·斯密却认为,个体也存在利他行为。他说:"正是这种多同情别人而少同情自己的感情,正是这种抑制自私和乐善好施的感情,构成尽善尽美的人性;唯有这样才能使人与人之间的情感和激情协调一致,在这中间存在着人类的全部情理和礼貌。"② 可见,亚当·斯密认同人际交往关系过程中的乐善好施等利他行为偏好。

行为经济学揭示,除了传统博弈论证明的纳什均衡,还通过礼物交换博弈、信任博弈等可控实验,发现大多数受试者都关注他人行为的社会偏好,如非公平规避、互惠等社会偏好,并显示对自私自利假设的系统偏离,系统论证了新的公平均衡、合作性均衡。结论是,公平性、利他行为及合作现象是客观存在的。其中,公平性是指"投桃报李"和"以牙还牙",即别人对你友善,你也对别人友善;别人对你不善,你也对别人不善。损失自己效用去增进别人效用,可定义为对别人友善;损失自己效用去损害别人效用,可定义为对别人不善。总之,心理学实验充分证明,在一般情况下,人的行为遵循以上公平性原则。③

货殖家在获得巨额收入的过程中,难免产生过某些不公平行为,如对

---

① 司马迁将范蠡在越地、齐地、陶地生活空间的转换,称作"三徙""三迁"。救国抗吴,施展其军政谋略;去越辞官,显示其人生智慧;治产致富,体现其经营才华。

② 亚当·斯密:《道德情感论》,蒋自强等译,商务印书馆,1997,第25页。

③ 蒲勇健:《恶棍为何变施主:来自行为经济学的解释》,《经济学家茶座》,2008年第1期。

弱者的掠夺、对社会的不公。通过掠夺和不公获得的财富，其投入成本较低，而收益普遍高于社会平均水平。根据行为经济学理论，货殖家散财，通过捐赠和义举等，舍弃一部分财富，其财富效用的总水平反而提高。明赵振元《为袁氏祭袁石寓宪副》说："握发以升贤，（袁可立子）散财而结客。"郭沫若《我的童年》首篇说："我们祖父尽管是怎样的散财，不几年间在我们父亲手里公然又把家业恢复了起来。"货殖家散财，既收获社会美名，又增加财富总效用，一举两得，何乐而不为呢？

（三）货殖家散财的社会学思想基础

义利观思想，是社会学思想的主要内容。先秦儒家孔子、孟子、荀子一致认为，义利观思想的核心是"以义为上"。也就是说，"以义为上"是先秦儒家义利观思想的核心。其中，义就是道德追求，利即物质利益。他们承认义与利是对立统一体，当义利冲突时，遵循"以义为上"准则，推崇"尚义"价值观。[①]

货殖家决策就是选择，选择就是权衡，权衡的依据就是价值观，尤其是义利观，而价值观的关键是价值思维模式。货殖家一定要从非此即彼的直线性质思维困境中走出来。直线性质思维，要么对要么错，要么干要么不干，要么好要么不好，没有中间道路，顺我者昌，逆我者亡。直线性质思维阻碍企业的发展，需要转变到以下新的思维方式上来。一是发散性思维。不能从点到点，而应该是像树一样，决策时充分考虑到利益相关者。二是生态化思维。生态化思维具有三个特质：多样性，此路不通走彼路；整体性，整体考虑，有彼就有此，有得就有失；开放性，人类和自然界共生共荣，各自都有存在的价值。三是中庸思维。中庸是中国文化的精髓，是一种和谐状态，也是一种智慧。任何生意都是谈判双方妥协和均衡的结果，任何企业的内外和谐，都要求倡导和确立中庸思维方法。

货殖家应倡导"以义为上"散财文化。企业内外部环境，如消费者、法律法规、政治经济文化、行业竞争态势等，都发生巨大变化并涉及价值

———————————

① 林炳坤、吕庆华、龚诗婕：《以义为上义利观核心思想及其现代企业文化建设应用》，《技术经济与管理研究》，2018年第7期。

观层面的转变。要跟上时代发展要求，企业就必须重新学习，进行业务流程改造，实施管理流程变革；增强守法经营意识，道义论成为企业伦理进步的依据；倡导"以义为上"散财文化，树立"尚义"价值观，积极培育和提升道义实力。

总而言之，货殖家一定要明白，过分的物质欲望是一种负担。丹尼尔·贝尔将欲望和需要分开来分析，他认为拥有一辆汽车和一套住宅是一种需要，而拥有90双皮鞋和300套夏装，却是一种欲望。人的需要有限而欲望无穷，渺小的需要往往孵化出巨大的欲望。人的价值在于智慧，而不在于躯壳。科学家研究揭示，人体包含十种不同化学元素，其价值不过十几块钱。托尔斯泰晚年急于散产，源于以下简单事实，其躯体仅要求少量食物和衣裳。因此，满足生活需要后，散财成为人们升华生命、实现人生价值的最佳选择。比如，奥黛丽·赫本最引以为豪的，是捐助非洲贫困儿童；伊丽莎白·泰勒最骄傲的，是坐着轮椅出席慈善演出。

作者：吕庆华
本文原载《河南牧业经济学院》2016年第1期

附录二

陶朱公《商训》

范蠡（前536—前448年），字少伯，华夏族，楚国宛地三户（今南阳淅川县滔河乡）人。春秋末期著名的政治家、军事家、经济学家和道家学者，被后人尊称为"商圣"和"南阳五圣"之一。范蠡虽出身贫贱，但博学多才，与楚宛令文种相交甚笃。不满楚国非贵族不得入仕的陈规，与文种一同投奔越国，辅佐越王句践，兴越国，灭吴国，一雪会稽之耻。功成事遂而身退，化名鸱夷子皮，遨游于七十二峰之间。后定居定陶（今山东菏泽市定陶区），三度经商致富，三散家财，自号陶朱公。堪称"忠以为国，智以保身，商以致富"之典范。后世商贾大多供奉其塑像，称之为财神。

范蠡著有《陶朱公商训》和《商经十八法》，其要义体现于《经商三谋三略》中。后世还流传范蠡《致富十二戒》《五字商训》及《大商道论》等经商古训。

一、陶朱公商训

能识人，知人善恶，账目不负。能接纳，礼文相待，交往者众。
能安业，厌故喜新，商贾大病。能整顿，货物整齐，夺人心目。
能敏捷，犹豫不决，终归无成。能讨账，勤谨不怠，取行自多。
能用人，因才器用，任事有赖。能辨论，生财有道，阐发愚蒙。
能办货，置货不苛，蚀本便经。能知机，售宁随时，可称名哲。
能倡率，躬行必律，亲感自生。能运数，多寡宽紧，酌中而行。

二、经商十八法

1. 生意要勤快，切勿懒惰，懒惰则百事废。
2. 价格要定明，切勿含糊，含糊则争执多。

3. 费用要节俭，切勿奢华，奢华则钱财竭。

4. 赊欠要识人，切勿滥出，滥出则血本亏。

5. 货物要百验，切勿滥入，滥入则货价减。

6. 钱财要明慎，切勿糊涂，糊涂则弊端生。

7. 临事要尽责，切勿妄托，妄托则受害大。

8. 账目要稽查，切勿懈怠，懈怠则资本滞。

9. 接纳要谦和，切勿暴躁，暴躁则交易少。

10. 主心要安静，切勿妄动，妄动则误事多。

11. 工作要精细，切勿粗糙，粗糙则出劣品。

12. 谈话要规矩，切勿浮躁，浮躁则失事多。

13. 出入要谨慎，切勿潦草，潦草则错误多。

14. 用人要公正，切勿歪斜，歪斜则托付难。

15. 优劣要细分，切勿混淆，混淆则耗用大。

16. 货物要修正，切勿散漫，散漫则查点难。

17. 期限要约定，切勿马虎，马虎则失信用。

18. 买卖要随时，切勿拖延，拖延则失良机。

三、经商三谋三略

（一）三谋

1. 人谋

用人要正，忠奸定兴废。大事要慎，妄托受大害。
待人忌躁，暴躁交易少。处事宜静，浮躁误事多。
言行宜和，和气能生财。做事宜勤，懒惰百事废。

2. 事谋

用度宜俭，奢华财源败。做工宜精，粗糙出劣品。
货期要准，马虎失信用。交易要速，拖延失良机。
进货要严，滥入货价减。出纳要谨，潦草差错多。

3. 物谋

优劣要清，混淆耗损大。存物要整，散漫难查点。

价格要明，含糊多争执。赊欠要审，滥出亏血本。

账目要清，糊涂弊端生。查账要勤，懈怠滞本金。

（二）三略

积著之理，务完物，审贵贱，无息币。

1. 货略（务完物，即货物品质要完美）

货略的核心是务完物。范蠡说："以物相贸易，而食之货勿留，无敢居贵。"

2. 价略（审贵贱，即注意价格变化规律）

价略的核心是审贵贱。范蠡强调，价格问题复杂，应"论其有余不足则贵贱之。贵上极则反贱，贱下极则反贵。贵出如粪土，贱取如珠玉"。价格原理的实质是货物供求关系的有余与不足，他揭示了价格变化中物极必反的规律。经商格言"贵出如粪土，贱取如珠玉"，流传至今。

3. 市略（无息币，即莫使货币停止流动）

市略的核心是无息币。无息币，已经成为资本营运策略。就是说，货物、资金都要不停地循环周转，如此"则币欲其行如流水"。币即钱，钱即泉，川流不息，汇集如海。

四、致富十二戒

1. 勿鄙陋，应纳无文，交关不至。

2. 勿优柔，胸无果断，经营不振。

3. 勿虚华，用度无节，破败之端。

4. 勿强辩，暴以待人，祸患难免。

5. 勿懒惰，取讨不力，账目无有。

6. 勿轻出，货物轻出，血本必亏。

7. 勿急趋，货重争趋，须防跌价。

8. 勿昧时，依时贮发，各有常道。

9. 勿固执，拘执不通，便成枯木。

10. 勿贪赊，贪赊多估，承卖莫结。

11. 勿薄蓄，货贱贮积，恢复必速。

12. 勿痴货，优劣不分，贻害匪浅。

五、五字商训

天：为先天之智，经商之本。

地：为后天修为，靠诚信立身。

人：为仁义，懂取舍，讲究"君子爱才，取之有道"。

神：为勇强，遇事果敢，敢闯敢干。

鬼：为心机，手法活络，能"翻手为云、覆手为雨"。期限要约定，切勿延迟，延迟则信用失。

六、大商道论

(一) 商分大小

利己亦利人，为大商；利己而不损人，为小商。利人而损己，为非商；损人而利己，为奸商。

大商经商，如伊尹、姜子牙治国，孙子、吴起用兵，商鞅变法，其学问的精深、道法的玄奥、意气的宏远、境界的高明，不是空想妄论、俚谚俗语所能达到的。

大凡天下学问，万事成败，皆不出道与术两大范畴。道是河，术是舟；道是舵，术是桨。无河无以载舟，无舟难以渡河。无舵则无方向，无桨则无动力。总之，道是方向，术是方法；道是法则，术是谋略。

谋者，韬略也。《汉书·艺文志》兵分四家，其中兵权谋家乃"兼形势、包阴阳、用技巧者"，主张"以正守国，以奇用兵，先计而后战"。

(二) 取予以时

经商过程中，买卖双方利益失衡，所产生的矛盾和冲突，解决之道即"取予之道"。大商讲求先"予"而后"取"，先让利而后获利，人不厌其取，利益矛盾和冲突自然化解。

利缘义取，大商无算。无事时如有事般提防，方可弥意外之变；有事时如无事般镇定，才能消局中之危。

(资料来源：作者综合整理)

附录三

先秦儒家"义利观"
与现代商业伦理的构建

义利观是商业活动的价值论，是商业活动的指导思想和根本原则。先秦经典儒家"义以生利"和"以义制利"的思想，是儒家义利观的核心内容，由此所派生出来的"见利思义""取之有义""先义后利""重义轻利"等思想便构成了儒家"义利观"的基本内容。这些"义利观"同商业公平交易、等价有偿、互惠互利等原则相融会，逐步成为中国传统商业经营的指导思想并贯彻到商业活动的全过程。在提倡诚信经营，重构社会信用体系的今天，儒家"义利观"思想对构建我国现代商业伦理价值体系具有很高的理论价值和现实意义。

一、义以生利、以义制利

商业活动的价值论是对人生理想和商业实践本身存在的意义的认识，先秦儒家对体现商业经营指导思想和根本原则的"义利之辨"十分重视。孔子说："富与贵，是人之所欲也，不以其道得之，不处也；贫与贱，是人之所恶也，不以其道得之，不去也。"一方面，承认对物质利益的追求是合乎人情的；另一方面，又认为这一追求必须符合社会道德准则，做到"取之有道"，既合情又合理。因此，在儒家看来，商人要实现组织商品流通、媒介商品交易的社会职责，就要正确处理好"义"与"利"的关系。这里的"义"是指道德追求，"利"是指物质利益。

首先，我们来看"义以生利"。这是孔子提出来的命题。据《左传·成公二年》记载：卫国派孙良夫等人攻打齐国失败，得到新筑大夫仲叔于奚的援救，孙良夫才幸免于难。为此，卫侯打算赠给仲叔于奚一些城邑，仲叔于奚辞谢，转而请求得到诸侯才能使用的三面悬挂的乐器，并希望能够像诸侯那样用繁缨装饰马匹以朝见，卫侯答应了。孔子听了这件事，便发表议论说："这样做真可惜啊，还不如多给他一些城邑呢！"接着孔子进一步论述："唯器与名，不可以假人，君之所司也。名以出信，信以守器，器以藏礼，礼以行义，义以生利，利以平民，政之大节也。"孔子的上述论述，集中体现了他的"义利观"的系统思想。孔子"义以生利"，即道义用来产生利益，或者说道德追求产生物质利益的思想，从渊源上看，在孔子之前，就已经流行。据《国语·周语中》记载：周襄王十三年（前639年），周大夫富辰说过："夫义所以生利也，祥所以事神也，仁所以保民也。不义则利不阜，不祥则福不降，不仁则民不至。"《国语·晋语一》也记载，晋献公时大夫丕郑说过："民之有君，以治义也。义以生利，利以丰民。"

其次，我们来考察"以义制利"。这是荀子明确提出来的命题。荀子说："义与利者，人之所两有也。虽尧、舜不能去民之欲利，然而能使其欲利不克其好义也。虽桀、纣亦不能去民之好义，然而能使其好义不胜其欲利也。""利"是人们不可缺少的物质需要，"义"也是人们不可缺少的精神追求，义与利具有客观存在的必然性。但义与利之间，也客观地存在着谁制约谁、谁战胜谁的问题。只有"以义制事，则知所利矣"，即只有"以义制利"，使人人向善的方向发展，才能保证国家和社会的稳定，从而使整个社会、各行各业（包括商业）、个人都得到真正的利益。

总之，先秦儒家"义以生利"和"以义制利"的思想，明确表达了道德追求对物质利益的生成与制约作用，是儒家义利观的核心。先秦儒家"义以生利""以义制利"的"义利观"思想内核，贯彻到中国传统商业经营实践中，具体表现为四个方面内容：一是商业经营理念上的"见利思义"；二是商业行为准则上的"取之有义"；三是商业经营效果上的"先义后利"；四是商业价值判断上的"重义轻利"。

二、见利思义

孔子指出："见利思义，见危授命，久而不忘乎平生之言，亦可以为成人矣。"这里的"成人"是指道德完善的人。在孔子看来，一个道德完善的人，最起码的要求就是"见利思义"。"见利思义"又叫"见得思义"，是孔子要求统治者必须考虑的"九思"之一。他说："君子有九思：视思明，听思聪，色思温，貌思恭，言思忠，事思敬，疑思问，忿思难，见得思义。"所谓"得"，就是个人所得到的物质利益，在商业经营中可以理解为商业利润。儒家认为，品行高尚的人在个人利益面前，首先要考虑这种利益是否符合全社会公众的道德准则。因此，所谓"见得思义"（"见利思义"），在商业经营中实际上是对高尚的商业伦理价值的确认，是儒家商人必须遵循的商业经营理念。

要成功地经营商业，最重要的是确立体现商业经营指导思想的商业经营理念，而商业经营理念中最主要的是如何处理好义与利的关系。经商赚钱，"见利思义"则成功，"见利忘义"则失败。春秋战国时期的范蠡"治产业，积居，与时逐"，"候时转物，逐什一之利"，"十九年之中，三致千金"，其家富"巨万"的秘诀就在于不贪利，薄利而多销，仅取"什一之利"。白圭经营农副产品，审时度势，以"智、勇、仁、强"的经营之道，讲求商业伦理价值对商业经营的反作用，被后人崇奉为"治生"祖师。明清时期的徽州商业和商人赢得了"无徽不成镇"，中国商界"遍地徽"的美名，其重要特色是"贾而好儒"，他们不管是"先儒后贾"，还是"先贾后儒"，或是"亦贾亦儒"，都强调商贾的儒家道德观，主张"博施于民而能济众""见利思义""见得思义"，用义来指导商业经营活动，给百姓带来便利。

先秦儒家"见利思义"的思想，现在来看仍然具有非常重要的借鉴意义，它可以促进和完善我国市场经济体制，帮助工商企业建设正确的商业伦理道德。比如，在商业交易中要处理好交易主体双方的利益关系，注重互利互惠，公平交易。近几年大型连锁超市和专业连锁企业已经成为新的零售业态，其在商业零售领域的地位越来越强大，但是随之出现了厂商关系不平等的现象。由于市场商品严重供过于求，生产厂家急于推销产品，掌握零售终端渠道的大型企业便频频逼迫厂家降价，不但实行代销制，还对厂家收取名目繁多的费用，而且长期拖欠货款。这就是见利不思义，没有注重互惠互利原则，是典型的不公平交易。表面看来这些企业获得了利益。但这是建立在损害对方利益之上的，是不可能持久的。天津、福建、北京等城市不断有大型超市由于拖欠货款而倒闭的事实，就是很好的例证。

三、取之有义

孔子赞赏"义然后取，人不厌其取"这一行为准则。他说："富而可求也，虽执鞭之士，吾亦为之。如不可求，从吾所好。""不义而富且贵，于我如浮云。""邦有道，贫且贱焉，耻也；邦无道，富且贵焉，耻也。"这些话，说的就是"义然后取"或"取之有义"的行为准则。孟子也自觉地把"取之有义"作为自己的行为准则，他在《孟子·滕文公下》说，如果不合理，就是一筐饭也不能接受；如果合理，舜接受了尧的天下，都不认为是过分的。在儒家看来，"取之有义"还是治国的基本原则，孟子对伊尹帮助商汤取天下的行为颇为赞赏，认为伊尹的行为完全是以道义而不是以金钱为取舍原则的："非其义也，非其道也，禄之以天下弗顾也，系马千驷弗视也。非其义也，非其道也，一介不以与人，一介不以取诸人。"反过来说，如果符合道义，则应该"义"不容辞，这就是所谓的"取之有义"。

"义然后取"或"取之有义"的行为准则，在商业经营活动中，便表现为商业经营行为准则，"君子爱财，取之有道"便是其生动的表述。这里所说的"道"主要是指商业行为的根本法则，即道德追求和精神价值。依儒家的观点看，是说做一名儒家商人，经商办企业，要遵循商业道德规范，要光明正大地赚钱，不发不义之财，不做伤天害理的生意。东汉时的王符说："商贾者，以通货为本，以鬻奇为末。"（《潜夫论·务本》）认为经商与务农、教书一样都应该以正业为根本，以邪辟为异端，不准贩淫奇，攫取暴利，这样才能使商业健康发展。《谢家书》记载：东汉时公沙穆派人到市场代卖病猪，事先交代说："如售，当对买者言病，贱取其值，不可言无病，欺取其价也。"代卖者到市场后不说是病猪，高价卖出。公沙穆知道后，立即追上买主，退还多收的钱，并据实相告。买者说既已成交就不必退款了，公沙穆坚决要退，"终不收钱而去"。公沙穆经商"取之有义"成为四方美谈，因而大富。而令人深思的是，据《郁离子》记载：赵国商人虞孚在吴国卖漆，本来可以稳获厚利，但因掺杂使假，失信于民，结果商品变质，本钱亏光，他沦为乞丐，饿死他乡，这就是"取之不义"的应有下场。

目前，企业"取之无义"的经营行为大量存在，制假贩假、以次充好、坑蒙拐骗等现象令人触目惊心，有的经营者的行为违背了做人最基本的良心和道义。所以，儒家"取之有义"的商业行为准则，对市场经济条件下的企业经营有重要的指导意义。企业应以自己质优价廉、能够真正满足消费者需求的产品或服务来占领市场，讲求诚实信用、童叟无欺；尊重顾客的权益，"推己及人""将心比心"，设身处地为顾客着想，尊重顾客的意愿和自由买卖的权利；在"价实、货真、量足、守义"的前提下，即在有利于满足顾客需求和欲望的前提下，获得合理的利润；遵纪守法，不做违背社会公德和有损于公共利益的经营，以增进社会福利和保护环境为己任，讲求利国、利民等等。只有如此，才能赢得社会大众的信赖，获得合理的利润。企业赚了钱，获了利，才可以扩大再生产，更新设备，不断开发出新产品，更好地为消费者服务。结果是人我两利，既有利于消费者，又有利于企业，这就是遵循"取之有义"商业经营准则的必然结果。

四、先义后利

孟子说："苟为后义而先利，不夺不餍。未有仁而遗其亲者也，未有义而后其君者也。王亦曰仁义而已矣，何必曰利？"如果先讲利而后讲义，人们的贪欲就永远也不能满足；如果先讲义而后讲利，人人得到满足，统治者也会得到最终的利益。因为从来没有讲仁的人会遗弃他的父母，没有讲义的人会怠慢他的君主。由此可见，孟子所谓"何必曰利"，并非真的不要利，而是从统治者根本利益出发，强调统治者要带头讲义，从而取得先义后利的实际效果。荀子把义与利谁先谁后的问题提高到统治者个人荣辱和国家强弱的高度，他说："先义而后利者荣，先利而后义者辱。"又说："国者，巨用之则大，小用之则小"，"巨用之者，先义而后利"，"小用之者，先利而后义"。所谓"巨用之"，就是立足于大处，也就是"先义而后利"；所谓"小用之"，就是立足于小处，也就是"先利而后义"。做法不同，取得的治国效果就大不一样。

儒家"先义后利"的思想运用于商业经营领域，强调的是商人在考虑商业利益的时候，必须重视商业道德境界高低的问题。商业道德境界低，则"先利后义"，只注重眼前利益，目光短浅，必定没有一个发展的前景，甚至走向欺诈、坑蒙拐骗的末路；商业道德境界高远，"先义后利"，以国家、民众利益为上，胸怀宽广，高瞻远瞩，得道多助，必定会取得理想的商业经营效果，既利国、利民又利己。《战国策·齐策》记载的"冯谖焚券"的故事，正是商业经营中"先义后利"的典型例子，对今天的企业经营者仍具有很大的启示。有一次孟尝君派门客冯谖到封地薛邑去收债，说是收回债买些家里所缺的东西，结果冯谖到了薛邑便假传孟尝君的命令，把债券赐给老百姓，并烧了那些债券。冯谖返回后，孟尝君问收债后买了什么，他说买回了孟尝君家里所缺少的"义"。过了一年，孟尝君不被重用，只好前往薛邑，老百姓扶老携幼步行百里来迎接孟尝君。这时孟尝君对冯谖说："先生所给我买的'义'，今天才看到！"在这个例子中，孟尝君开头确实损失了"利"（债券），最终却得到了"义"（老百姓的拥护与尊敬），对孟尝君来说这是最大的利了。

历史上许多商人立足于国家、民族利益的大处，在保家卫国、反对侵略战争的"巨用之"上，表现出"先义后利"的远见卓识。《史记》记载："穆公元年春，秦穆公使三将将兵欲袭郑，至滑，逢郑贾人弦高诈以十二牛劳军，故秦兵不至而还。"郑国商人弦高的机智和义举，挽救了郑国。西汉时，国家常受到北方游牧民族匈奴的骚扰，商人卜式提出愿把自己的一半家产献给国家作防务费用。当人问他为何这样做时，他说："天子诛匈奴，愚以为贤者宜死节于边，有财者宜输委，如此而匈奴可灭也。"徽商捐资修路、救济灾民等"义行""义举"，也体现了"先义后利"的思想，收到商业经营效益日益增长的长远效果。

现代企业经营者要发挥儒家商人"先义后利"的理念，从建设高度民主、富强、文明的社会主义国家的高度出发，正确处理好企业利益

（"利"）与社会道德要求（"义"）的先后关系，做到"先义后利"。在追求企业自身经济效益的时候，首先必须考虑国家、社会和消费者利益，树立全心全意为消费者服务的理念，做到守法、守纪、守信，以自己现代新商人的文明形象，取信于民，先人后己，在获取最大的社会效益的同时，获得更大的企业经济效益。

五、重义轻利

荀子说："请成相，道圣王，尧、舜尚贤身辞让，许由、善卷重义轻利，行显明。"传说尧要把天下让给许由，舜要把天下让给善卷，他们都不肯接受。荀子认为，这表明了他们的行为是"重义轻利"，光明正大。孔子指出"君子义以为上"，这里的"上"是崇尚、尊贵的意思，"上义"也就是重义。孟子说："鱼，我所欲也；熊掌，亦我所欲也。二者不可得兼，舍鱼而取熊掌者也。生，亦我所欲也；义，亦我所欲也。二者不可得兼，舍生而取义者也。"性命和道义都是人生的最大利益，二者都是健全的人生所必需的，但二者发生矛盾、不可兼得的时候，孟子主张牺牲生命而保存道义，可见孟子也是"重义"的。至于轻利，孔、孟、荀虽然没有明确提出，但从孔子主张的"罕言利"、孟子主张的"何必曰利"、荀子主张的"羞利"等观点来看，先秦儒家在权衡"义"与"利"的轻重时，常常体现出"轻利"的思想倾向。

先秦儒家"重义轻利"的思想，承认"义""利"存在的客观必然性，承认物质利益是人类赖以生存的物质基础和必要条件，作为一般意义上的价值评判标准，自然也成了商业价值的评判标准。这种"重义轻利"的商业价值评判标准，在中国历史上产生了积极的影响。太史公司马迁重视商业经营，作《史记·货殖列传》，为商人立传。司马迁强调，"致富"必须依靠"诚一"，所谓"诚一"即"重义"。只要能做到"诚一"，不管从事煮盐、冶铁等垄断性行业，还是从事"卖浆"（卖茶水），"酒削"（磨刀剪）等"小业"和"薄技"，都能致富。徽州商人吴鹏翔"重义轻利"，在商业经营中重视商品质量，不售伪劣商品。有一次他与人签约购进三百斛胡椒，有人发现这批胡椒有毒，卖主唯恐惹祸，找到吴鹏翔要求收回胡椒，中止契约。而吴鹏翔既不售货，也不退货，竟不惜血本，将胡椒全部付之一炬，以防退货后卖主再行"他售而害人"。

不可否认的是，先秦儒家"重义轻利"的思想倾向，也给后人带来某些不好影响。董仲舒、程颐等片面强调"重义"的一面，把以义克利的道德要求不加限制地强加到普通老百姓身上，否认物质利益存在的客观必然性，违反了先秦儒家"重义轻利"所规定的前提和范围。明代思想家高拱也认为，程朱之流的"天理人欲之辨"，抽掉了义（天理）所赖以存在的物质基础，是违背孔孟本意的。目前，我国面临着从工业文明社会向后工业文明社会过渡时期的许多问题，面临着知识经济时代的严峻挑战，先秦儒家承认物质利益，讲求富国富民前提下的"重义轻利"的价值评判标准，仍然可以成为对企业经营者进行商业道德教育的良好教材。

参考文献：

[1] 朱熹集注：《四书集注》，陈戌国标点，岳麓书社，1997。

[2] 左丘明：《左传》，蒋冀骋标点，岳麓书社，1988。

[3] 李维奇译注：《白话国语》，岳麓书社，1994。

[4] 杨任之译注：《白话荀子》，岳麓书社，1991。

[5] 黎红富：《儒家管理学》，广东高等教育出版社，1993。

[6] 司马迁：《史记》，李全华点校，岳麓书社，1988。

[7]〔清〕嘉庆《休宁县志》（卷15）《人物·乡普》。

[8] 李瑞华：《中国商业文化概论》，中国商业出版社，1991，第128页。

[9] 姚会元：《徽商的启示：商亦不必奸》，福建论坛，1997年第4期。

[10] 松下幸之助：《实践经营哲学》，腾颖编译，中国社会科学出版社，1989。

作者：秦兴俊、吕庆华

本文原载《湖南商学院学报》2003年第2期（人大复印报刊资料

《商贸经济》2003年第9期全文转载）

儒商企业善行构成要素调查问卷

问卷编号_____

尊敬的先生、女士：

您好！本问卷调查的目的在于了解消费者感知企业善行实践项目的基本要素。所得数据仅供学术研究使用，请放心填写全部题项。感谢您的大力支持和帮助！

善是中国传统文化思想，企业善行是指企业本着仁爱思想，基于"义"和"利"的考量，所做的既符合消费者对义的期望，又符合社会礼法道德，且有利于企业长远发展的明智之举。企业善行实践例子如下：

某农副食品生产 A 企业，成立之初就认定"仁德乃企业立身之本"，确定"以义制利、德行天下"的企业核心价值观。企业依据当地地质特点，改善土壤，构建良好生态环境，传授科学种植养殖技术，提高了当地农民的人均收入和生产技术水平。A 企业响应中央乡村振兴战略号召，与当地政府合作，带领当地农民脱贫致富。A 企业通过捐资助学等方式，帮助优秀学子完成读书梦想，构建文化家园，实现与当地居民的良好沟通。A 企业的善行实践感染了受资助的学子，许多大学毕业生选择加入 A 企业，成为企业发展的新兴力量。

一、下列是有关消费者感知企业善行实践项目基本要素的陈述，请就内容做出评价（请在您认为符合情况的数字选项方框内打"√"，数字越大表示您对该条目越认同）。

1	2	3	4	5	6	7
非常不同意	比较不同意	有点不同意	不确定	有点同意	比较同意	完全同意

编号	题号	题项	符合程度						
r11	1	企业善行初衷应是仁爱之心	1	2	3	4	5	6	7
r12	2	企业应将仁德作为立身之本	1	2	3	4	5	6	7
r13	3	己欲立而立人（企业想要立身，也要让他人立身）	1	2	3	4	5	6	7
r14	4	己欲达而达人（企业想要事业通达，也要让他人事业通达）	1	2	3	4	5	6	7
r21	5	己所不欲，勿施于人	1	2	3	4	5	6	7
r22	6	企业不能为了一己私利而损害公众利益	1	2	3	4	5	6	7
r23	7	企业能充分考虑消费者内心感受	1	2	3	4	5	6	7
r24	8	推己及人	1	2	3	4	5	6	7
r31	9	乐善而好施	1	2	3	4	5	6	7
r32	10	节用而爱人	1	2	3	4	5	6	7
r33	11	努力为他人（组织、社会）创造经济、生态和社会等效益	1	2	3	4	5	6	7
r34	12	惠而不费（给消费者带来好处，自身资源却无过多消耗）	1	2	3	4	5	6	7
r35	13	亲民而爱物	1	2	3	4	5	6	7
r36	14	因民之所利而利之	1	2	3	4	5	6	7
y11	15	见利思义	1	2	3	4	5	6	7
y12	16	勿以恶小而为之	1	2	3	4	5	6	7
y13	17	勿以善小而不为	1	2	3	4	5	6	7
y14	18	君子爱财，取之有道	1	2	3	4	5	6	7
y15	19	义然后取，人不厌其取	1	2	3	4	5	6	7

续表

编号	题号	题项	符合程度						
y16	20	君子之能以公义胜私欲也	1	2	3	4	5	6	7
y17	21	先义而后利者荣，先利而后义者辱	1	2	3	4	5	6	7
y18	22	义以生利，利以平民	1	2	3	4	5	6	7
y19	23	善行项目应与主营业务、品牌地位高契合，实现义利并举	1	2	3	4	5	6	7
y21	24	审时度势，顺势而为	1	2	3	4	5	6	7
y22	25	义者，宜也（应根据不同场合和对象采取灵活合宜的应对方法）	1	2	3	4	5	6	7
y23	26	企业所行之事当名正言顺	1	2	3	4	5	6	7
l11	27	非礼无行也	1	2	3	4	5	6	7
l12	28	不知礼，无以立也	1	2	3	4	5	6	7
l13	29	奉公守法，不做违法犯罪之事	1	2	3	4	5	6	7
l21	30	有辞让之心	1	2	3	4	5	6	7
l22	31	遵循礼节，礼貌对待消费者	1	2	3	4	5	6	7
l23	32	不刻意夸大善行义举，虚假宣传	1	2	3	4	5	6	7
反	33	应刻意夸大善行义举	1	2	3	4	5	6	7
l31	34	尊重当地社会规则，做事循礼	1	2	3	4	5	6	7
l32	35	有礼者敬人	1	2	3	4	5	6	7
l33	36	敬人者，人恒敬之	1	2	3	4	5	6	7
l34	37	礼修而士服（做好礼义，消费者自然会信服）	1	2	3	4	5	6	7
l41	38	穷则独善其身，达则兼济天下	1	2	3	4	5	6	7
l42	39	礼之用，和为贵	1	2	3	4	5	6	7
l43	40	天下兴亡，匹夫有责（企业应维护国家利益，促祖国繁荣）	1	2	3	4	5	6	7
z11	41	能够明辨是非对错	1	2	3	4	5	6	7

续表

编号	题号	题项	符合程度						
z12	42	顾大局，深明大义	1	2	3	4	5	6	7
z13	43	诚实守信，不生产伪劣产品，不欺诈消费者	1	2	3	4	5	6	7
z14	44	善行贵在持久	1	2	3	4	5	6	7
z15	45	言必信，行必果	1	2	3	4	5	6	7
z16	46	致力于仁义宣传	1	2	3	4	5	6	7
z17	47	鼓励更多企业或个人参与善行	1	2	3	4	5	6	7
z21	48	智者自知（企业了解当前阶段能力，善行义举量力而行）	1	2	3	4	5	6	7
z22	49	识人善用，尊重人才	1	2	3	4	5	6	7
z23	50	有效借助专业慈善机构管理善款	1	2	3	4	5	6	7
z24	51	明确企业善行性质及当下形势	1	2	3	4	5	6	7
z25	52	智者利仁（有智慧的企业知道仁所能带来的长远利益）	1	2	3	4	5	6	7
z26	53	善行项目应能帮助企业实现可持续发展	1	2	3	4	5	6	7
z27	54	智者使人知己（善行应有适当有效的宣传方式）	1	2	3	4	5	6	7
z28	55	企业应构建透明有效的善行项目监督制度	1	2	3	4	5	6	7

二、基本信息(在合适的选项上打"√"即可)

1. 您的性别：

A. 男　　　　　　　　B. 女

2. 您的年龄（岁）：

A. 18 以下　　　　　　B. 18—26　　　　　　C. 27—35

D. 36—45　　　　　　E. 46—55　　　　　　F. 55 以上

3. 您的职业：

A. 学生　　　B. 工人　　　C. 农民　　　D. 公务员　　　E. 企业员工

F. 企业管理者　　　G. 自由职业者　　　H. 事业单位人员　　　I. 其他

4. 您的月收入：

A. 1000 元以下　　　　　B. 1000—3000 元

C. 3001—5000 元　　　　D. 5001—8000 元

E. 8001—10000 元　　　 F. 10000 元以上

5. 您受教育程度（学历）：

A. 大专及以下　　　　　B. 本科　　　　　　C. 硕士研究生及以上

儒商企业善行对消费者
购买意愿影响正式测量问卷

问卷编号＿＿＿＿

尊敬的先生、女士：

您好！本问卷调查的目的在于了解消费者感知企业善行实践项目的基本要素。所得数据仅供学术研究使用，请放心填写全部题项。感谢您的大力支持和帮助！

善是中国传统文化思想，企业善行是指企业本着仁爱思想，基于"义"和"利"的考量，所做的既符合消费者对义的期望，又符合社会礼法道德，且有利于企业长远发展的明智之举。企业善行实践例子如下：

某农副食品生产 A 企业，成立之初就认定"仁德乃企业立身之本"，确定"以义制利、德行天下"的企业核心价值观。企业依据当地地质特点，改善土壤，构建良好生态环境，传授科学种植养殖技术，提高了当地农民的人均收入和生产技术水平。A 企业响应中央乡村振兴战略号召，与当地政府合作，带领当地农民脱贫致富。A 企业通过捐资助学等方式，帮助优秀学子完成读书梦想，构建文化家园，实现与当地居民的良好沟通。A 企业的善行实践感染了受资助的学子，许多大学毕业生选择加入 A 企业，成为企业发展的新兴力量。

一、依据上述材料，请从您个人感知角度就内容做出评价

1. 以下问题是有关消费者购买意愿的描述（请在您认为符合情况的数字选项方框内打"√"，数字越大表示您对该条目越认同）。

1	2	3	4	5	6	7
非常不同意	比较不同意	有点不同意	不确定	有点同意	比较同意	完全同意

题号	题项	符合程度						
1	A 企业的相关产品和服务是购买的第一选择	1	2	3	4	5	6	7
2	我会在 A 企业购买大部分相关的产品和服务	1	2	3	4	5	6	7
3	我更愿意尝试 A 企业推出的新产品和服务	1	2	3	4	5	6	7

2. 以下问题是有关企业善行的描述（请在您认为符合情况的数字选项方框内打"√"，数字越大表示您对该条目越认同）。

1	2	3	4	5	6	7
非常不同意	比较不同意	有点不同意	不确定	有点同意	比较同意	完全同意

题号	题项	符合程度						
1	己欲达而达人（企业想要事业通达，也要让他人事业通达）	1	2	3	4	5	6	7
2	乐善而好施	1	2	3	4	5	6	7
3	亲民而爱物	1	2	3	4	5	6	7
4	君子爱财，取之有道	1	2	3	4	5	6	7
5	君子之能以公义胜私欲也	1	2	3	4	5	6	7
6	义以生利，利以平民	1	2	3	4	5	6	7
7	不知礼，无以立也	1	2	3	4	5	6	7
8	尊重当地社会规则，做事循礼	1	2	3	4	5	6	7
9	有礼者敬人	1	2	3	4	5	6	7
10	礼之用，和为贵	1	2	3	4	5	6	7
11	顾大局，深明大义	1	2	3	4	5	6	7
12	智者利仁（有智慧的企业知道仁所能带来的长远利益）	1	2	3	4	5	6	7

题号	题项	符合程度						
13	智者使人知己（善行应有适当有效的宣传方式）	1	2	3	4	5	6	7

3. 以下问题是有关消费者—企业认同的描述（请在您认为符合情况的数字选项方框内打"√"，数字越大表示您对该条目越认同）。

1	2	3	4	5	6	7
非常不同意	比较不同意	有点不同意	不确定	有点同意	比较同意	完全同意

题号	题项	符合程度						
1	我比较关注这家公司的相关信息和发展状况	1	2	3	4	5	6	7
2	有人批评这家公司时，我会感到被人身攻击	1	2	3	4	5	6	7
3	我很有兴趣知道别人对这家公司有何看法	1	2	3	4	5	6	7
4	当有人赞赏这家公司时，我会感受到同样的个人赞誉	1	2	3	4	5	6	7
5	我会向他人传播有利于这家公司的正面信息，抵触不利于这家公司的负面信息	1	2	3	4	5	6	7

4. 以下问题是有关文化认同的描述（请在您认为符合情况的数字选项方框内打"√"，数字越大表示您对该条目越认同）。

1	2	3	4	5	6	7
非常不同意	比较不同意	有点不同意	不确定	有点同意	比较同意	完全同意

题号	题项	符合程度						
1	中国的优势之一在于它强调历史事件的重要性	1	2	3	4	5	6	7
2	中国人通常认为他们来自共同的历史文化背景	1	2	3	4	5	6	7

续表

题号	题项	符合程度						
3	中国人为自己的国籍感到骄傲	1	2	3	4	5	6	7
4	中国人经常参加一些能表明他们是"中国人"的活动	1	2	3	4	5	6	7

二、基本信息(在合适的选项上打"√"即可)

1. 您的性别:

A. 男　　　　　　　　　B. 女

2. 您的年龄（岁）:

A. 18—24　　　　　　　B. 25—39

C. 40—55　　　　　　　D. 55 以上

3. 您的月薪:

A. 2000 元以下　　　　　B. 2000—5000 元

C. 5001—8000 元　　　　D. 8000 元以上

4. 您受教育程度（学历）:

A. 大专及以下　　　　　B. 本科　　　　　　C. 硕士研究生及以上

参考文献

甲．典籍、注疏

〔汉〕司马迁：《史记》，李全华点校，岳麓书社，1998。

〔汉〕班固：《汉书》（上下册），陈焕良、曾宪礼标点，岳麓书社，1993。

〔汉〕赵晔：《吴越春秋全译》，张觉译注，贵州人民出版社，1993。

〔汉〕董仲舒：《春秋繁露》，周桂钿译注，中华书局，2011。

〔宋〕程颢、程颐：《二程集》，王孝鱼点校，中华书局，2004。

〔宋〕朱熹集注：《四书集注》，陈戌国标点，岳麓书社，1997。

〔宋〕朱熹撰：《四书章句集注》，中华书局，2016。

〔宋〕朱熹、吕祖谦：《近思录》，斯彦莉译注，中华书局，2011。

〔明〕冯梦龙编撰：《三言》，龙华标点，岳麓书社，1989。

〔明〕凌濛初：《二拍》，秦旭卿标点，岳麓书社，1988。

〔清〕焦循：《孟子正义》，沈文倬点校，中华书局，2017。

〔清〕孙诒让：《墨子间诂》，孙启治点校，中华书局，2017。

曹础基：《庄子浅注》（修订重排版），中华书局，2007。

陈焕章：《孔门理财学》，韩华译，商务印书馆，2017。

桓宽：《盐铁论》，陈桐生译注，中华书局，2015。

张之洞：《劝学篇》，冯天瑜、张海龙译注，中华书局，2016。

冯友兰：《中国哲学史》（上下册），华东师范大学出版社，2000。

扬雄：《法言》，韩敬译注，中华书局，2012。

王阳明：《传习录》，陆永胜译注，中华书局，2021。

王符：《潜夫论》，马世年译注，中华书局，2008。

刘向：《新序》，马世年译注，中华书局，2014。

王通：《中说》，马天祥译注，中华书局，2020。

荀悦和徐幹：《申鉴 中论》，唐宇辰、徐湘霖译注，中华书局，2020。

巫宝三：《中国经济思想史资料选辑》，中国社会科学出版社，1981。

杨伯峻译注：《孟子译注》（简体字本），中华书局，2019。

杨伯峻译注：《论语译注》（简体字本），中华书局，2017。

孔子、马融：《孝经 忠经》，张景、张松辉译注，中华书局，2022。

张觉译注：《荀子译注》，上海古籍出版社，2018。

董仲舒：《春秋繁露》，张世亮、钟肇鹏、周桂钿译注，中华书局，2008。

张舜徽：《爱晚庐随笔》，华中师范大学出版社，2005。

张仲清译注：《绝越书》，中华书局，2020。

乙．相关论著

曹德旺：《心若菩提》（增订本），人民出版社，2017。

方朝晖：《性善论新探》，清华大学出版社，2022。

傅佩荣：《我读〈孟子〉》，北京理工大学出版社，2011。

金克木：《探古新痕》，上海古籍出版社，1998。

李亚彬：《道德哲学之维——孟子荀子人性论比较研究》，人民出版社，2007。

黎红雷：《儒家商道智慧》，人民日报出版社，2017。

黎红雷：《儒家管理哲学》，广东高等教育出版社，1993。

梁启超：《先秦政治思想史·本论》，天津古籍出版社，2003。

梁小民：《走马看商帮》，上海书店出版社，2011。

楼宇烈：《中国文化的根本精神》，中华书局，2016。

吕庆华：《货殖思想论略》，光明日报出版社，2017。

吕庆华：《文化资源的产业开发》，经济日报出版社，2006。

吕庆华：《现代泉商产业发展研究》，光明日报出版社，2010。

吕庆华：《中国创意城市评价研究》，光明日报出版社，2014。

牟宗三：《圆善论》，吉林出版集团有限责任公司，2010。

南怀瑾：《孟子旁通》，国际文化出版公司，1991。

南怀瑾：《原本大学微言》，世界知识出版社，1998。

彭国翔：《身心修炼：儒家传统的工夫论》，上海三联书店，2022。

钱穆：《湖上闲思录》，生活·读书·新知三联书店，2018。

钱穆：《晚学盲言》（上下册），生活·读书·新知三联书店，2018。

钱穆：《中国历史研究法》（新校本），九州出版社，2019。

钱穆：《中国学术通义》（新校本），九州出版社，2012。

舒大刚：《儒藏论衡：经典儒学与大众儒学》，上海古籍出版社，2018。

唐君毅：《中国文化之精神价值》，九州出版社，2021。

唐君毅：《中国哲学原论·原性篇》，九州出版社，2021。

唐任伍：《中外经济思想比较研究》，陕西人民出版社，1996。

韦苇：《司马迁经济思想研究》，陕西人民教育出版社，1995。

吴龙灿：《淑世济人：大众儒学纲要》，孔学堂书局，2014。

徐复观：《儒家思想与现代社会》，九州出版社，2014。

徐复观：《中国人性论史·先秦篇》，九州出版社，2014。

徐复观：《中国思想史论集》，九州出版社，2020。

〔德〕马克思：《资本论》，人民出版社，1975。

〔美〕成中英：《论中西哲学精神》，东方出版中心，1991。

〔美〕道格拉斯·C·诺思：《经济史中的结构与变迁》，陈郁、陈华平等译，上海三联书店，1991。

〔美〕菲利普·科特勒：《企业的社会责任》，姜文波译，机械工业出版社，2011。

〔美〕彼得·德鲁克：《管理：使命、责任、实务》，王永贵译，机械工业出版社，2011。

〔英〕亚当·斯密：《道德情感论》，蒋自强等译，商务印书馆，1997。

〔英〕亚当·斯密：《国民财富的性质和原因的研究》（上、下卷），王亚南、郭大力译，商务印书馆，2002。

丙．单篇论文

方朝晖：《从生长特性看孟子性善论》，《北京师范大学学报》2016 年第 4 期。

蒋国保：《从"推恩"看儒家文明的特色》，《社会科学战线》2022 年第 4 期。

乐爱国：《儒家非不言利：冯友兰对程朱义利观的接着讲》，《东南学术》2023 年第 2 期。

黎红雷：《当代儒商的启示》，《孔子研究》2016 年第 2 期。

李凯：《论孟子"推恩说"的现实性、困境及出路——以列维纳斯伦理学为参照》，《齐鲁学刊》2012 年第 5 期。

李埏：《〈史记·货殖列传〉时代略论》，《思想战线》1999 年第 2 期。

林炳坤、吕庆华、龚诗婕：《以义为上义利观核心思想及其企业文化建设应用》，《技术经济与管理研究》2018 年第 7 期。

林华敏：《从邻人到第三方政治——论列维纳斯的"伦理—正义"的同构性与困境》，《现代哲学》2021 年第 2 期。

吕庆华：《司马迁的货殖思想》，《光明日报》（理论版）2006 年 9 月 8 日。

吕庆华、龚诗婕、林炳坤：《试论司马迁"义从利出"思想》，《边疆经济与文化》2023 年第 7 期。

吕庆华：《散财：货殖家的"哲商"境界》，《河南牧业经济学院学报》2016 年第 1 期。

吕庆华：《商业交易发展的"信任"基础》，《光明日报》（理论版）2004 年 9 月 15 日。

吕庆华：《论货殖家商争思想的孙子兵法渊源》，《生产力研究》2001 年第 5 期。

吕庆华：《论荀子的"欲多物寡"思想》，《福建师范大学学报》（哲学社会科学版）2000 年第 2 期。

吕庆华：《试论孟子的商业经济思想》，《广西财经学院学报》1998 年第 2 期。人大复印报刊资料《理论经济学》1998 年第 8 期全文转载。

吕庆华：《墨经"同异交得"思维方法与经济思想探析》，《福建师范大学学报》（哲社版）1998 年第 3 期。人大复印报刊资料《中国哲学》1998 第 10 期全文转载。

吕庆华：《知时·知人·奇胜——司马迁"治生之术"浅议》，《光明日报》（理论版）2003 年 6 月 3 日。

吕庆华、黄敏、林炳坤：《在线初追评契合度对消费者购买意愿影响研究》，《河南牧业经济学院学报》2023 年第 1 期。

吕庆华、林炳坤、梅雪芹：《老字号品牌创新的前因后果：基于消费者感知视角》，《华侨大学学报》（哲学社会科学版）2019 年第 1 期。

秦兴俊、吕庆华：《先秦儒家"义利观"与现代商业伦理的构建》，《湖南商学院学报》2003 年第 2 期。人大复印报刊资料《商贸经济》2003 年第 9 期全文转载。

施丁：《司马迁经济思想四题》，《中国社会科学院研究生院学报》2003 年第 2 期。

王子今：《关于"范蠡之学"》，《光明日报》2007 年 12 月 15 日。

张维迎：《所有制、治理结构与委托代理关系》，《经济研究》1996 年第 9 期。

后　记

拙著《儒商善行论》的选题，源于福建省社科规划重点项目"传统儒家文化背景下企业善行及其对消费者购买意愿影响机制研究"（FJ2021A016）的立项。该课题的"一念之微"，引发于 2017 年 10 月，我阅读傅佩荣《我读〈孟子〉》关于孟子性善论的阐释时，突然联想到当今儒商企业善行的研究现状：理论基础研究不足，实证分析有待拓展。

经过一段时间思考，我发现孟子性善论、推恩说及儒家"以义为上"义利观思想，实乃儒商善行的三大理论基础。认为可以采用深度访谈方法，了解企业员工对儒家善行思想和企业善行的理解；运用扎根理论方法，搜集儒家孔孟荀善行思想经典文献资料，结合企业访谈所获得的第一手资料，发掘儒商企业善行范畴，开发儒商企业善行构念维度及其测量量表；运用探索性、验证性因子分析、单因素方差分析、回归分析等数据分析方法来检验研究假设，揭示儒商企业善行对消费者购买意愿影响机理，为企业制定善行营销战略提供借鉴。

2021 年，我有幸特聘为莆田学院教授，商学院的院系领导劝勉我申报省社科规划重点项目，当年 10 月获得立项，此后课题组认真查阅文献、梳理学术史料，深入莆田、宁德、福州、泉州等地调研，凡二年又半，三易其稿，板凳枯坐，键盘敲字，其中艰辛，自不待言。今日付梓，聊当项目结题成果，感念者众，择要分述如下。

首先，感谢福建省社科规划重点项目基金，以及莆田学院科研团队建设基金的资助。其次，感谢课题组成员林鸿熙教授、林明太教授、郑斌斌副教授、龚诗婕博士、郑淑蓉教授，以及莆田学院的李震博士、闽南师范大学的林炳坤教授、仰恩大学的黄敏硕士、莆田学院的徐玉鹏同学，为本书付出辛勤劳动和道义支持。最后，感谢出版过程中付出努力的各位朋友。

吕庆华

2024 年 4 月于莆田学院

学园校区道德楼 36-202 室